PER MEERIN

# EUROPAS ANDERE MITTE

FSC
www.fsc.org
MIX
Papier aus verantwortungsvollen Quellen
Paper from responsible sources
FSC® C105338


Wingertstrasse 34
CH 8308 Illnau
ajmk@bluewin.ch

Herstellung und Verlag: BoD - Books on Demand, D-Norderstedt
Covergestaltung: JoosWolfangel - Atelier für visuelle Kommunikation, Winterthur

ISBN 9783750420014

*Europa Der Stier ist geschlachtet das Fleisch*
*Fault auf der Zunge der Fortschritt lässt keine Kuh aus*
*Götter werden dich nicht mehr besuchen*
*Was dir bleibt ist das Ach der Alkmene*

*Heiner Müller, aus: Ajax zum Beispiel*

*Und es bewirkt, dass alle, die Kleinen und die Grossen und die Reichen und die Armen und die Freien und die Sklaven, dass sie sich ein Malzeichen auf ihre rechte Hand oder auf ihre Stirne machen und dass niemand kaufen oder verkaufen kann als nur der, welcher das Malzeichen hat, nämlich den Namen des Tieres oder die Zahl seines Namens. Hier ist die Weisheit vonnöten. Wer Verstand hat, berechne die Zahl des Tieres; sie ist nämlich die Zahl eines Menschen. Und zwar ist seine Zahl 666.*

*Offenbarung 13, 16-18*

Illnau, 18. Juli 2016

«Warst du schon mal im Mittelpunkt der Schweiz?», fragt mich Fritz, der weiss, wie man als Pensionierter seine Zeit totschlägt. Wir sitzen in seinem Garten im Schatten unter dem rotweiss gestreiften Sonnenschirm und trinken Kaffee. Er schlägt mir einen Ausflug vor.

«Auf die Älggialp im Kanton Obwalden, 1650 Meter ü. Meer: Wiesen, Weiden, prima Lebkuchen im Berggasthaus Älggi.» - Als er merkt, dass ich nicht anbeisse, ködert er nach: «…und da steht ein Stein mit den Namen aller, die zum Schweizer des Jahres gewählt wurden, Roger Federer und Beat Richner natürlich und Eveline Widmer-Schlumpf - und Polo Hofer letztes Jahr …»

Prominenz hin oder her, Ausflüge langweilen mich, lieber will ich eine Reise machen, und zwar keine zufällige, sondern eine, für die es Zeit ist, eine, die mein Herz berührt. Fritz' Idee mit dem Mittelpunkt ist gut, Mittelpunkt spricht mich an, eine Reise in den Mittelpunkt soll es auf jeden Fall werden, es drängt mich zum Mittelpunkt – schon als Kompensation dafür, dass ich jetzt gegen die gesellschaftliche Peripherie gerückt bin.

Doch: Mittelpunkt wovon? -

Da krächzt vom Dach des Nachbarhauses eine Krähe herunter. Sie hockt zuoberst auf dem Giebel. - - - !

Aha, Mitte Europas! Mach dich auf zur Mitte Europas!

Was habe ich bei Elio, meinem Coiffeur seit Urzeiten, in einer der aufliegenden Zeitschriften gelesen? Das geographische Zentrum Europas soll einzig und allein bei der litauischen Hauptstadt Vilnius liegen. Ich google auf meinem Handy nach: Genau, nur ein paar Kilometer nördlich von Vilnius, bei einem Kaff namens Purnuškės. Koordinaten 54° 54 ′ 0′′ Nord. 25° 19′ 0′′ Ost. Voilà!

«Da muss ich hin», sag ich, wie von einer Eingebung ergriffen. «Dahin fahr ich mit dem Fahrrad.»

Fritz hört auf, mit dem Löffel in seiner Kaffeetasse herumzurühren: «Litauen? Bis dorthin sind es bestimmt 2000 km. Übertreib's mal nicht! Übertreiben ist gar nicht gesund, Per, in unserem Alter soll man's ruhig nehmen.»

Er hängt am Kleinräumigen, am Älggialper Lebkuchen und am Gedenkstein mit den Schweizern des Jahres.

Mich beflügelt die Europa-Idee. Mein Lebtag war ich Europäer und noch nie im Zentrum!

«Da oben ist was» sag ich zu Fritz, «ich spür's, ich kann es zwar noch nicht fassen, aber ich hab da ein dunkles Gefühl.»

«So so, ein dunkles Gefühl! Na dann…» - Fritz runzelt die Stirn.

«Du bist doch auch Europäer», sag ich.

«Klar», sagt er, «wieso denn nicht?»

«Und was heisst das?»

Er zuckt mit den Schultern: «Also primär bin ich Schweizer, mein Lieber, der Rest ist mir ehrlich gesagt Beigemüse.»

«Heiliger Simplicius», sag ich, «so funktioniert das nicht. Es muss doch einen wesentlichen Unterschied machen, ob man Europäer ist oder nicht. Da kannst du dich doch nicht auf den Schweizer hinausreden. Da geht es um ein entscheidendes Merkmal! Um eine Quintessenz! - Also ich fahr jetzt mal hoch ins Zentrum und versuch das zu klären. Und zwar an Ort und Stelle.»
Fritz zeigt mir einen Vogel: «Bei dir piept's ein bisschen, Per, wenn du mich fragst. Kein Wunder, die Pensionierung bringt dich durcheinander. Aber egal, fahr halt, wenn's sein muss, Reisende soll man nicht aufhalten. Und grüss mir den Stier der Europa, falls er da oben weidet. Aber pass auf, dass er dich nicht auf die Hörner nimmt!»

## Der Anfang via Agasul

25. Juli 2016

Es ist 6.00 Uhr früh. Wir haben uns verabschiedet. Meine Frau steht an der Stelle, wo unser Hausweg in die Quartierstrasse mündet, und winkt mir nach. «So lange wirst du nun weg sein, Per!», hat sie gestern Abend gemeint und mir ein Büchlein mit vielen leeren Seiten zum Abschied geschenkt. «Am besten schreibst du alles da hinein, damit ich nachher lesen kann, wie es dir ergangen ist auf deiner Pensionierten-Reise ins Zentrum Europas.» - Ich winke heftig zurück. - «Verfahr dich bloss nicht wieder!», höre ich sie nachrufen, aber schon kann ich meinen Blick kaum mehr von dem neuen GPS lösen, das vorn auf dem Fahrradlenker fest montiert ist und auf dem ich das Tagesziel Hagnau am deutschen Ufer des Bodensees programmiert habe. Es ist mein Stolz; ich habe eine Fahrradkarte von Garmin darauf geladen und ich gedenke diese auf meinen Wegen in den nächsten Wochen kräftig zu nutzen. Schon vor dem Bahnhof meines Wohnortes muss ich das Gerät nochmals neu starten, weil die Weisung auf dem Display nicht richtig arbeitet. Aber dann scheint es zu funktionieren und ich fahre zuerst einmal Richtung Agasul, ein paar Kilometer von unserem Wohnort entfernt. Ich kenne zwar den Weg dorthin aus dem ff, aber das GPS, dessen Leitung ich mich nun anvertraue, führt mich auf Wege, von deren Existenz ich bisher keine Ahnung hatte. Bald strample ich irgendeinen Wiesenweg hoch, bereits in Schweiss gebadet, keuchend, in der untersten Übersetzung. Von ferne lockt die bequeme Asphaltstrasse nach Agasul.

Nachdem dann das Gerät mich einen weiteren Hang Richtung Waldrand weist, breche ich die Übung einstweilen ab und nehme die nächste Gelegenheit wahr, die Asphaltstrasse zu erreichen.

Von Agasul nach Konstanz (bis zur Fähre über den Bodensee) sind es etwa 50 Kilometer. So genau habe ich die Strassenkarte nicht im Kopf, ich habe mich prospektiv ganz auf mein GPS verlassen. Und im Folgenden bleibt mir auch nicht viel anderes übrig, als das zu tun - und so kenne ich nun einen Weg von Agasul nach Konstanz, der vermutlich zu den eher selten befahrenen gehört. Ein Tobel ist eine kleine Schlucht. (Gleichlautend der Plural: Tobel; die Tobel) Und ich kann nun bezeugen, dass es einen Weg zwischen Agasul und Kreuzlingen gibt, der durch ein gutes halbes Dutzend solcher Tobel führt, auf gewundenen Waldwegen zuerst einmal zickzack hinunter, zuunterst über eine Brücke oder einen Steg und dann - mit Puls 170, schweisstriefend, ausser Atem - in vielfachen Windungen wieder hinauf. Alles autofrei, ideal für den Asphaltstrassenverächter, ideal für den Liebhaber thurgauischer Topographie, ideal für den, der die Luftlinie als kürzeste Verbindung zwischen zwei Punkten für banal hält. Ideal für denjenigen, der befürchtet, zu schnell im Mittepunkt Europas anzukommen. Als ich nach 7 Stunden Fahrt - physisch reif für eine Thai-Massage - in Konstanz ankomme, überlege ich mir, ob ich mein GPS samt Cyclemap Europe direkt in den Bodensee schmeissen soll.

Aber nein, denke ich, sei kein Kindskopf, es muss an meiner laienhaften Bedienung des Geräts liegen. So stecke ich es einstweilen auf der Fähre von Konstanz nach Meersburg in ein Seitenfach meiner Velotasche, auch diese übrigens neu. Ich bin technisch gut für die Reise gerüstet.

Die Überfahrt von Konstanz nach Meersburg auf der Fähre ist ein glücklicher Moment: der weite Blick über den leuchtenden See. Bevor die Fähre in Meersburg anlangt, stellt sich ein sonnengebräunter Thurgauer Herkules mit Rennrad neben mich. «Fährst du auch hinüber zur Euro-Velo 15 oder nimmst du die

D-9?», will er wissen. - «Nein», sag ich, «ich will ins Zentrum Europas.» - «Am besten über Engen, Donaueschingen, dann nördlich von Freiburg im Breisgau...» - «Donaueschingen? Freiburg im Breisgau? Das kann nicht sein.» - Es stellt sich heraus, er meint, ich wolle in den Europa-Vergnügungs-Park bei Rust.- «Nein», sage ich, «ins Zentrum Europas bei Purnuškės.» - Aber davon hat er noch nie gehört. Dahin kennt er die Velo-Routen nicht.

«Was gibt's denn dort?» will er wissen.

«Die Seele Europas», sag ich. –

«Aha», meint er und grinst. Er hält mich für einen Spassvogel. Oder nicht ganz gebacken.

→ AM 25. JULI 2016 BIS HAGNAU AM BODENSEE

→ AM 26. JULI BIS WEINGARTEN BEI RAVENSBURG

# Das Trigon

## 1 Weingarten bei Ravensburg

26. Juli 2016

Ein mächtiger Glockenschlag verkündet, dass der Tag seinen Zenit bereits überschritten und die Sonne den Sinkflug eingeleitet hat. Es ist 1 Uhr mittags. Ich stehe unter der Kuppel der

Basilika *St. Martin und Oswald* in Weingarten, der grössten Barockkirche nördlich der Alpen. An der Eingangstür habe ich mich mit einem Faltprospekt ausgerüstet, in dem die Kirchenarchitektur sauber nach Mass und Zahl aufschlüsselt wird. Die Basilika wurde am 10. September 1724 geweiht, sie ist 67 Meter hoch, 102 Meter lang, präzis halb so gross wie der Petersdom in Rom, die Gabler-Orgel in ihrem Innern hat 63 Register, 6890 Pfeifen. Ich erhebe meinen Blick in den Heiligenhimmel der Kuppel. Aus 25 Meter Entfernung gucken aus den Zwickelfeldern unterhalb des Tambours die vier Evangelisten auf mich herab. Guten Tag Lucca, Matteo, Marco, und auch dir einen wunderschönen Nachmittag, lieber Johannes! Über euch müsste ja gleich der Chef das Büro haben. Aber ich will bei den Tatsachen bleiben und nicht ins Phantastische abschweifen, sondern an das Büchlein denken, das mir meine Frau zum Abschied geschenkt hat. An ihren Auftrag: «Am besten schreibst du alles da hinein, damit ich nachher lesen kann, wie es dir ergangen ist auf deiner Pensionierten-Reise ins Zentrum Europas.» - Wie hat sie sich das gedacht? – Im nördlichen Querschiff unter einem Kreuzigungsaltar befindet eine halbrund aufgestellte Balustrade, daran eine Tafel mit der Inschrift «Welfen-Gruft». Die hochadelige Dynastie der Welfen, die das Deutsche Reich im Mittelalter reichlich mit Herzögen, Kurfürsten, Königen und sogar einem Kaiser (Otto IV) beliefert hat, hat den Ort als Grablege benutzt. Über der Tafel ein metallenes Medaillon mit dem Wappen Georgs V. (König von Hannover; er liess die

Gruft Mitte 19. Jahrhundert renovieren) und der Inschrift SUSCIPERE ET FINIRE. Das heisst: Anfangen und zu Ende führen. – Super! Klar, mach ich. Danke für den Tipp, lieber Georg, aber die Frage ist: Wie? Wie? Wie?

Ich setze mich vor der Basilika auf die Treppe in den Nachmittagsschatten, den der mächtige Kirchenkörper vor sich hinwirft. Schaue auf den mittagsleeren Kirchenplatz hinaus. Das Leere Büchlein meiner Frau auf den Knien. Ich sollte mich an die Fakten halten, denke ich. – Eine Mutter mit ihrem kleinen Jungen überquert in der prallen Sonne gerade den Asphaltplatz. Der Junge sitzt auf einem gelben Dreirad. Die Mutter stösst ihn an der hinten herausragenden Schubstange vor sich her. Ein unwiderlegliches Faktum! Aber von Belang für den Bericht über meine Reise ins Zentrum Europas?

Ich sitze und denke nach.

Ich erinnere mich an einen Ski-Nachmittag im Toggenburg. Mitte der 70-iger Jahre, war das. Es ist lange her.

Wir fuhren mit der Gondelbahn auf den Chäserrugg. Von oben hat man eine starke Aussicht auf den Walensee einerseits, ins Toggenburg hinunter andererseits. Man kann ganz nah an die Kante herangehen und auf das 1800 Meter tiefer liegende Walenstadt hinuntersehen. - Ein atemstockender Ausblick! Dieser Wirrwarr rötlicher, gräulicher, bräunlicher Häuserdächer zwischen regellos hingekleckten Schneeresten, gefangen in einem lotterigen Netz von Strassen und Strässchen; ein Flickenteppich ohne Sinn und Verstand, als hätte jemand den Inhalt eines

Kehrichtsackes ausgeschüttet; so lag es: wirr verstreut oder widerlich zusammengebacken, Unrat in irrem Durcheinander; und jede Einzelheit enthielt ein Gewimmel weiter Einzelheiten … Was ich da gesehen hatte, ergab kein Bild, sondern war die reine Verzweiflung. Ich sage damit nichts gegen Walenstadt. Es war einfach mein Eindruck damals.

Jean Paul Sartre beschreibt an einer berühmten Stelle seines Romans *Ekel (La nausée)*, wie sein Ich-Erzähler Antoine Roquentin sich in die Borke eines Baumstamms vertieft, bis er alle Vergleiche durchbrochen hat und das rein Faktische vor ihm liegt: Runzeln, Schrunde, Risse, Schrammen, Scharten in stummem, absolut kontingentem Neben- und Ineinander. Sartres Figur wird angesichts dieses nackten Faktums, angesichts dieses Nichts an Bedeutung, von Ekel überwältigt. - Man darf sich nicht den nackten Sinnesdaten überlassen. Man muss ihnen etwas entgegensetzen. Am besten ein Konzept!

Die Mutter und der Junge auf dem Dreirad sind meinem Gesichtsfeld entschwunden. Ich überblicke den leeren Kirchenplatz. Schattenlos liegt er vor mir. Wenn ich die Augen etwas zusammenkneife, kann ich - von meiner etwas erhöhten Warte aus - die bevorstehende Reise leicht als mehrfach geknickten Streckenzug auf den leeren Asphalt projizieren: als polygonalen Streckenzug von Süd nach Nordost quer durch den halben Kontinent. So:

Dort drüben, an der Mauer, die den Platz abschliesst, das ferne Ziel – Purnuškės: Endstation und Mitte Europas. Ich sehe die vielfach geknickte Linie auf dem Platz vor mir liegen wie eine geometrisch gebrochene Riesenschlange. Nur: wie kann sie Platz finden in dem Büchlein auf meinen Knien? Wie soll ich sie da unterbringen? Ich fürchte, das schaff ich nicht. - Da wird mir klar: Du berichtest ausschliesslich von den Knicken. Auf den kürzeren und längeren Verbindungsstrecken dazwischen wird dein Reisen wortlos bleiben. Sich im unstrukturierten Schweigen vollziehen. Denn alles aufschreiben? Wie soll das gehn? – Das Resultat, wenn man es so nennen könnte, wäre vermutlich desparater noch als der Anblick Walenstadts vom Chäserrugg hinunter damals. Wir müssten unweigerlich zu Sartre'schen Roquentins mutieren, dessen Baum das pure Gegenteil war des Lebensbaums, den wir ja immerzu suchen.

Noch sitze ich auf der obersten Treppenstufe vor dem Eingang der Basilika *St. Martin und Oswald*. Inzwischen hat sich die

Julisonne bereits einen Gutteil des schützenden Schattens einverleibt und sich zu meinen Fussspitzen vorgefressen. Ich schliesse die Augen. Klar und deutlich liegt der Streckenzug in meinem Geist. Knick um Knick. Der Streckenzug, den ich in den kommenden Wochen strampelnd und schreibend bewältigen will. Mit allen den gleichsam vorbestimmten Örtern, an denen sich der Wirrwarr meiner Erlebnisse zu Reiseberichten lichten soll. Aber noch ist mein Geist nicht ganz beruhigt. Pass auf! spricht er, am besten machst du es so: du fasst jetzt die ersten drei Knicke zu einem Dreieck zusammen, die nächsten fünf zu einem Fünfeck, die nächsten sieben zu einem Siebeneck und so fort, immer der Reihe der ungeraden Zahlen nach. Nämlich so:

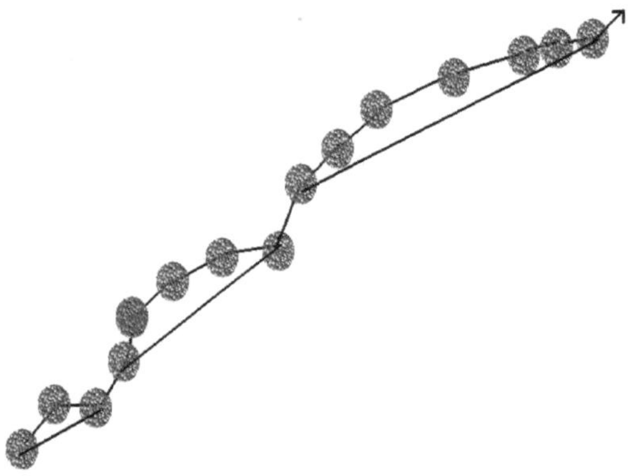

Denn die ungeraden Zahlen sind feste, saubere Grössen; sie lassen sich nicht spalten, in sie kann sich nichts Fremdes einschleichen. Die ersten drei deiner Berichte sollst du in einem Dreieck anordnen, die nächsten fünf in einem Fünfeck, einem Pentagon, dann folgen Heptagon (7), Nonagon (9), Hendekagon (11). So bekommst du dein Geschreibe in den Griff: Es wird aus klar definierten Gruppen polygonaler Textkonstellationen bestehen und falls es dich befriedigt, darfst du dir die entstehenden Polygone auch schön klassisch regelmässig vorstellen, nämlich so:

TRIGON PENTAGON HEPTAGON

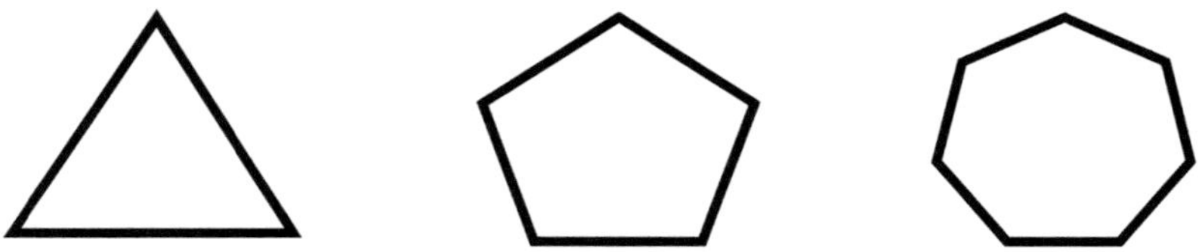

Die erste Abteilung deines Reiseberichts wird das TRIGON sein, dann folgen das PENTAGON, das HEPTAGON (7) und das NONAGON (9) und schliesslich umzingle ich die Mitte Europas mit dem HENDEKAGON (11). – SUSCIPERE ET FINIRE. Ja, so werde ich es anfangen und so es zu Ende bringen. Alles ist zum Voraus nach Mass und Zahl geregelt. Nein, nicht alles natürlich, aber der gefährlichen Überschwemmung mit sinnlosen Daten sind enge Grenzen gesetzt. Durch diese klüglich abgezirkelten Felder werde ich die Mitte Europas finden, in ihrem geschützten Rahmen meinen Bericht schreiben. Meine Frau wird mich loben und mein immerwährender Freund Fritz Klötze staunen.

Ich sitze auf der Treppe - jetzt in der brennenden Nachmittagssonne. Der Schatten hat mich verlassen. Sein Saum liegt eine Handbreit hinter mir. Wie es so auf mich herunter-brennt, wird mir klar: Ich trage viel zu viel Wolle auf dem Kopf, jedenfalls für einen Mittesucher und Zentrumspilger. Kahlgeschoren will von Ort zu Ort ziehen bis ins dunkle Zentrum Europas.

Ich erhebe mich.

In der Nähe meiner Weingartner Unterkunft finde ich mein Geschäft: *Friseur und Haarkonzept. Auch ohne Terminvereinbarung* steht quer über dem Schaufenster. Aha, denke ich, die Aussicht auf einen Haarschnitt mit Konzept überzeugt mich, und trete ein. Hinter der Theke steht ein junger Mann mit seitlich rasiertem Schädel. Das langgewachsene Deckhaar hat er an seinem Hinterkopf mittels eines Gummibandes zu einem Schwänzchen eingerollt. "Keine Terminvereinbarung?", fragt er. «Genau», sage ich. - Er nickt. Ich erläutere ihm meine Wünsche. Als ich sehe, dass er gleich zur Maschine greift (für Elio, meinen Zürcher Coiffeur, ein Tabu!) bin ich beruhigt. Er macht sich zielorientiert ans Werk. Die Haare fallen von allen Seiten in dicken Flocken zu Boden. Wir kommen ins Gespräch: Flüchtlinge? Asylbewerber? Immigranten? - Nein, in Weingarten selbst, gebe es keine Syrer, Afghanen, Marokkaner, aber Ravensburg sei übervoll davon. Dort lägen sie auf der Strasse. (Mir sind keine aufgefallen!) – «Willkommenskultur? Für diesen Abschaum!» - Er ist beunruhigt über die Zehntausende ausländischer junger Männer im Land. Die deutschen Frauen seien ja,

wie sie sind. Das wisse man ja. Und Hitler sei an sich kein schlechter Mensch gewesen, zumindest vor seinem Höhenflug. Gut, dann der Höhenflug ... Aber das Einzige, was er gehasst habe, sei halt die Verunreinigung der germanischen Rasse gewesen. Ja, natürlich, er habe auch AfD gewählt.
Der Schnitt kostet ein Viertel so viel wie bei Elio. Ein durchaus radikaler Schnitt, kann man sagen. Ich fühle mich dem Pilgern schon näher. Als ich die Brille wieder aufsetze und mich im Spiegel betrachte, fällt mir auf, wie gross meine Ohren sind. Jetzt, wo sie freistehen, kann man das sehen.
«Warum hast du so grosse Ohren?», fragte das Rotkäppchen.
«Damit ich dich besser hören kann», antwortete der Wolf.

→ 27. JULI BIS ROT AN DER ROT

## 2 Rot an der Rot (Oberschwaben)

27. Juli 2016

Eins-zwei-Alberei - ich komme schon zum zweiten Eintrag des Trigons:
Das Gelände zwischen Weingarten und Rot an der Rot ist ziemlich hügelig. Bombiert könnte man auch sagen. Ein steiler Aufstieg, vielleicht nur fünfzig Meter, aber bis zu 10% Steigung, dann geht's gleichviel runter, dann wieder Anstieg und so ohne

Ende weiter. Es ist 28-30 Grad heiss. Die fast zwanzig Kilo Gepäck auf meinem Fahrrad fallen ins Gewicht. Den x-ten Anstieg hinan schiebe ich das Fahrrad. Ich komme an einem etwas vernachlässigen Haus vorbei, auf dessen zum Strassentrassee etwas erhöhtem, verödetem Vorplatz sitzt eine Fettlawine von Mann in einem elektrisch betriebenen Rollstuhl. Als er mich sieht, setzt er den Rollstuhl mittels eines an der rechten Armlehne befestigten Sticks in Bewegung und fährt mit surrendem Elektromotor neben mir her. Mahnend erhebt er seinen feisten Zeigefinger und ruft mir zu: "Nicht schieben!"
Er spricht ohne die leiseste Spur von Ironie.
Auch ich bin überhaupt nicht zu Spass aufgelegt.
Ein paar Sekunden bewegen wir uns in stummer Feindseligkeit nebenaneinander her.
Als er wieder schreit «Nicht schieben, nicht schieben!», schreie ich zurück: «Ja, danke, Sie mich auch!» und steige auf.
Strampelnd spüre ich in meinem Rücken stechend seinen Hass.

In Rot an der Rot: Die Perle Oberschwabens. Ein paar schmucke Häuser in mittelalterlichen Mauern, dominiert von einem Kloster. Auf einem der Stadttore prangt ein verwaschener Reichsadler. 50 Meter seitlich des Eingangs zur Klosterkirche St. Verena mit sieben Zwiebeltürmen (vor dem Abbruch des Ostflügels des Klosters Anfang des 19. Jahrhunderts waren es deren neun) steht eine Skulpturengruppe, ein circa drei Meter langer Christus am Kreuz aus der ersten Hälfte des 14. Jahrhunderts,

eingerahmt von zwei Figuren aus der frühen Barockzeit, Maria und den Jünger Johannes darstellend, beide auch überlebensgross. Die Kirche ist bereits geschlossen, es ist kurz nach Sonnenuntergang, eine Frau, von hinten sieht sie aus, als gehöre sie zur Kreuzigungsgruppe, steht barfuss im Gras und betet laut zum Christus hinauf. Neben ihr sitzt ein schwarzer Hund mit krausem Fell, nicht reinrassig, aber ein Pudel hat mit seinen Genen vermutlich mitgewirkt. Als die Frau mich erblickt, reisst sie den Hund an der Leine zu sich. "Kommen Sie nicht näher, er beisst Männer!» - Aha, denke ich. - «Was für eine Last!", ruft sie, "warum nur hab ich ihn mitgenommen! Warum hab ich ihn nicht bei seinem Therapeuten gelassen! Heute hat er den Mann meiner Wirtin gebissen, ich darf gar nicht sagen wohin. Jetzt muss ich zu Christus beten, dass alles wieder gut wird. Ich werd die Last nicht los, ich werd die Last nicht los!» - Der Hund blickt mich eher scheel als hassvoll an, aber kein Zweifel: ein Schritt auf ihn zu und ich hab ihn am Bein. Ich kenne mich da aus.
Dann geht die Frau, grusslos, ihre Last an der Leine hinter sich her ziehend. Der Aufenthalt im Dunstkreis eines Mannsbildes ist ihr wohl zu riskant, zudem fühlt sie sich vielleicht durch meine Gegenwart in ihrer Gebetsinbrunst gestört.
Jetzt erst erkenne ich den Christus am Kreuz. Eine Witzfigur, ein angenagelter Dödel mit viel zu grossen Händen an den dünnen Ärmchen, mit viel zu grossen wuchtigen Füssen an den mageren Beinchen. Der Kopf, mit einer struppigen Dornenkrone, aus der vier Strahlenbündel hervorstechen, umwunden, ein

Rossschädel, wie in absichtlicher Disproportion zum schmächtigen Leib, durch den Bart am Kinn in groteske Länge gezogen. Das Leiden ist vorbei, was da hängt ist ein Toter, dem man ansieht, dass, als er noch am Leben war, viel über ihn gelacht, gespottet worden sein muss. Er muss wie ein Trottel ausgesehen haben, nichts weniger als telegen, allenfalls für die Komödie geeignet, in ästhetischer Hinsicht ein Missgriff der Natur (nicht der Kunst!). Ich kann mir vorstellen, wie linkisch, täppisch er sich zwischen Dingen und Menschen bewegt hat, man hat ihn zur Seite geschubst, übersehen, weil zum Vornherein ausser Konkurrenz, weltuntauglich, ein Clown wider Willen.
Mit ihm gesehen zu werden, könnte Zweifel an der eigenen Zugehörigkeit wecken; solche Fälle überlässt man am besten den Spezialisten: Sozialarbeitern & Co.
Die beiden seitlichen Figuren aus dem frühen Barock, auch sie überlebensgross und gründlich restauriert, gucken mit gefalteten Händen und dümmlicher Frömmigkeit im Gesicht zu dem ans Kreuz genagelten Leichnam auf. Offensichtlich gläubig. Sie strahlen eine gewisse Seriosität aus.

→AM 28. JULI 2016 NACH ULM

## 3 Ulm

28. Juli 2016

Auf dem Radweg der Iller entlang gelange ich nach Ulm: Nicht um Ulm und um Ulm herum, sondern mitten nach Ulm hinein. Zuerst aber an der Fischer-Bastei unter der Altstadt vorbei, wo der unglückliche Albrecht Ludwig Berblinger, der berühmte Schneider von Ulm, in den dreissiger Jahren des 19. Jahrhunderts mit seinem selbst konstruierten Flugapparat über die Donau setzen wollte, aber vor honorigem Publikum in die Fluten abstürzte. Als Kind hörte ich die Version, er sei vom Turm des Ulmer Doms, des höchsten Kirchturms der Welt, (damals noch unvollendet ca. 100 Meter hoch) zu Tode gestürzt. In Tat und Wahrheit starb er verlacht und verarmt an gebrochenem Herzen in einem Armenhaus. Erst im 20.Jahrhundert wurde er als Pionier des Flugwesens wiederentdeckt.

Bevor ich mein Hotelzimmer vis à vis des Ulmer Münsters beziehe, setze ich mich in eines der Cafés am Platz und bestelle schwarzen Tee. Schwarzer Tee nach der Fahrt ist das Beste. Er macht besinnlich, regt die Phantasie an.

An einem Nachbartisch eine Gruppe von drei Männern, zwei jüngeren und einem älteren, und zwei Frauen mittleren Alters, alle in exaltierter Stimmung. Die eine der beiden Frauen, etwa fünfunddreissig, blond (gefärbt) und von unten bis oben maisgelb gekleidet, im Ganzen eine strahlende Erscheinung, fällt mir auf. Es wird gelacht und dabei ordentlich Gebiss gezeigt. Am andern Nachbartisch ein Vater mit zwei Jungs, alle drei

sprachlos an ihren Handys, jeder für sich wie von einem Vakuum angesaugt.
Ich sitze, schlürfe Tee, Darjeeling, merke zu spät, dass ich zur falschen Zeit am falschen Ort bin – aber so ist es, meine Stimmung sackt von einer Minute zur andern ins Souterrain, von Himmelblau zu Kellerschwarz, während das Ulmer Münster samt weltberühmtem Turm stabil in der frühen Nachmittagssonne steht und noch wenig Schatten wirft; die obligaten Münstertauben flattern, gurren, trippeln Köpfe ruckend über den Münsterplatz, es kümmert sie nicht, es tangiert sie nicht, es ist früher Freitagnachmittag. Menschen schlendern entspannt über den mit quadratischen Betonplatten ausgelegten Platz, das Wochenende steht vor der Tür  – es kümmert sie nicht, es tangiert sie nicht, ganz im Gegensatz zu mir: Ich stürze wie weiland der Schneider Albrecht Ludwig Berblinger. Nur dass keine Donau mich aufnimmt. Keine Honoratioren meinen Absturz begaffen. Und wäre auch eine Zuschauer-bühne für sie aufgebaut, sie nähmen wohl nichts wahr. Denn nichts ist passiert, der Vater und seine Jungen hängen unentwegt an ihren Geräten, während es am Nebentisch – zugegeben – ziemlich turbulent zu und her geht. Gelächter knallt wie eine Serie von Champagnerpfropfen. Da wird das Leben in hohen Wogen gefeiert. Wie lustig es doch ist! So lustig, man könnte den Kopf an die Wand schlagen. Neben der Maisgelben sitzt auf der einen Seite – etwa sechzigjährig – Mister Popeye mit Kapitänsmütze und zerknautschtem Gesicht, auf der andern Shirley Mclaine als Irma

la Douce, aber angealtert und ins Fette verschoben, und dann noch die beiden jüngeren Männer, sagen wir: die Ochsenknecht-Brüder mit schwarzen Baseball-Mützen, also ein Fünfeck, aber wir sind ja noch im Trigon, Fünfeck passt nicht, noch nicht, aber nichtsdestotrotz lodert Lachen in knatternden Flammen auf, als habe ein Windstoss es zum Äussersten gereizt. Ich halte meine Teetasse mit beiden Händen und nippe daraus wie ein Kranker. Es ist die Maisgelbe, die das Zepter in der Runde schwingt, sie sprüht Funken wie ein explodierendes Holzscheit, die anderen, vor allem die beiden Ochsenknecht-Brüder dehnen ihre Körper zu ihr hin, als würden sie von unsichtbaren Bändern zu ihr hin gezogen. Rückhaltlos legen sie ihr Lachen ihr zu Füssen, der Fürstin, die in einer schwarz flammenden Aura über ihnen thront, ich sehe einen Kranz Feuer um ihren Körper züngeln, schwarzleuchtende Flammen mit gelbglühenden Spitzen, Flammen mit dem Glanz von geschliffenem Obsidian, und als der Lachsturm einen Moment lang abzuflauen droht und die Wellen verebben, sagt sie, als wäre die Welt nichts als eine Hohlform, in die es sich rückhaltlos hineinzugiessen gilt: «Und zum Schluss wollte mich der blöde Lackel in die Kniekehlen küssen.» - Da erhebt sich der Sturm erneut, das Lachen knattert zwischen entblössten Zahnreihen hervor, abgeschossen auf einen längst durchlöcherten und zerschundenen Gegner, dessen Wunden zu Löchern mutiert sind, die Luft und Licht in sich hineinsaugen und alles Helle verschlingen...

Aber ich darf mich nicht gehen lassen; ich gebe mir einen Ruck und reisse mich vom Nachbartisch los. Imagination ist ja gut und recht und mitunter alles. Aber man soll es nicht übertreiben, sagt mein Freund Fritz, der gerne den Mittelpunkt der Schweiz auf der Älggialp aufsucht und sich am Lebkuchen im Berggasthaus Älggi und am Gedenkstein für die Schweizer des Jahres erfreut. Gut, dass noch Tee im Topf ist. Ich giesse nach. Dann stehe ich auf und hole beim nah abgestellten Fahrrad das Büchlein, das mir meine Frau mitgegeben hat, aus der Fahrradtasche und schreibe zu dem bereits Geschriebenen:

«Wir Modernen haben unsere Mühe mit der Vorstellung einer Seele. Nur schon der Ausdruck riecht für viele muffig wie Leintücher, die jahrelang auf dem obersten Tablar eines Schrankes gelegen haben, weil man sie – in der Epoche der Stretch-Leintücher - eben nicht mehr braucht. So geht es mit der Seele zu Zeiten, wo sich jede Psyche den Anforderungen eines modernen Lebens entgegen zu strecken hat. Und die alte Seele bleibt irgendwo liegen – (und beginnt mit der Zeit muffig zu riechen). Es ist eines der Merkmale der Moderne, dass sie ohne Seele auskommt. Die Moderne ist ein ziemlich seelenloses Zeitalter. Ich möchte diese Behauptung nicht beweisen. Ich könnte es versuchen, aber hier ist nicht der Ort dazu. Die Tatsache, dass es heute mehr Psychologen und Psychologinnen gibt als je zuvor in der Geschichte der Menschheit ist aber kein Gegenbeweis, sondern eher ein Beweis. - Es gehört zu den archaischen Vorstellungen von der Seele, dass man sie verkaufen, verlieren, stehlen, bannen, verzaubern, besetzen, aber auch retten, wiedergewinnen, heilen kann. Auch dass sie unsterblich sei. Unzählige alte Geschichten erzählen davon.

Jeder Mensch kommt mit einer Seele auf die Welt. Oder besser: Er kommt als Seele in die Welt. Und jede Seele ist – wie alles auf dieser Welt – einer Reihe von Gefahren ausgesetzt, die sie in ihrem Wohlbestand gefährden.

Die Menschen früherer Zeiten haben von solchen Dingen vielleicht mehr gewusst.

Gesetzten Falls es gäbe Wesen, denen durch irgendein Ereignis die eigene Seele abhandengekommen wäre, ohne dass man es ihnen äusserlich, das heisst in ihrer materiellen Präsenz ansähe, im Gegenteil, vielleicht würden sie ihren Seelenverlust mit einer geradezu hypertrophen körperlichen, sonnenhaften Ausstrahlung zu kompensieren versuchen (wie zum Beispiel Grenouille in Süsskinds Roman *Das Parfüm*) - gesetzten Falls also, es gäbe solche Wesen, müssten sie nicht begierig sein, mit dem süchtigen Einfangen anderer Seelen das eigene Vakuum aufzufüllen?

Und wie würde sich einer fühlen, dessen Seele in die Fänge eines solchen seelenlosen Wesens geraten ist? Besessen? Verloren? Bestohlen? Enteignet?

Man könnte aber in diesem Sinne auch einen Essay darüber schreiben, warum Maschinen, vor allem solche höherer Komplexität, Menschen so leicht an sich zu binden vermögen.

Plötzlich lächelt mir die maisgelbe, blonde Frau vom Nachbartisch zu, ich lächle zurück.
Dann stehen der Vater und die zwei Jungs auf. Als der Vater an mir vorbeigeht, nickt er mir freundlich zu.

Und beim Frühstück in meinem Ulmer Hotel anderntags mache ich mir schon Gedanken über den anstehenden Übergang vom Trigon zum Pentagon. Und prompt ordnen sich mir die fünf Männer am Nachbartisch wieder zum Fünfeck. Und zwischen seinen Ecken entfalten sich polygonale Beziehungen.
Eck 1 an Eck 2:
«Möchtest ein Ei?»
«Nein, ich esse keine Eier zum Frühstück.»
Eck 1 an Eck 3: «Und du?»
«Auch nicht.»
An Eck 4 «Und du?»
«Auch nicht.»
An Eck 5 «Und du?»
«Auch nicht.»
Eck eins fasst zusammen: «Fickt euch!»
In dieses Fünfeck könnte man einen fünfzackigen Stern einzeichnen. Aufrecht, auf zwei Zacken stehend, könnte man ihn als Symbol für den Menschen betrachten: die vier Elemente, Erde, Wasser, Feuer, Luft, und den nach oben zeigenden Zacken als fünftes Element: seinen Geist.

→AM 29. JULI BIS DONAUWÖRTH.

# Das Pentagon

## 1 Ein Vogel

Es ist früh am Morgen. Ich liege in einem Bett. Wo bin ich? Am Ziel jedenfalls noch nicht. Noch längst nicht. Soviel ist klar. Die Umrisse der Dinge um mich herum schwimmen im Dämmerlicht: ein Schrank, eine Deckenlampe, ein Sessel mit meinen beiden Velotaschen, ein schlankes Fensterkreuz. Es ist still. Da erwacht in der Morgenstille eine Stimme. Es ist ein Vogel in meinem Kopf. Er spricht: «Hörst du mich? - Tu nicht so, als hörest du mich nicht. Du wirst mir nicht entkommen!»

Ein Lockvogel? Ein Spassvogel? Ein Pechvogel? Ein Galgenvogel? Ein Drecksspatz?

«Du entkommst mir nicht! Du entkommst mir nicht!»

Energisch ziehe ich die Bettdecke über den Kopf. Durch die Decke hör ich ihn singen:

Tue nöd äso, tue nöd so tumm
s Hüsli fallt gwüss nöd um!
Tue nöd äso, tue nöd äso tumm
s Hüsli fallt hütt nöd um…
Und morgen?

→ AM 30. JULI BIS REGENSBURG

## 2 Unterwegs: Donaudurchbruch beim Kloster Weltenburg

30. Juli 2016

Es ist gegen vier Uhr nachmittags. Beim Kloster Weltenburg ist die Stelle, wo sich die Donau, schon zu einem Strom angewachsen, zwischen senkrechten, bis 80 Metern hohen Felswänden hindurchzwängen muss. Dabei verengt sie sich auf 100 Meter. Die Wassertiefe ist 20 Meter. Vor der Enge stoppe ich vor einer Tafel: Aha, Abzweigung! - Links über den Berg nach Kelheim, zehn Prozent Steigung (das hat mir gerade noch gefehlt!), rechts mit dem Schiff nach Kelheim.

Schon taucht ein Kassenhäuschen auf, wo man die Schiffskarten kaufen kann. Einige Personen stehen da, darunter auch solche mit bepackten Fahrrädern.

Eine Frau mit Fahrrad und einer leichten Tasche frage ich, ob es denn keine andere Möglichkeit gebe, die Enge zu passieren als mit dem Schiff. "Nein», sagt sie, «über den Berg oder mit dem Schiff. Wenn Sie Lust haben, sich ein bisschen zu quälen...»

«Seh ich so aus?»

«Vielleicht weiss Ihr Reiseführer einen anderen Weg.»

«Ich lese keine Reiseführer.»

Sie zuckt mit den Schultern und verzieht ihren Mund zu einem schwer definierbaren Lächeln. Sie ist klein, schwarzkraushaarig, hat einen dunkeln Teint und mandelförmige, dunkle Augen

Ich muss ein bisschen anstehen, um meine Karte für 5 Euro zu bekommen. Am Ufer stehen ein paar Weidlinge, darunter einer offensichtlich zur Abfahrt bereit, mit Touristen und Fahrrädern beladen. Aber um dahin zu gelangen, muss ich zuerst einen Kiesstrand überqueren, dreissig bis vierzig Meter, aber das Hinterrad - durch das Gepäck beschwert - versinkt tief im Kies. Mit aller Kraft schleife ich das Velo Richtung Ufer, inzwischen hat aber der Weidling abgelegt und treibt gemächlich in den Fluss hinaus. Doch jetzt ruft jemand: "Do is no oana, do is no oana¨!" - Der Weidling wendet, er kommt zurück, der Bug knirscht auf dem Kies. Mit vereinten Kräften hievt man mich und mein Fahrrad ins Innere. Einer flucht, es hat ihm beim Anpacken einen Zwick gegeben. Er hält sich das Kreuz.
Wieder geht's auf den Fluss hinaus. Die Strömung erfasst das Boot schnell. Juhuii, ist das schön. Sogar ein bisschen Wind ist zu spüren. Ich bedanke mich aufwendig. Einer aus der Mitte des Bootes sagt, er wolle gleich kassieren. Auf Bayerisch, aber ich versteh, was er will, und ich sag, ich hätte schon eine Karte. Jetzt flucht er auf Bayerisch: "Kreiz Biam Bam und Hollastaudn", denn meine Karte ist fürs grosse Schiff, das geht 300 Meter weiter unten ab. Ich gehör nicht zu seiner Fracht. Also wieder zurück, der Kies knirscht unter dem Bug. Aber beim Herauslupfen meines Fahrrades will der mit dem Kreuz nicht mehr Hand anlegen. Ich zieh und würg allein. Aber einer schreit: "'Etz hilf a dem Zwetschgenmandl, do schofft des niemois."

Binnen kurzem steh ich wieder im Kies. Der Weidling wird zum dritten Mal in die Strömung hinausgestachelt. Ich denk: Hoffentlich hat die Frau, der ich gesagt habe, ich lese keine Führer, die Szene nicht mitverfolgt.

300 Meter weiter flussabwärts liegt hinter einer Felsnase tatsächlich das grosse Schiff am Ufer. Gerade strömen etwa 600 Passagiere an Land. Das Weltenburger Kloster inklusive Donaudurchbruch sind ein populärer Ausflug von Regensburg aus. Es gibt Biergärten, man kann unter dem Schirm sitzen, a Bretzn essn, a Bier dringa und no oans und no oans und vielleicht no a Bretzn und dann no a Bier, wie der berühmte Münchner Aloysius im Himmel. Das Ausladen will kein Ende nehmen, aber als es soweit ist, zieh ich mein Fahrrad als einer der ersten über den Steg. Beim Schiffseingang steht eine Kopie Thomas Gottschalks von "Wetten dass", als er noch blond und engelhaarig war; er empfängt mich mit den Worten: "Servus da Herr, guad seng Sie aus heid, jo, aba ihr Radl wiegt jo, gell, macht nix, stäin Sie 's grod gleich hindn os Glanda." Ich stell mein Fahrrad, wie empfohlen, schräg ans Geländer und steige zum Aussichtsdeck hinauf.

Da ist bereits die Frau, die ich vorhin gefragt habe. Ich setze mich neben sie auf die Langbank. Sie packt gerade Schokolade aus ihrer leichten Fahrradtasche, die sie neben sich hat. Sie bietet mir ein Stück an. Ich sage: «Nur ein Masochist würde nein sagen.» - Sie: «Und nur Masochisten fahren auf dem Weidling nach Kelheim.» - Ich will wissen, wohin sie mit ihrem Fahrrad

denn will. Sie kommt von Ingolstadt und will in Regensburg ihre Schwester besuchen. Nach meinem Ziel erkundigt sie sich zum Glück nicht. Ich glaube, ich würde mich mit meinen Erklärungen in ein schiefes Licht bei ihr setzen. Die Schokolade ist schwarz und schmeckt ein bisschen bitter.
Die Aussicht, an der Seite dieser Frau bis Regensburg zu fahren, behagt mir nicht. Ich wittere kommunikative Komplikationen. Deshalb sage ich nach dem Anlegen in Kelheim: «Danke für die Schokolade», und presche los.

= VOM 30. JULI - 1. AUGUST IN REGENSBURG

## 3 Regensburg

31. Juli 2016

Regensburg war zu Zeiten des Heiligen Römischen Reiches Deutscher Nation eine freie Reichsstadt. Das heisst, sie unterstand direkt dem Kaiser und hatte ansonsten das Recht, sich selbst zu regieren. Sie liegt dort, wo die Donau ihren nördlichsten Punkt erreicht. Seit dem 12. Jahrhundert führt eine steinerne Brücke, die auch so heisst, die Steinerne Brücke also, in vierzehn eleganten Bögen über den Strom und verbindet die Altstadt mit der sogenannten Stadtamhof, die früher bereits ausserhalb des reichsfreien Gebiets lag und der Herrschaft der bayerischen

Könige unterstand. Die Brücke ist ein Wunderwerk hochmittelalterlicher Baukunst. Sachte steigt sie an bis zur Mitte, wo ein steinernes Brückenmandl auf einer Säule wacht, um dann ebenso sachte zum gegenüberliegenden Ufer abzufallen. Wenn man über sie geht, kann man feststellen, dass sie nicht schnurgerade über den Fluss führt, sondern die harte Gerade in leichten, träumerischen Schwingungen umspielt wird. Noch hatte der geometrische Geist den Widerstand des Materials nicht gänzlich gebrochen. Nebst Brücke verdankt die Stadt ihren Titel als UNESCO-Welterbe dem riesigen gotischen Petersdom (dessen Türme allerdings erst im 19. Jahrhundert auf Wunsch des bayrischen Königs Ludwig I. vollendet wurden) und der historischen Altstadt, die die Zeitläufte samt Weltkriegen ziemlich heil überstanden hat. Vom Dom führt die Pfauengasse in die Weisse-Lilien-Gasse. Die geht in die Fröhliche-Türkengasse über. Da wohne ich für zwei Nächte.

Bis sich das Alte Deutsche Reich unter dem Druck der napoleonischen Expansionspolitik 1806 endgültig auflöste, wurde im Alten Rathaus der Reichstag abgehalten, im Mittelalter in Intervallen, von 1663 an als Immerwährender Reichstag.

Innerhalb der Organisationsstruktur des Reichs hatte der Reichstag quasi legislatorische Funktion, in etwa vergleichbar mit dem des Parlaments in einem modernen Staat. Nur hatte das Volks dabei nichts zu sagen. Man kann den Saal besichtigen, in dem sich Kaiser, Kurfürsten und Reichsfürsten (nach 1663 in der Regel nur noch deren Gesandte) zu gesetzgeberischen Verhandlungen trafen. Die Führung beginnt um 11.00. Neben der Treppe zum Eingang ins Alte Rathaus sehe ich eine Tafel: *Amt f. Integration u. Migration. Amt für Willkommenskultur u. Migration.* - Aha, Gegenwart! Will man zum Historischen, muss man ein Stockwerk höher. Dann steht man im Saal, wo die drei Reichsstände zusammenkamen, der ursprünglich aber als Tanzsaal für die Regensburger Bürger vorgesehen war. Das Reich ging vor, war übergeordnet, die Bürger hatten das Nachsehen. Vorn in der Mitte des Saals steht auf einem Podest, zu dem drei Stufen hinaufführen, der Stuhl des Kaisers unter einem Baldachin; eine Stufe tiefer die Stühle für die Kurfürsten zur Rechten und Linken des Kaisers, nochmals eine Stufe tiefer durften die normalen Reichsfürsten und die Vertreter der Freien Reichsstädte auf Bänken Platz nehmen.

Was war das für ein Gebilde, dieses Römische Reich deutscher Nation! Seine Identität speiste sich aus der Idee, die Erneuerung des im 5. Jahrhundert untergegangenen weströmischen Reichs zu sein, gleichsam seine Wiedergeburt! Es war eine Art transnationaler Dachverband, der in Mittel- und teilweise Südeuropa das Zusammenleben der territorialen Landesherren reichsrechtlich regelte und damit die Funktion hatte, den Frieden im labilen System der europäischen Mächte zu sichern. Oft nicht sehr erfolgreich. Zur Zeit seiner grössten Ausdehnung umfasste es deutsche, italienische, französische und slawische Sprachgebiete. Seit dem 15. Jahrhundert waren die Kaiser gewöhnlich Habsburger mit Residenz in Wien. So wurde Wien faktisch die Hauptstadt des Reichs, auch wenn es eine Hauptstadt im heutigen Sinne des Wortes damals nicht gab. In Wetzlar tagte das Reichskammergericht und in Regensburg eben der Reichstag. Das waren die institutionellen Zentren des Reichs.

Nachdem ich im Alten Rathaus das kurfürstliche Beratungszimmer, das Sitzungszimmer der Reichsstadt-Vertreter und den bereits erwähnten Reichstagssaal unter kundiger Führung besichtigt habe, setze ich mich auf eine Steinbank unten am Donauufer. Der Strom zieht mächtig ostwärts. - Angenommen, ich hätte mich damals schon, meinem immerwährenden Freund Fritz zum Trotz, aufgemacht ins Zentrum Europas - Fahrräder gab's zwar noch nicht, aber auf einem klugen Eselchen zum Beispiel! - wohin wäre ich da wohl geritten? Über Stock und Stein, ohne Rast und Ruh? Nach Wien, Wetzlar, Regensburg? – «Dummes Zeug!», hätte mein kluges Eselchen gesagt und geredet wie Bileams Esel einst, der mehr sah als sein Reiter: «Dahin bringen mich keine zehn Pferde, mein Lieber! Pferde! Und Wien, Wetzlar, Regensburg, dass ich nicht lach, keines von den dreien ist die Mitte, in die du sollst. Keine Sperenzchen bitte! Keine Mätzchen! Am besten, du lässt mich einfach machen. Ich führe dich nämlich ins wahre Zentrum Europas! Das liegt übrigens bei Purnuškės, 54° 54′ 0″ Nord, 25° 19′ 0′′ 0st. Du wirst schon sehen.» - So, genau so hätte mein kluges Eselchen damals gesprochen, Mittelalter, Neuzeit, Moderne hin oder her. Und heute, 2016, fahr ich schliesslich auch nicht nach Brüssel,

Luxemburg, Strassburg, in die hell beleuchteten Zentren der Europäischen Union, sondern Ich fahre in die dunkle Mitte Europas, weil ich da nämlich hinmuss, weil da etwas auf mich wartet. So wäre das damals schon gewesen. Und so ist es noch heute.

Es ist es Mittag. Im traditionellen Wurstkuchl neben der Steinernen Brücke am Donauufer verdrücke ich acht Bratwürstel auf Kraut mit viel süssem Senf und drei Kümmelbrötchen und trinke einen halben Liter Jacob Dunkles vom Fass dazu. Die Verdauung dieses Mittagsmahls nimmt den ganzen Nachmittag in Anspruch, den ich im Übrigen mit den Highlights des Weltkulturerbes vertrödle: dem St. Petersdom (die Statue des lachenden Engels!); dem Schlosskomplex der Adelsfamilie Thurn und Taxis (die den Prinzipalkommissar, d.h. den Vertreter des Kaisers am Reichstag stellte); der Schottenkirche mit einem fantastischen Eingangsportal aus dem 12. Jahrhundert (darauf zwölf Figuren, die angeblich Ausgestossene wie Prostituierte, Kuppler, Gaukler, Verbrecher usw. darstellen). –

Dann geht es gegen Abend zu und des Tages Ende naht und wie ich nochmals über die Steinerne Brücke Richtung Stadtamhof spaziere und nun von der Flussmitte und dem höchsten Punkt der Brücke aus zurückblicke zur Altstadt, zum zierlichen aprikosenfarbenen Brückenturm mit Schwibbogen, flankiert von den behäbigen Salzstadeln, zum bunten Gedränge der Bürgerhäuser am Fluss, teils verdeckt von Resten der alten Stadtmauer, darüber die egomanen Türme der Patrizierburgen und, alles beherrschend, der mächtige Körper des St. Peter Doms mit den hundert Metern hohen Türmen, alles im vergoldenden Abendlicht – da spüre ich mit Bestimmtheit: wenn sich am Ende das Leben so präsentiert, in einem so vollendeten, glücklichen, warmen Bild – dann wird das Herz überquellen vor Dankbarkeit und der Übergang zum anderen Ufer wird leicht sein. - Aber drüben am anderen Ufer, in der Stadtamhof, werde ich aus meiner beseligenden Gesamtschau in die bruchstückhafte Gegenwart zurückgeholt: Da inszeniert das Leben nämlich ein kleines Lehrstück. Es entfaltet sich vor einem Haus mit der etwas verblichenen Fassadeninschrift *Maier Fleisch Wurst* und *Heisse Theke täglich. Leberkäse. Bratenfleisch. Schnitzel. Cordon bleu. Fleischpflanzerl. Würstel.* Von der Steinernen Brücke aus gesehen 150 Meter rechts. Ich steh vor dem historischen Haus mit der Aufschrift «Kolosseum». Da schnappt mir gegenüber ein zündelrotes Cabriolet einem hochbeinigen SUV (Sport Utility Vehicle) den letzten Park-platz im Weltall gerade vor der Nase weg, worauf der SUV-Fahrer prompt die Tür aufreisst und den schadenfroh grinsenden Knallfrosch im Cabriolet beschimpft: «Du mieser kleiner Hurensohn! Du dreckiger kleiner Wixer!» - Als wäre damit das Stichwort gefallen, springen beide Fahrer mit einem Satz aus ihren Vehikeln und gehen mit nackten Fäusten aufeinander los. Es ist eindeutig der SUV-Pilot, der die Führung an sich reisst, aber der innere Überdruck verführt ihn zum Haudern, seine Staccato-Schläge stossen ins Leere, zudem ist der Mann nicht geerdet, er verfügt über einen schwachen Stand, und so geht er trotz einem mehr verfehlten als träfen Haken des Gegners zu Boden, während der Knallfrosch mit kreiselnden Fäusten um ihn herumtänzelt, als könne er es kaum erwarten, bis es weitergeht. Von den Tischen des nahen Strassendcafés erschallt Beifall. Auch Laute der Empörung sind zu vernehmen. Schwerfällig rappelt sich der SUV-Pilot hoch und holt gleich aus zu einem Mordsfusstritt, der die natürliche Rangordnung zwischen den verschiedenen Klassen von Fahrzeugbesitzern richtigstellen soll. Une fois pour toute! Sein SUV ist schliesslich ein echter SUV, da gibt es nichts zu deuteln. Doch auch diesmal zeigt sich der Sportwagen-Knallforsch als der gewieftere Kämpfer, er nimmt sich flink aus der Schusslinie, bevor der Schuh des anderen ihn auch nur ansatzweise trifft. Aus dem Fusstritt wird nichts, stattdessen fliegt das Bein, um den Widerstand betrogen, viel zu hoch hinaus und vom eigenen Schwung gebodigt landet der SUV-Fahrer zum zweiten Mal auf seinem weissbetuchten Arsch. Von den Tischen des nahen Strassencafés begeisterter Applaus, Gelächter. Jemand ruft «Polizei!» Drei Typen sitzen an einem der Tischchen und triumphieren. Einer ruft: «Hey,Toni! Bist än ächta Burna!» - Der auf seinen roten Sneakers grinst zurück, schickt ein V-Zeichen und nähert sich dann mit wiegenden Schritten den drei Alliierten. Um den Zeigfinger lässt er den Autoschlüssel sausen. Der Gefallene ist inzwischen aufgestanden und schreitet hohlen Kreuzes auf sein hochbeiniges Vehikel zu. Es hilft nichts, er ist ein geschlagener Hund. Einer von Tonis Kumpeln ruft: «'Etz schleich di aber mit doaner Ludnkarre, sonst bekimmst glei noch eins auf die Haubn!» - Als der SUV die Hauptgasse hinauf wegrollt, hocken die vier mit verschränkten Armen vor ihren Bieren und schmunzeln ins goldene Abendlicht, als sei es speziell für sie zur Belohnung angeknipst.

Ich gehe zurück zur Brücke. Da herrscht noch immer viel Personenverkehr von drüben nach hüben und umgekehrt. Die Schönheit des Bauwerks zieht die Menschen an. Ich bin noch nicht auf der Höhe der Säule mit dem Brückenmandl, da kommt mir ein bekanntes Gesicht entgegen. Einen Moment lang muss ich studieren. Ah ja, es ist die Frau, die ich vorgestern auf dem Schiff getroffen habe. Kloster Weltenburg-Kelheim, Donaudurchbruch. Die mit der bitteren Schokolade. «Hallo», sagt sie. Neben ihr steht, einen halben Kopf grösser, ihre Begleiterin, eine sehr dunkelhäutige Frau. «Meine Schwester», stellt sie vor. Und: «Bestimmt haben Sie in der Zwischenzeit alles besichtigt, was es hier zu sehen gibt.» - Ich zucke mit den Schultern und erzähle von dem gewalttätigen Zusammenstoss, den ich eben erlebt habe. Da meint die Dunkelhäutige: «Oiso wenn i des häd oseng miassn, kannt i heid Nochd wieda ned schlafa.»

→ AM 1. AUGUST BIS SCHWANDORF

## 4 Unterwegs: Kallmünz im Naabtal

1. August 2016

Kallmünz ist ein idyllischer Marktort an der unteren Naab, die bei Regensburg in die Donau fliesst. Ich habe mich entschlossen, ihr 150 Kilometer aufwärts Richtung Norden zu folgen. Kann man Flussläufen entlangfahren, umgeht man grössere Steigungen. Und da ich gegen 90 Kilogramm (mein Körpergewicht plus Gepäck plus Gewicht des Fahrrades) gegen die natürliche Trägheit der Materie vorwärtsbewege, ist das ein gewichtiges Argument.

Es ist gegen 10 Uhr, das Wetter ist strahlend, eine steinernes Brücklein mit der Figur des heiligen Nepomuk führt über den Fluss ins Dorf. Unter einer ausladenden Linde stehen ein paar Tische und Stühle bereit. Ich beschliesse, an dem lauschigen Ort eine Teepause einzulegen.

Eine junge Frau, die aussieht, als traure sie darüber, dass ihr Leben gerade in Brüche geht, bringt mir Tee - und somit kann ich anfangen zu sinnieren, die Themen gehen nie aus, die Welt liefert ununterbrochen neue:  Zum Beispiel kommt schon nach kurzer Zeit ein Paar auf Rädern angefahren. Auch sie stoppen - stellen die Räder ab, nehmen an einem Nachbartisch Platz. Sie ist schlank; unter seinem T-Shirt spannt eine gewaltige Bierwampe. Sie bestellt eine Kugel Eis, er drei. Sein T-Shirt ist vorne bedruckt: Unter einem VW-Signet und dem Schriftzug "Speed-

Camp" ist die Front eines VW-Busses abgebildet, aus dessen Seitenfenstern beidseitig schwarz-weiss karierte Rennfahnen flattern. Darunter steht "Going faster since 1952". Vom ästhetischen Standpunkt her ist der Aufdruck problematisch. Oder schlichter ausgedrückt: hässlich.

Ist es nicht verwunderlich, dass Menschen freiwillig ihren Körper dazu hergeben, solche Textbotschaften in der Welt herumzutragen? Ist der Mann Werbeträger für die Firma VW? Was motiviert ihn dazu, sich in den Dienst dieser Firma zu stellen? Ich nehme an, er wird dafür nicht einmal bezahlt. Was also veranlasst ihn dazu, sich unentgeltlich zu prostituieren? Vielleicht ist er der Ansicht, dass grundsätzlich alles, was die zwei-bzw. dreidimensionale Welt besiedelt, sich zur Werbefläche eignet. Warum soll ausgerechnet der eigene Bauch davon ausgenommen sein? Und gerade ein solcher Bauch, der durch seine blosse Beschaffenheit das Ausmass der zur Verfügung stehenden Werbefläche im Vergleich zu einem Normalbauch - sagen wir mal - ohne weiteres verdreifacht. Wäre es nicht jammerschade, ein solches Potential ungenutzt zu lassen?

Der Wampen-Mann hat seine drei Kugeln Eis mit Leichtigkeit in derselben Zeit geschafft wie seine Frau die eine. Going faster since 1952.

Jetzt kommt ein weiterer Mann hinzu, der sich an einen anderen Nachbartisch setzt. Auch er trägt ein T-Shirt, aber unbedruckt, blütenweiss. Auf seinem muskulösen Oberarm prangt ein Tattoo. Es ist völlig verblichen. Man kann nicht mehr erkennen, was es darstellen soll. Vielleicht verdeckt es eine darunterliegende, die ursprüngliche Inschrift, längst unsichtbar. Der menschliche Körper als Palimpsest? Palimpseste sind (antike oder mittelalterliche) Schriftstücke, von denen der ursprüngliche Text abgeschabt oder abgewaschen und die danach neu beschriftet wurden.

→ AM 2. AUGUST BIS LUHE-WILDENAU
→ AM 3. AUGUST BIS WINDISCH-ESCHENBACH
→ AM 4. AUGUST BIS BAD BERKA

## 5 Bad Berka, Schloss Nimritz

4.-6. August 2016

Das war letztes Jahr auf den Färöern. Genauer gesagt: in Gjogv auf der Insel Esturoy. Meine Frau und ich waren von unserem Hotel aus einem Weidezaun entlang eine steile Krete hochgestiegen. Windböen stürmten gegen uns an. Graue und braune Schafwollbüschel zappelten am Zaun. Wir hatten den steilsten Teil Aufstiegs geschafft und blickten einen Moment auf die Handvoll Grassodendächer und die klein gegen das Meer hin stehende Holzkirche hinunter, als wir die beiden sahen, die hinter uns her kamen

Ihre Mützen leuchteten wie orange Warnlampen im Nieselregen. Die beiden gewannen rasch an Höhe, so dass ich bereits lesen konnte, was auf den orangen Mützen vorne draufstand: *Gaiz*.

Wir haben Thorsten und Kathrin den letzten Sommer auf den Färöern kennen gelernt, wo wir vier Wochen Wind und Wetter standhielten. Wir haben uns auf Anhieb – wie man sagt – gut verstanden. Es sind Ostdeutsche aus Thüringen. Kathrin ist Hautärztin mit Praxis in Bad Berka, Thorsten Ingenieur, jetzt auf das Schätzen von Immobilien spezialisiert, Wende-Gewinnler, wie sie einräumten. Sie waren mit einem geräumigen VW-Combi unterwegs, in dessen Heckraum sie schliefen, drei Tage Färöer, dann mit der Fähre weiter nach Seydisfjördur, Island. - Angeregt miteinander schwatzend, stiegen wir weiter bis zur oberen Kante des Abhangs, wo das steinige, unfruchtbare Innere der Insel anfängt, kraxelten um einige verwitterte Felstürme - da riss die Wolkendecke auf, und diese Urwelt aus Fels, Gras und Meer leuchtete auf, als werde sie eben aus dem Nichts geboren. Elementar, stark und unwiderstehlich. Einen solchen Augenblick zusammen zu erleben, bindet. - Aber sogleich schob sich – windgejagt – wieder ein Wolkenberg vor das Lichtloch, das Wunder erlosch, als sei es nie gewesen … Wir stiegen hinunter Richtung Dorf, über die ausgedehnten Schafweiden der Utmark, des unbebauten Landes ausserhalb der Dörfer, dann durch ein Pförtchen, eingelassen in die Grenzmauer, zurück in die Indmark, das landwirtschaftlich intensiv genutzte

Umland um die Bygden, das sind die kleinen Küstensiedlungen.

In der Speisestube des Hotels Gjaargardur dann Kuchen und Kaffee. Thorsten und Kathrin präsentierten sich als nicht tot zu kriegende Ossis. Nach der Wende zwar mit den Mofas sogleich ab in den Westen, aber da waren alle «Ellbogen-Wessis», keiner nimmt Rücksicht auf keinen, sie hingegen von Kindsbeinen an auf Gemeinschaft getrimmt, bereits in der Krippe mussten alle zur gleichen Zeit auf den Topf und dann kam das Kommando: Jetzt drücken! Das präge. Das werde man nicht mehr los. Die "getopfte" Persönlichkeit. «Überhaupt die - ähm – DDR, also die Ostzeit: soziale Sicherheit, null Reisefreiheit. Nach Bulgarien konntest du, ans Schwarze Meer. Anderseits … im Vergleich zur jetzigen Regierung. Zum Beispiel die Ausländer - «Da kommt noch was auf uns zu, gell», sagte Kathrin. «Vermehren sich wie die Karnickel», sagte Thorsten. «Und wenn du zu den Mainstream-Parolen die Stirn runzelst, bist du Faschist.» - Thorsten hat perfekt regelmässige Zähne. «Hunderttausende junger Männer – alles dringend benötigte Facharbeiter? Wer die Wirklichkeit nicht wahrhaben will, den bestraft das Leben.» - Kathrin fragt: «Kennt ihr Pirincci? - Müsst ihr unbedingt lesen. Oder *Compact*, die Zeitschrift, da findet ihr Informationen, die von den Mainstream-Medien konsequent weggedrückt werden.»

Dann war der Kuchen gegessen, der Kaffee getrunken, draussen nieselte es, trotzdem wollten sie weiter, nach Torshavn, der Hauptstadt, wo die Fähre nach Island ablegt.
Wie gesagt, das war letztes Jahr. Zwischenzeitlich sind ein paar Mails hin- und hergeflogen. Erfolgsberichte über Familiäres. Als ich ihnen in einem Mail von meiner Reise ins Zentrum Europas schrieb, bestanden sie darauf, dass ich sie besuche.

Ich erreiche die kleine Stadt südlich von Weimar zu Beginn der vierten Reisewoche auf einem Fahrradweg entlang der Ilm. Zu DDR-Zeiten befand sich hier eine wichtige Lungen-Klinik. Den dazugehörigen Park mit Goethe-Brunnen gibt es noch heute. Er plätschert in die Mitte des Pentagons hinein, nicht in die des amerikanischen Verteidigungsministeriums, das ärgerlicherweise auch in einem Pentagon untergebracht ist, sondern in die Mitte meines Pentagons, an dessen fünfte Ecke - ganz in der Nähe des Bahnhofs – nun ein rosafarbenes Haus rückt: das *Hautzentrum* nämlich, in dem Kathrin ihre dermatologische Praxis betreibt.
Ich melde mich beim Empfang. Die Arztgehilfin hinter der Theke guckt mich skeptisch an: «Sind Sie angemeldet? - Was, privat? Moment!» - Kathrin kommt im weissen Arztschurz. Begrüssung, hallo, hallo! Der Zeitpunkt ist günstig. Eben Mittagspause. Wir setzen uns in eine Art Aufenthaltsraum an einen Tisch. Die zweite Arztgehilfin bringt eine Tüte voll Esswaren. Nach zwanzig Minuten erscheint Thorsten. Er hat sein Büro im obersten Stockwerk des Hauses, ist aber den ganzen Morgen

unterwegs gewesen, um eine Immobilie zu schätzen. Auch er mit einem Sack voll Sandwiches. Es ist Montagmittag, den Nachmittag können die beiden nicht meinetwegen blau machen. Kathrin bewältigt täglich hundert Patientinnen und Patienten, kaum viereinhalb Minuten pro Fall im Schnitt. Die Pauschalen seien in Deutschland tief angesetzt, deshalb müsse sie so viele Patienten behandeln. Auch Thorsten hat zu tun. Kathrin ruft ihre Tochter an, die mich samt Velo mit dem Auto zu ihrem Haus bringen soll. «Da kannst du in Ruhe duschen und dich erholen.» Die Tochter kommt, eine lustige junge Frau, die vom Alter her eine Schülerin von mir sein könnte. Aber das ist vorbei.

Die Familie wohnt in einem kleinen Haus am Stadtrand. Ruhige Lage, kleiner Garten. Auf allen Ablageflächen Krimskrams. Zum Beispiel ein kleiner Schneemann mit blauer Zipfelmütze und einer weinroten Schärpe neben einem Seeigel und ein paar Vogelfedern. Ein Plastik-Rehkitz in einem Topf mit schütterem Zitronengras. Ich dusche, setze mich in den Garten und lese in Stifters *Nachsommer*. Der Roman langweilt mich, aber zu Hause habe ich noch gedacht: Nachsommer? Klar, wann denn sonst? Ausserdem habe ich ja nichts Gescheiteres zu tun. Ausser im Haus Möbel studieren: die auffällige Vorliebe für altdeutschen Stil: Gedrechseltes, Verschnörkeltes, Geschnitztes, bis zum Überdruss Dekoriertes.

Die beiden kommen um halb acht. Sie entschuldigen sich, weil ich so lange habe warten müssen. »Wir arbeiten zu viel», sagt

Kathrin. «Nein, nicht zu viel!», korrigiert Thorsten. Er holt Bier. Wir setzen uns in den Garten. Die Tochter kocht zum Abendessen eine Kartoffelpfanne. Nach dem Essen breite ich die Landkarte aus und Kathrin gibt mir Ratschläge, wie ich Danzig auf kürzestem Weg erreiche. Thorsten fegt mit der Hand über Polen hinweg. «Panzergelände», sagt er. Sie wollen, dass ich noch einen Tag noch bleibe, sie möchten mir was zeigen. Sie haben nämlich ein Schloss gekauft. – «Schloss?», frage ich, «was für ein Schloss?» -

Soll ich bleiben oder soll ich nicht oder soll ich doch? Passt Thorstens und Kathrins Errungenschaft in den Bau meines Pentagons? -

An anderen Tag arbeiten die beiden bis Mittag. Ich sitze am Frühstückstisch und langweile mich wieder mit dem *Nachsommer*. Dann kommen sie und wir fahren, in demselben geräumigen VW-Combi übrigens, den sie auf den Färöern dabeihatten. Wir fahren ca. 50 km. Die Strecke ist kurvenreich, wie gewöhnlich wird mir schlecht. Unterwegs kommen Anrufe in den Wagen, Anrufe geschäftlicher Art für Thorsten und solche von Handwerkern, die Aufträge für Arbeiten am Schloss spezifiziert haben wollen. Auf halber Strecke stoppen wir bei einer Plätzchen-Fabrik, wo man direkt ab Produktion kaufen kann. Da ist ein riesiger Parkplatz, und dann eine riesige Halle gefüllt mit Regalen voll Guetzli-Säcken und -Boxen. Es liegen Degustationsteller umher, aus denen man sich bedienen kann. «Nimm einfach!», sagt Thorsten. «Hast du gesehen, man kann einfach nehmen!», sagt Kathrin. Beide bedienen sich ausgiebig, trinken stehend Gratis-Kaffee. Ich bringe vor Übelkeit nichts hinunter. Sie sind enttäuscht. Sie wollten mir eine Überraschung bereiten.

Dann wieder Kurven rauf und runter. Verkehrstafeln, die vor Kühen auf der Fahrbahn warnen. Die Strasse schlängelt sich zwischen Hagebuttenhecken um Kuhweiden. Dann kommt Nimritz, wo das Schloss steht. «Schloss», das sagt sich so. Aber es ist ein echtes Schloss mit weitläufigem Park rundherum: mit alten Bäumen, Amor-Statuen und Rosenbosketten. Das ganze Anwesen wird umschlossen von einer Mauer, in die zwei schmideiserne Portale eingelassen sind. Die Gebäulichkeiten sind zweigeteilt: der dominante Teil ist ein Renaissance-Schloss mit aufstrebendem Zwiebelturm samt Uhr, verwinkeltem Grundriss, roten Fensterrahmen im weissen Gemäuer; angebaut daran, behäbiger, geduckter, gelb getüncht der Barockteil. Thorsten betätigt ein elektronisches Steuerungsgerät und die beiden Flügel des Eingangstores öffnen sich. Auch in das Gebäude gelangt man nur mittels eines elektronischen Codes. In einem eleganten Aufzug in einem gläsernen Liftschacht, der sich dezent in die hintere Fassade des Renaissance-Schlosses einfügt, gelangen wir in den ersten Stock, wo die Wohnräume der Schlossherren liegen: weitläufige Teppiche auf Böden aus geöltem Kirschbaum, Kachelöfen in den Ecken, Sofalandschaften, Fauteuils, Kommoden über denen Ölbilder in schweren Goldrahmen hängen, ein Esstisch unter einem Porzellanleuchter in einem Erker, dessen Wände blaue Sgraffiti schmücken. Aber jetzt ist keine Zeit, sich müssig umzuschauen, eben ruft ein Elektriker an, er stehe vor dem Portal. Er soll die Elektronik der Alarmanlage korrekt einstellen. Zudem wartet jede Menge Gartenarbeit. Die Büsche sollten dringend geschnitten werden, zum Teil überwachsen sie bereits die Parkwege. Zudem sind die beiden Rasenmäh-Roboter ausgefallen; beide stehen tilt auf dem Rasen. ihre Aufladebuchten sind tot. Was ist da los? Der Elektriker schafft es nicht, die Alarmanlage zu justieren. Immer wieder piept es und Thorsten muss die Anlage manuell zum Schweigen bringen. Im ganzen Park kein Strom. Auch nicht in den Laternen, die entlang der Hauptwege stehen. Der Elektriker tippt auf Kurzschluss. Vielleicht wegen der Ameisen in den Laternensockeln. Thorsten schraubt einen Sockel auf, es ist nicht leicht, die Schrauben sind verrostet, der hohle Sockel ist voll Ameisen. Er säubert ihn, schüttet Gift hinein und schraubt ihn wieder an. Es sind viele Laternen, die in Betracht kommen. Der Elektriker geht. Kathrin und Thorsten machen sich zusammen an die Arbeit. Ich entdecke einen Kirschbaum voll Kirschen am Rand des Parks. In der Küche des ersten Stocks finde ich eine Schale. Ich fülle sie mit Kirschen. Dann lege ich mich auf eines der Sofas und schlafe ein. Ich schlafe zwei Stunden, als ich aufwache, haben Thorsten und Kathrin noch nicht einen Fünftel der Laternen geschafft. Ich lese im *Nachsommer*. Die Hauptfigur ist zu Gast bei einem Gutsherrn, der diesen seitenlang durch sein Anwesen führt und jede

Pflanze erklärt. Es ist schwer zum Aushalten. Anschliessend mache ich ein paar Fotos vom Schloss von ausserhalb der Mauer. Ich komme ins Gespräch mit einem alten Mann, der in unmittelbarer Nachbarschaft des Schlosses wohnt. Er erzählt, nach dem Krieg sei das ganze Schloss von Vertriebenen aus den Ostgebieten besetzt gewesen. In den Fünfzigerjahren hätten es die Sowjets sprengen wollen. Aber der russische Kommandant habe ein Gehör für die Bitten der Dorfbewohner gehabt, zum Glück, denn dann habe es ein Bauunternehmer gekauft, der auch eine wichtige Funktion beim Denkmalschutz des Staates Thüringen innegehabt habe und das Schloss während vieler Jahre mit viel Engagement und Liebe restauriert habe. Zum Schluss zeigt er mir noch seinen ehemaligen Schweinestall, den er in einen Festraum mit langem Tisch umgebaut hat. Er ist sehr stolz darauf, aber es ist dilettantisch gemacht. Dann greife ich wohl oder übel wieder zum «Nachsommer». Kathrin und Thorsten arbeiten bis zum Sonnenuntergang ohne Pause. Sie kommen erschöpft herauf. Noch immer sind die Mäh-Roboter tot. Und es sind noch weitere Laternen zu reinigen. Zum Abendessen gibt es Scheiblettenkäse von Lidl, Lidl-Schinken und Lidl-Brot. Zum Dessert die Kirschen. Kathrin sagt, sie hätten leider keine Zeit für die Fruchtbäume. Es gebe auch Zwetschgen und Pflaumen und Äpfel. Aber während der Woche arbeite sie in der Praxis, Thorsten sei oft zu den Bauobjekten unterwegs. Es bleibe so wenig Zeit. Danach führen sie mich durch die fünfundzwanzig Räume der beiden Schlösser.

Darunter ein Rittersaal im Parterre des Renaissanceschlosses mit einem langen Tisch für 50 Personen. Alles kennerhaft, geschmackvoll eingerichtet. Bestens im Schuss. Ausgestattet mit antikem Mobiliar, zum Teil aber nur altgemachtem. Es gibt Firmen, die schiessen Wurmlöcher in die Armlehnen von Sesseln, damit es echt aussieht. Alle sanitären Anlagen modern. Ein Raum reiht sich an den andern. Ich habe längst die Orientierung verloren, wo wir uns befinden. Dann kommt das Barockschloss. Wieder Raum um Raum. Alles fertig eingerichtet. Aber was machen Kathrin und Thorsten mit all dem? Ich frage. Sie zucken mit den Schultern. «Frag was anderes.»

Wir trinken noch ein Glas Wein im Erker mit den Sgraffiti. Weisswein vom Anbau Saale-Unstrut, an dem ich bald vorbeifahren werde. Die beiden sind geschafft. Sie weisen mir ein Zimmer zu. Zum Schlafen im Schloss. Sie haben die Bettanzüge in einem Plastiksack mitgebracht. Am anderen Tag müssen sie früh auf. Kathrin muss um halb acht in ihrer Praxis sein. Hundert Patienten und Patientinnen warten. Ich schlafe traumlos. Nicht einmal der Schlossgeist klopft an. Er ist vermutlich abgehauen. Zum Frühstück gibt's den Rest vom Abendbrot. Und für jeden noch eine Hand voll Kirschen. - *Kirschen der Freiheit*, heisst ein Roman von Alfred Andersch.

Auf der Fahrt zurück sagt Kathrin, es sei ja schon eine Verrücktheit, das Schloss zu kaufen. Sie haben sich hoch verschuldet. Sie sei ja eigentlich dagegen gewesen. Aber Thorsten habe sie umgestimmt. Der habe schon seit je ein Schloss gewollt. Und jetzt

besässen sie eins. Jetzt seien sie Schlossbesitzer. Wahnsinn! Manchmal schaudere ihr bei dem Gedanken. Jetzt müssten sie noch mehr arbeiten, um rauszukommen.
Wir erreichen das Hautzentrum kurz vor halb acht. Mein Velo steht in der Garage. Wir verabschieden uns. «Ja, war schön...» - Und wie ich dann davonfahre, der Ilm nach Richtung Weimar, im Rücken das Pentagon mit seinen fünf zwielichtigen Winkeln, während Kathrin ihren Patienten zueilt und Thorsten seinen Bauobjekten, ist mir so vogelleicht und wunderbar zumute, dass ich einen Jauchzer zum hellen Morgenhimmel hinaufschicke.

→AM 7. AUGUST 2016 BIS NAUMBURG

# Das Heptagon

## 1 Am siebten Tag

Am siebten Tage sprech ich und
falt die Hände vor dem Bauch:
Alles gut, nun mal schön langsam,
nun mal das Innerste
in die Welt gestülpt!
Hier bin ich und will's nicht anders,
mit Pauken und Trompeten

dreimal ein Kanonenschuss
zum Schluss und pausenlos
nur Ich, Ich, Ich, der Protagonist,
mit sieben Federn aufm Haupt,
tanz ich um meinen Marterpfahl
im Zentrum meines Heptagons,
ein Häuptling ohne Stamm
der Nabel von Babel …

Die Grenzlinie zum Heptagon ist überquert, das Wetter bedeckt, aber sommerlich warm. Wenn ich jeweils am frühen Nachmittag mein Tagesziel erreicht habe, bestelle ich einen Topf Schwarztee oder einen Topf Grüntee, den einen Tag so, den andern so, der Mensch muss sich schliesslich an was halten können, und dann schreibe ich in mein Notizbuch, damit die Ereignisse nicht hinter mir zerflattern wie Rauch im Wind. Und ich habe mir wieder vorgenommen, kein Jota von der polygonalen Stationen-Ordnung abzuweichen. So bleibe ich stabil.

→ AM 8. AUGUST BIS LEIPZIG

## 2 Unterwegs: die Nietzsche-Gedenkstätte in Röcken

8. August 2016

Auf dem Fahrradweg zwischen Naumburg a. d. Saale und Leipzig stösst man vor Lützen auf einen Wegweiser, der auf Nietzsches Geburtshaus und Grabstätte hinweist. Ich habe tags zuvor in Naumburg das Haus gesehen, in dem er nach dem frühen Tod seines Vaters mit Mutter und Schwester seine Jugendjahre verbracht hat und wo er nach seinem geistigen Zusammenbruch in Turin im Jahre 1890 wieder der Pflege seiner Mutter und, nach deren Tod, der seiner Schwester Elisabeth anheimfiel. Man steht vor dem Haus und denkt: Hier, hinter diesen Fenstern war es, hier hat er zehn Jahre verdämmert, ausser Mutter und Schwester kaum noch jemanden wiedererkannt, ein gespenstisches Wesen, das komische Sprünge machte und hin und wieder einen kindischen Satz lallte. Der gigantische Denker mit dem Hammer (*Wie man mit dem Hammer philosophiert,* 1889) war längst tot, als im Sommer 1900 schliesslich auch noch der Rest starb. Man überführte seinen Leichnam nach seinem Geburtsort Röcken, wo man ihn an der Kirchenmauer neben seinem Vater beisetzte, der bis zu seinem Tod 1849 Röckener Pastor gewesen war.

Der Radweg nach Leipzig führt meist schnurgerade durch flaches Land. Büsche mit reifen Brombeeren, Hagebutten, Pflaumenbäume, die ihre gelben und roten Früchte regnen lassen, säumen ihn zu beiden Seiten. Da kann man ruhig den obersten

Gang einlegen und in die Pedale treten, was das Zeug hält: den Kopf auf stand by stellen, doch als ich den Wegweiser bemerke, ziehe ich beidhändig die Bremsen. Als Sechzehnjähriger habe ich zum erstem Mal *Zarathustra* gelesen, den *Antichrist,* die *Genealogie der Moral,* habe was weiss ich verstanden, und seither hat er mich nie mehr ganz losgelassen. Es gab Phasen, da hat er mich verfolgt, ich habe das Gift, das er im polierten Kelch kredenzt, geschlürft.

Der Wegweiser (zu seinem Geburtshaus und seiner Grabstätte) zeigt unmissverständlich nach rechts auf die weiten, abgemähten Felder hinaus. Liegt das Genie da irgendwo begraben, unter den Stoppeln des abgemähten Getreidefeldes?

Nein, nach zwanzig, dreissig Metern tut sich auf der gegenüberliegenden Seite eine Lücke in der Hecke auf, zur Schnellstrasse und zu einem um einen Stump von Kirchturm geduckten Dorf: Das ist Röcken.

In diesem Dorf verlebte er seine Kindheit bis zum Tod des Vaters, hier ist er begraben. Die Grabplatte liegt an der Kirchmauer, neben der seiner Schwester und seiner Eltern. Inschrift: *Friedrich Nietzsche 1844-1900.* Ein paar Schritte davon entfernt die sogenannte Erinnerungsstätte. Nietzsche selbst steht als Statue dreimal um die Kopie seiner eigenen Grabplatte, einmal – wie auf einer berühmten Fotographie – als Verlöschter am Arm seiner Mutter, und dann noch zweimal nackt. Mit der Melone, die er auf der Fotographie in der Hand hält, verdecken die beiden nackten Figuren (Bronze mit Autolack weiss lackiert) ihr

Geschlecht. - Woran soll erinnert werden? - Dass Freund Oevermann den Wahnsinnigen nackt mit erigiertem Glied tanzend angetroffen hat?
Nietzsche hat am Ende des 19. Jahrhunderts in einer religiös ermatteten Kultur die Heraufkunft des Nihilismus prophezeit und den Übermenschen propagiert, eine neue, noch nie dagewesene Art von Mensch, der durch die Frostnacht des Nihilismus hindurch gegangen ist und nun stark genug geworden ist, sich unter den Gegebenheiten einer an sich sinn- und wertlosen Welt einzurichten.
Gott? - Seit langem tot! Nicht einmal vor 14 Milliarden Jahren, als beim Urknall Raum, Zeit, Materie entstanden sind, hat er mitgemischt. Physikalische Gesetze allein regieren den Kosmos, in dem irgendwo um eine Sonne mittlerer Grösse ein Planetchen namens Erde rotiert. Auf diesem hat eine Serie chemischer Zu- und Unfälle zu einem wunderlichen Phänomen geführt: dem LEBEN, zuerst in Gestalt von Einzellern, später – nach dem blinden Gesetz von Zufall und Notwendig-keit – zu komplexeren und dann noch komplexeren Zellgebilden. Ein spätes Produkt dieser Ereignisse ist ein Tier namens Mensch. Es hat das Erkennen erfunden und ist deshalb enorm bedürftig nach Sinn und Bedeutung. Weil sich die Menschen unter dem leeren Himmel und inmitten des sie umgebenden Pflanzen- und Tiergewimmels ziemlich einsam und unbedeutend vorkamen, erfanden sie zu ihrer Beruhigung das Lügenmärchen von einem unsichtbaren Gott, der sie durch dick und dünn

beschützt, wenn sie brav an ihn glauben und ihm aufs Wort gehorchen. Sie nannten Gott «unser Vater» und liebten ihn als ihr phantastisches Ebenbild. Ihre Ergebenheit versuchten sie unter Beweis zu stellen, indem sie ihre eigene Tierheit verleugneten und ihr Leben den Gesetzen des Geistes unterwarfen. Aber der Geist entstammte der Angst und entfremdete sie ihrer eigenen tierischen Herkunft; je mehr sie sich ihm hingaben, desto mehr kam ihnen die natürliche Kraft und Vitalität abhanden, desto matter, kränker, schlaffer wurden sie. Wollten sie gesunden, mussten sie aus dem Lügengebäude, das sie zu ihrem Selbstschutz errichtet hatten, heraustreten und der nackten Wahrheit rückhaltlos ins Auge blicken: Ja, das Weltall war kalt, öde, bar jeden Sinns; die Erde war mitnichten das Zentrum der Welt, auf dem liebevoll oder zornig Gottes Auge ruht, sondern ein absolut irrelevantes Stäubchen in einer der unzähligen Materieschwaden, wie sie seit Milliarden Jahren durch das Weltall wabern; und das Leben der Menschen ist nicht ein von Gottes Zuneigung geadeltes Dasein, sondern der mehr komische als tragische Überlebenskampf ziemlich degenerierter Tiere, die bisher viel zu ängstlich und mutlos waren, als dass sie der Wirklichkeit hätten ins Auge blicken können.
Friedrich Nietzsche ist zu früh gestorben, um mitzuerleben, wie – unter der Ägide von Naturwissenschaft und Religionskritik – Ernüchterung die Köpfe der Menschen ergriff: Metaphysisch siedeln wir im Nichts. Im Himmel ist nichts zu holen. Über uns, unter uns, neben uns ist nichts, was von sich aus Bedeutung,

Wert, Sinn hätte. Alle Bedeutung, aller Wert, aller Sinn kommt vom Menschen allein, woher denn sonst? Nicht nach Gottes Ebenbild ist der Mensch geschaffen, umgekehrt gilt die Devise: Der Mensch muss sich die Welt nach seinem Bild, nach seinem Verstand schaffen, und das tut er mit all seiner Kraft. Der ernüchterte Mensch verehrt sich selbst in seinem treuesten Abbild, der Maschine, die mehr kann als er selbst und der er anhängt wie einem glänzenden Abkömmling. Vor dem kalten Hauch des leeren Raums über ihm und unter ihm häuft er Selbstgemachtes in überbordender Hülle- und Überfülle. Denn wo nichts mehr ist, da bildet sich notwendig die Überfülle. Da wirkt der horror vacui.

Auch an der Verwirklichung des von Nietzsche in Aussicht gestellten Übermenschen wird getüftelt. Die Avantgarde der Entwicklung sind die sogenannten Transhumanisten. Der Mensch in seiner fehlbaren natürlichen Ausstattung sei überholt, verkünden sie, er soll genetisch, nanotechnologisch, computerunterstützt perfektioniert werden. So wird der nächste Emergenzsprung in der Evolutionsgeschichte – diesmal planmässig - vollzogen. Unter den gegenwärtigen Bedingungen eine wirkmächtige Vision! Ob Friedrich Nietzsche sich den Übermenschen, wie er ihn durch Zarathustra verkünden lässt, als Cyberborg vorgestellt hat, kann man allerdings bezweifeln.

Ist es Zufall, dass ich schon zu Beginn des Heptagons an dieser Gedenkstätte vorbeikomme? Auf meinem Weg in die Mitte Europas? Am Grab- und Denkmal dieses Klassikers der Moderne?

- Ich betrachte die Skulpturengruppe noch einmal. Zu lesen ist, der Künstler F. Messerschmidt habe mit ihr einen Traum des Philosophen umgesetzt, in dem dieser wenig bekleidet doppelt an seiner eigenen Beerdigung teilgenommen habe. Die Bronzestatuen sind mit weissem Autolack über-sprayt und sehen aus, als seien sie aus Schnee und Eis gemacht. Dabei ist Sommer. Aber manchmal trügt der Schein. Es gibt Kalender, die gliedern nach anderen Kriterien und wir befinden uns mitten in einem epochalen Winter.
Zurück auf dem Fahrradweg Richtung Leipzig nochmals der Wegweiser, der in die verkehrte Richtung hinaus-weist, auf die abgemähten Felder, in die der Gedenkstätte entgegengesetzte Richtung. - Was gibt es denn da draussen? Mit rauem Gekrächz erhebt sich ein Schwarm Krähen und fliegt wild flatternd gegen Nordosten davon. Nietzsche hat ein schönes Gedicht geschrieben:

Die Krähen schrei'n
Und ziehen schwirren Flugs zur Stadt:
Bald wird es schnei'n –
Wohl dem, der jetzt noch – Heimat hat!

Nun stehst du starr,
Schaust rückwärts ach! wie lange schon!
Was bist du, Narr,
Vor Winters in die Welt – entflohn?

Die Welt – ein Tor
Zu tausend Wüsten stumm und kalt!
Wer Das verlor,
Was du verlorst, macht nirgends Halt.

Nun stehst du bleich,
Zur Winter-Wanderschaft verflucht,
Dem Rauche gleich,
Der stets nach kältern Himmeln sucht.

Flieg', Vogel, schnarr'
Dein Lied im Wüsten-Vogel-Ton! –
Versteck' du Narr,
Dein blutend Herz in Eis und Hohn!

Die Krähen schrei'n
Und ziehen schwirren Flugs zur Stadt:
Bald wird es schnei'n –
Weh dem, der keine Heimat hat!

= VOM 8. – 10. AUGUST IN LEIPZIg
→ AM 11. AUGUST BIS TORGAU
→ AM 12. AUGUST BIS LÜBBEN
→ AM 13. AUGUST BIS FRANKFURT (ODER)

## 3 Unterwegs: vor Frankfurt (Oder)

13. August 2016

Von Torgau bis Frankfurt (Oder) folge ich - mangels sinnvoller Alternativen - zirka 160 Kilometer der relativ verkehrsreichen B 87 durch den Spreewald. Bei Beeskow überquert man die Spree, bei Müllrose den Oder-Spree-Kanal. Da sieht man von den Brücken hinunter Dutzende Bötchen am Ufer liegen: Eine Bootsfahrt auf der sich in viele, zum Teil schmale Arme verzweigenden Spree und auf den zusätzlich angelegten Kanälen ist eine romantische Lustbarkeit, die man sich eigentlich nicht entgehen lassen dürfte. Ich tue es doch, und schäme mich ein bisschen. Aber Fahren auf der B 87 ist wie Laufen auf dem Laufband: es entwickelt sich eine eigene Art verbohrten Durchhaltewillens. Ich will nur noch eins, möglichst schnell am Tagesziel ankommen. Die Beine brennen, der Sattel glüht, die Hände am Lenkergriff sind taub, die Autos schiessen an mir vorbei, manchmal gibt es eine Pause, Föhren links, Föhren rechts, ihre Stämme sind rötlich, vereinzelt grossblättrige Eichen, hin und wieder ein Schmetterling, der kichert und sagt: «Du spinnst!», aber dann nähern sie sich wieder von hinten, man hört sie von weitem herandonnern, sie kommen in Kohorten von drei, vier oder fünf, selten einzeln, selten mehr als zu fünft, mit 130 Sachen oder mehr, schiessen an dir vorbei, sie halten Abstand, das muss man zugeben, sind trotzdem wie Gewehrschüsse im Zeitlupentempo, kinetische Energie pur, die viel zu nahekommt.

Wenn man im Gefährt drinsitzt, hat man einen stark verdünnten Zugang zum Phänomen. Zum Glück ist es nicht Nacht, zum Glück regnet es nicht, intensivierend wirkt, wenn die Scheinwerfer dazu-kommen. Man muss das erlebt haben, auf einer Strasse nachts bei Regen, das ist ein Urerlebnis: der homo sapiens sapiens allein in einer Horde Maschinen.

Vor Frankfurt a. O. verbreitert sich die B 87 unvermittelt zu einer vierspurigen Rennbahn. Ich gebe mein Bestes, aber mit meinem Velo bin ich da ein Fremdkörper. Meine Mitmenschen betätigen auch sogleich kräftig ihre Hupen, um mich darauf hinzuweisen. Danke bestens, sehr aufmerksam! - In Deutschland hat man heutzutage ein Herz für Fremdkörper, mehrheitlich wenigstens, wie aus dem Nichts stellt sich folglich ein Fahrradstreifen hinter der Leitplanke ein. Kein Plan, wo der herkommt. Ich stemme mein Velo darüber, mit all dem Gepäck ist es ein Saukrampf, das Kettenöl klebt zu einem guten Teil an meiner Hose. In mittlerer bis unterer Stimmungslage fahre ich bis in die Aussenbezirke der Stadt an der polnischen Grenze: Frankfurt an der Oder.

An einer Kreuzung, bei Rotlicht, bellt mich ein Hund an. Am anderen Ende der Rollleine steht der Hundebesitzer: ein Siebzigjähriger. Auf seinem weissen T-Shirt prangt ein graues Herz mit der Inschrift «*Hilfiger – New York 85*». Er fragt mich, ob er helfen könne. – Ich muss ziemlich ramponiert aussehen. Ich nuschle was, wir kommen ins Gespräch. Ursprünglich stammt er aus Thüringen, aus Ilmenau, das ist die Gegend, wo Thorsten und Kathrin, die Schlossbesitzer, wohnen. Das treffe sich gut, sage ich, ich käme aus Illnau. In Ilmenau sei es schön, sagt er, denn da gebe es nicht nur Kiefern, sondern Mischwald, er hasse Kiefern. Früher, erzählt er, habe er Rennradfahrer trainiert. Sein Sohn sei zu DDR-Zeiten Rennen gefahren. Seine Frau sei gestorben, als der Sohn ein halbes Jahr alt gewesen sei. Herzklappeninsuffizienz. Die Ärzte hätten vorausgesagt, sie werde die Geburt nicht überleben. Doch das habe sie. Sechs Monate. Nicht gelebt, nur vegetiert. Die Partei habe Prof. H. von der Städtischen Klinik in den Westen geschickt, damit er mal zusehen könne, wie man künstliche Herzklappen einsetze. Die Amis hätten damals bereits welche entwickelt. Aber dass solche dann einer DDR-Bürgerin eingesetzt worden wären, kapitalistische Herzklappen in einen sozialistischen Körper, sei damals nicht in Frage gekommen. Die Russen hätten ja selbst welche in Entwicklung gehabt. Angeblich bessere. Aber die seien zu spät gekommen. Das mit seiner Frau habe «einen Knick» in seiner Einstellung zum Staat bewirkt, sagte er. Sein Sohn sei jetzt erwachsen, jetzt habe er nur noch seinen Hund, und auch der sei schon alt. Aber solange der noch lebe…

Ich sehe auf meine mit Kettenöl befleckte Hose hinunter: Ist egal, denke ich; man muss in der Gewichtung des Unglücks unbedingt die Proportionen wahren.

= VOM 13.-15. AUGUST IN FRANKFURT (ODER)

→ AM 15. AUGUST ENTLANG DER ODER NORDWÄRTS BIS HOHENWUTZEN

→ AM 16. AUGUST WEITER DER ODER ENTLANG BIS MESCHERIN

## 4 Unterwegs bei Schwedt: Grossmilchviehzuchtanlage (ehemals LPG)

16. August 2016

Man kann einfach über die Brücke mit den blauen Bögen gehen, dann ist man in Słubice, das bis zum Krieg ein Stadtteil von Frankfurt an der Oder war, doch seither liegt es auf polnischem Boden. Im Zeitalter der offenen Grenzen ist der alte Zustand eigentlich wiederhergestellt und kaum je ist mir so bewusst geworden, was «Europa ohne Grenzen» bedeutet, wie auf dieser Brücke, wo die Menschen einfach so von hüben nach drüben fahren und umgekehrt, als wäre es die selbstverständlichste Sache der Welt. Ich war auch kurz drüben, habe in einer der vielen Wechselstuben (Kantor) Euros in polnische Złoty umgetauscht. (Polen ist ja nicht Mitglied der Euro-Zone und will es in absehbarer Zeit auch kaum werden.) Aber ich habe beschlossen, auf der deutschen Seite der Oder entlang Richtung Norden zu ziehen, weil der Radweg da gut ausgebaut sein soll. Ist er auch. Auf schnurgeraden Dämmen fahre ich durch die unberührte

Auenlandschaft. Schafe weiden, Graugänse, aus den arktischen Brutgebieten zurück, rasten in grossen, schreienden Scharen, manchmal zeigen dicke Baumstämme deutliche Biberspuren. Hinter Schwedt lotsen mich Umleitungs-Tafeln vom Fluss weg. Bald schlängle ich auf einem holperigen Plattenweg aus DDR-Zeiten durch Röhricht und Sumpfwiesen, ab und zu steht eine knorrige Weide am Weg, ab und zu wird durch das Schilf ein Gewässer sichtbar, ein Teich, ein Tümpel, ein Altarm der Oder, was weiss ich, ich weiss ehrlich gesagt bald überhaupt nicht mehr, wo ich bin, mir scheint, ich rattere da über die immer schmaler und holperiger werdenden Platten in alle Himmelsrichtung durch den Sumpf, nur nicht nach Norden, wo ich hinwill. Vom gut ausgebauten Radweg seit einer Stunde keine Spur. Aber man geht nicht verloren in dieser Weltgegend, es kommt immer einer, diesmal auf einem alten Motorrad, hält bei mir an, ist freundlich, erklärt mir mit ausholenden Armgesten den Weg, nächste rechts, nochmals rechts, dann eine Brücke, übernächste links und so weiter, ich habe bereits den Anfang wieder vergessen. Ja, sagt er, er wolle sich das mal wieder ansehen, er zeigt auf die Sumpfwiesen, er habe nämlich früher, also zu Ostzeiten, hier gemäht, alles sei gemäht worden, 3000 Hektar, und hinter den Mähmaschinen seien die Störche in Reih und Glied marschiert und hätten sich die zerhackten Mäuse und Wasserratten gepickt, die freigelegt worden seien, manchmal auch Rehkitze, na, ja, die Störche hätten alles gefressen. Auf Teufel komm raus man habe hier gedüngt, mit Flugzeugen

Phosphat versprüht, 20 Meter über Boden, er mimt mit den Händen die Tragflügel, und nach einem Tag sei das Gras Heu gewesen, für die LPG, wie es damals geheissen habe, die Landwirtschaftliche Produktions-Genossenschaft, alles staatlich damals, zu Ostzeiten, nach der Wende privatisiert, viele entlassen, er auch, und das hier draussen, weil nicht profitabel, gar nicht mehr bewirtschaftet, er zeigt mit dem Daumen gegen den Wald, die alten Silos stünden noch, 5000 Stück Vieh damals, nur Weiber, allesamt künstlich besamt, und sie hätten diese Traktoren gehabt, Belarus 52, russische Traktoren mit dem Auspuff hinten hinaus über der Führerkabine, das Heu auf den Anhängern habe davon manchmal Feuer gefangen, und einmal wegen Funkenflug auch das Spreu in einem Stall, 30 Kühe verbrannt, das Gebrüll kannste dir nicht vorstellen. Er habe die LPG-Leistungsmedaille erhalten wegen herausragender Leistung, die hänge überm Sofa, aber der Traktorist, ein Dämlack aus Karl-Marx-Stadt, heute Chemnitz, sei geschasst worden, dafür hätte er selbst Traktorist werden können, eine «Schangs», der Vorgesetzte des Rats habe sich für ihn eingesetzt, aber bevor der Lehrgang begonnen habe, sei's vorbei gewesen mit den Ostzeiten und seine Mutter neben dem Kuhstall vom Blitz getroffen, zwanzig Schritte vom Kuhstall entfernt und zwei Tage nachher Herzstillstand, fertig, aus, amen, kurz nach der Wende, was willste machen? Seither sei für ihn eigentlich nichts mehr Gescheites gekommen … «Wenn die Sonne untergeht, leuchten die Sterne der Erinnerung», sagt er, «alles hier draussen, soweit du siehst, bis zu den Weiden da hinten, intensiv bewirtschaftet, aber heute? … Was soll's!» – Mir scheint, das Wasser steht ihm in den Augen.

«Wie? Was? Ja, nein, die nächste rechts, dann nochmals rechts, dann über die Brücke dann links, kannste eigentlich gar nicht verfehlen.»

Da bin ich mir nicht so sicher.

→ AM 17.AUGUST 2016, GRENZÜBERTRITT NACH POLEN, ÜBERNACHTUNG IN OBRYTA
→ AM 18. AUGUST BIS CHOSZCZNO -
→ AM 19.AUGUST BIS KALISZ POMORSKE
= VOM 20.-22. AUGUST IN CZAPLINEK

## 5 Czaplinek (Hinterpommern)

21. August 2016

Seit fast einer Woche kein Eintrag! Tag um Tag nichts, das für das Heptagon von Belang gewesen wäre. Den Grenzübertritt nach Polen habe ich am 17. August, bei Gryfin die Oder überquerend, vollzogen. Mitten auf der türkisfarbenen Stahlbrücke habe ich Halt gemacht, nach oben, nach unten und in alle vier Himmelsrichtungen gewittert: Nichts! Am jenseitigen Ufer billige Nachkriegsarchitektur, Plattenbauten, die Nationalstrasse 31 nach Szczecin auf die eine, die Nationalstrasse 31 nach

Kostrzyn auf die andere Seite. Auch in Choszczno, meiner zweiten polnischen Übernachtung nichts. Abendessen aus der Einkaufstüte im schäbigen Hotelzimmer. Während des grauen Regentags in Kalisz Pomorske (4383 Einwohner, Postleitzahl 78-450, Telefonvorwahl 94) die Befürchtung, du wirst es nicht schaffen, das Heptagon zum Abschluss zu bringen, daraus eine anständige Figur zu machen, weil du ständig an belanglosen, stummen Phänomenen ausläufst, Tag für Tag, du Jogg! Dabei bist du erst im Heptagon. An das bevorstehende Nonagon darf ich gar nicht denken, nicht zu reden vom Hendekagon, dem finalen Elfeck um die dunkle Mitte. Was du in deinem Buch nach Hause bringen wirst, wird nicht mehr sein als ein Gekrakel offener Figuren, die ihren Sinn längst irgendwo zwischen den Kiefern im hinterpommerschen Sand verloren haben - fern fern fern vom Zentrum Europas. Vielleicht wärst du ja doch besser mit Fritz, der die Mitte längst gefunden hat, auf die Älggialp zum Stein mit den Schweizern des Jahres. Und zum Berggasthauses Älggi mit den rot-weissen Sonnenschirmen und dem prima Lebkuchen. Vielleicht wäre es, wie die Dinge stehen, ein Gebot der Vorsicht, deine liebe Frau zuhause schon mal vorzuwarnen.

Und jetzt Czaplinek. - Das Städteverzeichnis meines GPS kennt den Ort nur unter dem Namen Tempelburg. Auch die Strassenkarte *Polen* des deutschen Höfer Verlags verzeichnet Tempelburg. Erst an zweiter Stelle Czaplinek. Dabei liegt die Kleinstadt seit 70 Jahren auf polnischem Staatsgebiet. Eine Ungehörigkeit also, ihn nicht mit dem polnischen Namen zu nennen. In diesem Fall ein Politikum. Denn bis zum Ende des Kriegs war Westpreussen Teil des deutschen Reiches. Nach dem Krieg wurden die Deutschen nach Westen vertrieben, soweit sie nicht schon vor der heranrückenden Roten Armee geflüchtet waren. Stalin beanspruchte weite Gebiete des östlichen Vorkriegspolen für die Sowjetunion und verschob die Grenze zwischen Polen und Deutschland nach Westen bis zur Oder und zur Neisse. Ganz West-Preussen wurde Polen zugeschlagen. In die Häuser der Deutschen zogen die im Osten vertriebenen Polen (und Ukrainer) ein. Welche demographischen Umwälzungen da erzwungen wurden! Die alten, deutschen Häuser stehen überall noch, zum Teil sehr stattliche, vornehme, von gebildetem Geschmack zeugende. Am Rynek (dem Marktplatz) stehen einige, mit klassizistischen Fassaden, dann die Villen Richtung Bahnhof hinaus. Was es hiess, so ein Haus einfach hinter sich zu lassen, in dem man gelebt hat, mit dem man verwoben war! Aber der Feind rückte unaufhaltsam heran, oder die polnische Behörde ordnete den Wegzug an. Man hatte den Krieg verloren, jetzt befahlen die anderen.

Ich wohne am Rynek (Marktplatz), Hotel Elekt, lichtes, grosses Zimmer, mit Blick direkt auf die Fassade der ehemaligen evangelischen Heiliges-Kreuz-Kirche, noch von Schinkel entworfen, heute die katholische Podwyższenia Krzyża Świętego. Meistens sitzt eine Möwe oben auf dem Giebelkreuz und ruckt mit dem Kopf auf alle Seiten. Einen Glockenturm gibt es nicht, nichtsdestotrotz halbstündliche Glockenschläge, alle zwei Stunden Glockenspiel, mittags und abends pompöses Geläute mit fünf Glocken – aus Lautsprechern, die an der Kirchenfront installiert sind. Leider wird der Nachhall am Schluss zu früh abgeschnitten, was die Glaubwürdigkeit der Simulation stark beeinträchtigt.

Heute Morgen, beim Frühstück, wird an einem nahen Tisch Deutsch gesprochen. Ein altes Paar mit zwei jüngeren Frauen. Beim Kaffeeeinschenken am Frühstücksbuffet rede ich den Mann an, ob er aus dem alten Tempelburg stamme. Nein, sagt er, aber seine Frau, von genauer gesagt Stare Drawsko, wenige Kilometer von Czaplinek. Die Frau gedrungen, eine Bulldogge, spachtelt Russischen Salat auf eines der bleichen Brötchen. Ja, sagt sie, auf einem grossen Gut sei sie aufgewachsen, ihr Vater sei da Brennmeister gewesen, sechsundvierzig hätten sie alle wegmüssen, sie legt das Brötchen mit dem Russischen Salat auf den Teller und weint. «Mama wird immer gleich von ihren Gefühlen überwältigt», sagt die eine Tochter, «trotzdem muss sie sich das immer wieder antun. Wir kommen jedes Jahr.» Heutzutage seien hier alle nett. Aber noch vor 10 Jahren habe man vor ihr auf den Boden gespuckt.

Meint der Vater: "Das hat der Pole schon längst im Schilde geführt, dass er sich das Gebiet schnappt; der Hitler war mal bloss die günstige Gelegenheit, auf die er gewartet hat." Er ist 89 Jahre alt, stammt ursprünglich aus Schlesien. Seine Entrüstung wirkt jung. Jahrelang war er Präsident der schlesischen Landsmannschaft. ″Und das Schlimmste ist″, sagt eine der Töchter, “dass es weitergeht, dass man nichts daraus lernt. Heute werden wieder Millionen vertrieben, sind auf der Flucht.″ Nochmals die Mutter: “Was die aus unserer Heimat gemacht haben!″ Es ist in ihren Augen nichts als eine zum Himmel schreiende Schande. Wieder bedeckt sie die Augen mit den Händen. Die Tochter zu mir: “Wenn man das vom Polen und vom Russen aus ansieht, ist es doch irgendwie zu verstehen.″

Ich frage, wo denn der Friedhof sei. Friedhöfe sind immer interessant. – «An der Strasse gegen den Bahnhof hinaus, linke Seite», sagt die Mutter, «warum?» - Ich sage es nicht, aber Tote machen keine Dummheiten. Sie sind nicht banal. Vielleicht sogar der bedeutungsvollere Teil der Menschheit.

Um 10.00 öffnet die Tourist-Information nebenan. Ich frage nach einem Stadtplan und dem Friedhof Richtung Bahnhof. «Nein», sagt die Frau hinter der Theke, «der Friedhof liegt da und da, Ulica Szczechnezca, sie kann Deutsch und zeigt ihn mir auf dem Plan, «gegen den Bahnhof hinaus, nein, da hat es nie einen gegeben.»

An der Ulica Szczechnezca finde ich den Friedhof, jedes Grab mit solidem Grabstein, geschliffene Granite, ein Meer von Blumen, natürliche wie künstliche, künstliche deutlich in der Mehrheit, unzählige grosse und kleine Grablichter in gläsernen Behältnissen. Die Friedhöfe sind farblich die ausgelassensten Orte im Land. Die meisten Gräber stammen aus der Zeit nach 2000; die frühesten sind ärmliche Betonplatten oder Betonkreuze aus der kommunistischen Ära der achtziger, neunziger

Jahre. «Edmund Sygitowicz 1943-2007. Ave Maria», «Danuta Ludwicka 1952-2016. Ave Maria» - Dzieńdobry, Danuta Ludwicka, hörst du mich? Bitte, sprich zu mir durch die Wand, die die stumme Gegenwart von dir trennt. Ich will dich hören. – Sie schweigt. Grab reiht sich an Grab. - Sie schweigt. Grab reiht sich an Grab. Es wird überall fleissig gestorben, in Polen ebenso. Und es hat noch freien Raum für die Kommenden. Ganz hinten, an der Randhecke ein aufgeschütteter Erdwall, zwei Meter hoch, darin in wirrem Durcheinander verrostete Metallkreuze und alte, verwaschene Steine. Eine Tafel aus poliertem schwarzem Marmor erklärt: *Zum Gedenken an die Einwohner von Czaplinek, die bis 1946 hier gelebt haben und an alle, die hier ihre Ruhestätte gefunden haben.* - «*Hier ruht in Gott unsere liebe Mutter Mathilde Rehbein, geb. Keiper, 1883-1923*»; «*Hier ruhe in Gott August Götzmann, geb.1855, gest. 1919 und Auguste Götzmann, geb. Bretzke, 1855, gest. --- Christus ist mein Leben, Sterben ist mein Gewinn.*» - Manche der Grabmale sind zerbrochen, zum Teil wohl als Folge von Gewalteinwirkung. Auf weiss-marmornem Oval umrahmt von Palmzweigen aus Sandstein: «*Erich Meske, 1905 -1913.*» - Hallo Erich, hier Per Meerin, Reisender zur dunklen Mitte Europas, du weisst Bescheid, ihr Toten wisst ja alle Bescheid, ihr seid aus den polygonalen Winkelzügen der Menschenzeit fein raus und wohnt in weiten Kreisen, aber ich steh hier und kämpf mich von Eck zu Eck und muss mein Heptagon schliessen, das Leck stopfen, bevor ich absauf im Meer der Ungestalt. Nur ein Wink, Erich, ein kleiner Wink, ich werde Bedeutung daraus ziehen, hundert Prozent, da mach dir keine Sorgen! … Aber Erich Meske schweigt in seinem weiss-marmornen Oval, Erich schweigt umrahmt von Palmzweigen aus Sandstein, er schweigt wohl seit hundertdrei Jahren, meine polygonalen Sorgen kümmern ihn nicht, die Toten schweigen oder sie wenden uns den Rücken zu und lachen vergnügt in die Mitte – während über die Gräber zu unseren Füssen das Gras wächst.

Aber vielleicht bin ich nicht auf dem richtigen Friedhof. Hat die Deutsche vom Frühstücksraum vielleicht doch recht gehabt mir ihrer Erinnerung? Friedhof gegen den Bahnhof hinaus? Sie war ja schon zwölf, als sie wegmusste. - Das nimmt mich wunder. Der Bahnhof liegt 3 km südlich ausserhalb der Stadt, weil der Tempelburger Stadtrat sich 1877 angeblich geweigert hat, das nötige Areal auf Stadtboden bereitzustellen. Gegen den Ausgang der Stadt, an der Dąbrowskiego, vergammelte Bürgerhäuser mit reich verzierter klassizistischer Fassade. Dann rechts ein auffälliger Bau mit Rundbogenfenstern, auch in ziemlich verlottertem Zustand. Vielleicht die ehemalige Synagoge? Ein bisschen weiter noch, dann links ein zwei- bis dreihundert Meter breites unbebautes Gelände mit wunderschönem Baumbestand, hundertjährige Eichen, Sandwege führen hindurch. Ich betrete es. Es zieht sich bis zum Ufer des Jezioro Czaplino, des Zepplinsees hin. Eine Idylle. Einige Fitnessgeräte sind auf dem Gelände installiert, offensichtlich eine Art Trimm-dich-Gelände. Ich suche nach Hinweisen, dass es sich hier um ein ehemaliges Friedhofsgelände handeln könnte. Nichts deutet darauf hin, ausser der Atmosphäre. Im Hotel recherchiere ich im Netz und finde einen alten Stadtplan von Tempelburg. Tatsächlich! An der Stelle, wo heute das Gelände mit dem Vita-

Parcours ist, war früher ein Friedhof. Aber die Synagoge für die ca. 200-köpfige jüdische Gemeinde (2% der Gesamtbevölkerung, gleich viele wie Katholiken, die grosse Mehrheit war früher lutheranisch) befand sich an der Seestrasse, Ulica Jeziorna 22. Eine Nummer 22 gibt es nicht mehr. Da steht eine Reihe verlotterter Garagen und Schuppen in einer Umgebung, in der die Natur wieder die Oberhand gewonnen hat und alles in ihrer unantastbaren Vollkommenheit überwuchert, was an das Unheimliche noch erinnern könnte – und das ich in mir herumtrage. Die Toten schweigen - und über ihre Gräber wächst Gras. Zurück im Hotel Elekt schalte ich den Fernseher an. Telewizja Polska bringt gerade Nachrichten. Soviel verstehe ich: In Mecklenburg-Vorpommern hat die AfD über 20% der Stimmen geholt. Ja, das Heptagon ist noch offen. –

→ AM 23. AUGUST 2018 BIS SZCZECINEK

## 6 Unterwegs: Borne Sulinowo (Gross-Born)

23. August 2016

Am Morgen, als ich in Czaplinek losfahre, liegt Nebel. Es wird Herbst. Am Strassenrand blühen die Goldruten, in den Wäldern stehen Pilze, bei einer Rast entdecke ich einen ganzen Schwarm Pfifferlinge halbversteckt im Moos. In Viertel-

stunden-Abstand die ehemals preussischen, jetzt polnischen Dörfer. Transvestiten-Dörfer. Einstöckige Häuser mit der Längsseite parallel zur Strasse; alte Ziegeldächer mit Moos, metallene Gartenzäune zwischen Strasse und Vorgärten, in denen Astern glühen, manchmal kläfft mir ein Hund nach. An der Fassade eines grösseren Hauses entziffere ich eine verwitterte Inschrift *Gasthof z. Pommerschenke. Restaurant. Betten.* Das Gebäude ist in erbärmlichem Zustand, aber bewohnt. In meiner Vorstellung sehe ich einen Einspänner vor dem Haus stehen, zwei Herren mit Bauch auf dem Vorplatz rauchen Zigarren, sie haben Strohhüte auf dem Kopf und Spazierstöcke in der Hand; eine Dame mit ausladendem Hut lässt ihr Hündchen an der Gartenmauer schnüffeln. Sie trägt einen knöchellangen Rock...
- Aber nicht träumen, auf der Strasse lauern mitunter knöcheltiefe Schlaglöcher! Übersiehst du eins, liegst du in Stücken am Boden.

Ausserhalb des Dorfes beginnt wieder die Allee, alte Eichen, alte Ahorne links und rechts der schmalen Strasse. Ländliche Verträumtheit, ländlicher Friede. Krähengeschrei, Elstern, vereinzeltes Hundgeblaff und Hahnenkrähen. Die Abgehängtheit des Ortes vom Puls der Zeit schlägt auf der ästhetischen Seite als Gewinn zu Buch. Fast regelmässig gehen Sandwege ab, oft ist darunter Natursteinpflästerung erkennbar. Die Wege laufen ins Feld hinaus oder verschwinden zwischen den Kieferstämmen. Sie haben etwas Geheimnisvolles. Es ist immer wieder die oft bis zur rätselhaften Chiffre entstellte Vergangenheit, die dem Land ihr Gepräge gibt. Fast jedes Stück Mauer enthält eine Frage in sich.

Gegen Mittag bricht die Sonne durch. Der Nebel löst sich auf. Ich fahre durch Borne Sulinowo. 4000 Einwohner. Beidseits der Strasse renovierte Plattenbauten, aber auch historische Gebäude. Im Zentrum steht zur Erinnerung an den Sieg gegen den Faschismus ein sowjetischer Panzer auf einem Betonpodest. Allenthalben Informationstafeln, die in drei Sprachen Erklärungen liefern. Man baut auf die touristische Attraktivität der Stadt. Früher hiess sie Gross-Born. Zwischen 1945-92 sei sie in den Ländern des Warschauer-Paktes auf keiner Karte verzeichnet gewesen. Hier befand sich nämlich ein grosser Truppenausbildungsplatz der Roten Armee. Die Russen waren von der polnischen Bevölkerung der Umgebung streng isoliert. Die Rote Armee hatte die Einrichtungen nach der deutschen Niederlage 1945 von der Wehrmacht übernommen, die bereits nach dem 1. Weltkrieg hier einen Ausbildungsplatz für Artilleriesoldaten eingerichtet hatte, der dann zu Zeiten des Dritten Reiches massiv erweitert wurde. Hier soll der Panzergeneral Heinz Guderian seine Panzerdivision für den Angriff auf Polen vorbereitet und Rommel sein Afrika-Corps zusammengestellt haben. Ein militärgeschichtlicher hot spot. Inzwischen sind die Mannschafts- und Offiziersunterkünfte, die Lagerhäuser, das Spital etc. zum Teil renoviert und zur zivilen Nutzung umgestaltet.

Zum Teil zerfallen sie und bilden die Kulissen einer Geisterstadt.

Hinter Borne Sulinovo ungewöhnlich viel Auto-Verkehr. Ich bewege mich auf einer Zufahrtsstrasse zur A 20, der Verkehrsachse zwischen Stettin und Danzig, nach ca. zwei Kilometern Abzweigung auf einen Weg (auf der Karte gelb als anständige Nebenstrasse markiert) Richtung Krangi, Turewo, so unscheinbar und ohne irgendeine Bezeichnung, dass ich erst einmal daran vorbeifahre. Wie ich zurückkomme, stehen, genau wo der Sandweg in die asphaltierte Strasse mündet, zwei Frauen mit ihren Fahrrädern (keine Radfahrerinnen!) und halten ihre Köpfe über einem elektronischen Gerät zusammen.
Ich nehme wahr, wie sie hinter mir herfahren. Manchmal ein Wort wechseln. Unter dem Sand liegt eine zertrümmerte Asphaltdecke und sorgt gehörig für Schlaglöcher. Kleine Krater. Auf einmal spukt mein linkes Pedal, nicht ganz überraschend, hat es doch gestern schon ein paarmal ein ungehöriges Knacken von sich gegeben. Anderseits, beide Pedale, sogenannte Bärentatzenpedale, sind neu, keine zwei Wochen ist es her, dass ich im Oderbruch 12 km Umweg zu einer Garage in Kauf genommen habe, 6 hin, 6 zurück, um die alten, die es immerhin 16 Jahre gemacht haben, gegen die neuen auszutauschen. Der Mechaniker hatte mir zwei Paar zur Auswahl präsentiert, die teureren aus weissem Kunststoff, aber mein Fahrrad ist, in die Kategorie Automobil übertragen, eher ein Traktor (vorausgesetzt

diese fallen unter die Kategorie "Automobil", woran ich zweifle) item, was soll ich da mit zwei weissen Kunststoff-pedalen, ich bin ja nicht bei der Tour de France, RTL filmt nicht, also die billigeren, nicht des Preises wegen, ästhetische Gründe sind ausschlaggebend, verkehrter-weise zugegeben, denn die billigen sind Ramschware, den erhöhten Anforderung meiner Reise ins Herz Europas nicht gewachsen, das linke, also das auf der Herzseite, knirscht und knackst erbärmlich, gibt den Geist auf, will nicht weiter, so nicht.

Da überholen mich die beiden Nachfahrerinnen, die eine stoppt neben mir, die kleinere, ältere, fragt mich was auf Polnisch - versteh ich nicht, ja nie rozumiem Polski - Englisch vielleicht? Oder noch besser Niemiecki, Deutsch? - "Haben Sie vielleicht eine Pumpe?", kommt es zögerlich. - Ja natürlich, Pedal zwar kaputt, aber Pumpe prima. Ihr Hinterrad ist weich wie Pudding. Mit ein paar Handgriffen erledige ich die Sache. bittesehr, bardzo proszę pani, jetzt geht's gleich weiter. Woher ich denn komme, will sie wissen. (Ihre Kollegin wartet etwa 100 m weiter vorn auf sie, bewegungslos, erstarrt zu einer Statue aus Stein.) - Schweiz! ihr Grossonkel, Tadeus Reichstein, habe in der Schweiz gelebt, 1996 sei er in Basel gestorben, neunundneunzigjährig, ein berühmter Mann, Nobelpreisträger für Medizin, Erfinder der künstlichen Herstellung von Vitamin C., immer zu ihrem Geburtstag habe er ihr geschrieben und sie «drogi ptaszek», liebes Vögelchen, genannt. Sie kichert. - Ihre Kollegin ruft ihr etwas zu. Es klingt zornig, geradezu hasserfüllt, finde ich.

Was ist mit der? Die ist voll am Anschlag, scheint's. Da muss das liebe Vögelchen natürlich spuren. «Ich muss», sagt sie und fährt davon, ihrer Kollegin nach.

Ich untersuche mein Pedal, die Schutzkappe seitlich ist weg, in der Karrenschmiere kleben zwei Metallkügelchen: das Tretlager ist futsch. Aber wenn ich gegen den Widerstand trete, geht es noch, es knirscht und knackt zwar, dass es einem in der Seele wehtut, aber ich komme langsam vorwärts. Bei einer Abzweigung warten die beiden Frauen. "Was ist mit Ihrem Fahrrad?", fragt die Tadeus-Reichstein-Nichte. "Sie haben nicht zufällig ein Pedal bei sich?", frage ich.

«Nein», sagt sie und guckt mich erschrocken an.

Mein GPS weist mich nach links, sie wollen gerade aus. Dort ist ein See.

Vielleicht zwei Minuten, nachdem wir uns getrennt haben, höre ich ein gellendes Geschrei aus der Richtung, wo die beiden sein müssten. Es ist, als würde jemand seine ganze, lang angestaute Wut herausschreien. Es ist aber nicht die Stimme der Reichstein-Nichte, sondern höchstwahrscheinlich die andere, die ihrer Kollegin, die aus ihrer Stummheit findet.

Bei der Einfahrt in Szczecinek denke ich daran, dass ich den Abschluss des Heptagons in den nächsten Tagen auf Biegen und Brechen schaffen muss. Deshalb lasse ich das Pedal, das Laute von sich gibt, als würde jemand ständig mit den Zähnen knirschen, im erstbesten Fahrradgeschäft, dem sklep rowerowy an der Tadeusza Kościuszki, sogleich auswechseln.

→ AM 23. AUGUST 2016 BIS BYTOW (BÜTOW)

→ AM 24. AUGUST BIS KARTUZY (KARTHAUS)

→ AM 25. AUGUST BIS ŁEBA

= VOM 25-28. AUGUST IN ŁEBA

## 7 Łeba (Leba)

27. August 2016

Ha, auf Biegen und Brechen! In Łeba schliesst sich das Heptagon; Łeba liegt im östlichen Hinterpommern an der Mündung des gleichnamigen Flusses in die Ostsee. Die Postleitzahl lautet 84-360. In Łeba kommt die Krise. Da ist gar nichts mehr gut. - Um zwanzig vor drei nachmittags, als ich unter einem Zywiec-Sonnenschirm am Łeba-Ufer sitzend den letzten Bissen eines Stücks Himbeerkuchen mit Rahm in mich hineingegabelt habe und an der Frage grüble, ob ein Eisbecher mit heisser Schokoladensauce nicht ein sinnvoller Übergang ins Nonagon darstellen könnte, da rammt mich - sozusagen aus dem Blauen heraus - die Frage: "Sag mal, was machst du hier eigentlich?" - Fragen, in denen das Wort "eigentlich" vorkommt, sind grundsätzlich heikel. Und solche, die in die Schublade "Sinnfragen" gehören, sowieso. Man kann ihnen entgegentreten, indem man sagt: «Ich nehm jetzt den Eisbecher, basta!» Oder man könnte versuchen, ihnen durch entschiedene Zeitungslektüre den

Wind aus den Segeln zu nehmen (dazu muss man aber Polnisch können!) oder das Handy gründlich durchchecken und alle fälligen Updates runterladen. - Łeba an sich - könnte man festhalten - ist alles andere als eine abwegige Destination. Da gibt's nämlich Sehenswürdigkeiten beziehungsweise Attraktionen zuhauf: kilometerlange Sandstrände, die über 50 m hohen Wanderdüne, die Leonsker Gora, eine Sensation ersten Ranges, sogar im Weltmassstab, vermittelt echtes Sahara-Feeling, zwar 6 km ausserhalb des Städtchens, aber eine Bimmelbahn und Elektromobile nehmen einem die Mühe ab. Im Zentrum dann unzählige Imbissstände mit geräuchertem Fisch, gebratenem Fisch, smażona ryba, wędzona ryba, Dorsch, Zander, Flunder, Aal, alles was das Herz in Allianz mit dem Magen begehrt, von lokalen Fischern frisch aus der Ostsee gefischt, danach nochmal italienisches Eis - oder Zuckerwatte oder gefrorene Erdbeeren im Schokoladenmantel ... angeblich sogar eine Abschussrampe für die sagenhafte V2-Rakete, mit der Hitler sich in letzter Minute den Endsieg sichern wollte, gibt's. - Was sag ich, alles in allem ist Łeba alles andere als eine abwegige Destination, sicher nicht, den ultimativen Beweis liefern die hunderttausend Touristen, Polen mehrheitlich, die hier jeden Sommer die Leichtigkeit des Seins erproben und das Fischerstädtchen an der Mündung der Łeba in eine lärmige Hüpfburg verwandeln. Aber Ende August sind die Schulferien zu Ende und auf einen Schlag lichtet sich das Gedränge auf der Hüpfburg-Rutsche, an der Kletterwand, im Affenhaus, während das Gedröhn des dazugehörigen Hochleistungsgebläses und das unentwegte Geknatter der Popkornmaschinen im Umkreis von hundert Metern auf einmal nicht mehr zu überhören sind, Geräusche, in denen die Frage nach dem Sinn des Daseins gedeiht wie giftige Nachtschattengewächse. Mag sein, dachte ich, dass Vanilleeis mit heisser Schokoladesauce nicht die angemessene Antwort auf die Frage ist, die mir durch Hochleistungsgebläse, Popkornmaschinen und Zuckerwattenzentrifugen hindurch zugetragen wird, vielleicht, denke ich mir, braucht es radikalere Antworten und so kommt es, dass ich einen Moment lang ernstlich mit dem Gedanken spiele, es mit einem Eisbecher für zwei Personen namens *Afrykańska Noc* (Afrikanische Nacht: Kokoseis, verschiedene Liköre, Kokosraspel, Sahne) zu versuchen. Aber es gibt in Entscheidungssituationen, sagen wir ruhig, schwerwiegenden Charakters, eine Phase, wo man eben noch nicht entschieden hat, sondern der Geist gleichsam zwischen dem Ja und dem Nein steht wie ein Seiltänzer auf dem hohen Seil zwischen den zwei festen Punkten, und es ist genau diese Phase, als ich von einem entfernteren Tisch unter einem Sonnenschirm, der wie derjenige, unter dem ich sitze, für *Zywiec*-Bier wirbt, höre, wie ein Mann zu seiner Frau sagt: "Fö dee Priis chonnsch in de Schwiiz no d'Helfti öbr." -

Das ist der Stoss, der mich zum Absturz bringt.

Ich sage "Stoss", ich hätte "Hieb" oder "Punch" sagen können, aber dunkel bleibt, warum ich mich wie im freien Fall zu den beiden hinüberstürze. Vielleicht ist es schlicht die Hoffnung, bei dem Eisbecher, der vor dem Mann steht, handle es sich um besagte *Afrykańska Noc,* was, im Verein mit dem Schweizerdeutsch, auf eine parallele Ausrichtung der Interessen hätte schliessen lassen, wenngleich mir schon in dem Moment klar ist, dass dies logisch gesehen eine riskante Schlussfolgerung darstellt. So ist vielleicht nur das akute Gefühl von Verlassenheit und Sinnlosigkeit der Motor. Wer würde bestreiten, dass Einsamkeit und drängende Sinnfragen ein Motiv sind, den Mitmenschen zu suchen?

Ich stelle mich vor die beiden hin, sage "Grüezi mitenand". Ehrlich gesagt habe ich eine wärmere Reaktion erwartet: Die beiden stoppen zwar ihre Arbeit am Eisbecher, gucken aber höchst skeptisch zu mir, immerhin ihrem Landsmann, hoch. Ihren Blicken ist abzulesen, der Ball liegt weiterhin bei mir. Ich improvisiere, sage, ich sei eben erst in Łeba angekommen und suche eine Unterkunft (wenngleich ich bereits zwei Nächte ganz kommod im Hotel *Spinacker* verbracht habe). Ob sie mir eventuell einen Hotel-Tipp geben könnten? - Mit einem schnellen Blick auf den Eisbecher des Mannes vergewissere ich mich, dass es sich unmöglich um die *Afrikanische Nacht* handeln kann, drei Kugeln buntes Fruchteis bestückt mit Waffelröhrchen schwimmen in Joghurt-Sauce, mutmasslich handelt es sich folglich um *La Parisienne,* die ich auch einige Sekunden lang in Erwägung gezogen habe. Wie und was auch immer, meine Frage scheint mich in ihren Augen zu einem hinlänglich berechenbaren, will sagen vertrauenswürdigen Subjekt zu machen: Schweizer wissen am besten, was Schweizer brauchen, nicht zuletzt in der Hotelfrage. So ist die Welt beschaffen. - Die beiden wechseln einen Blick. Also sie seien, sagt er, im Hotel Neptun, direkt am Strand, traumhafter Blick aufs Meer, super Frühstücksbuffet, wirklich eins A, so eins hätten sie nicht schnell eins gesehen, und dann die Meerterrasse, der Sonnenuntergang wie im Kino, alles blitzblank, klar, für hiesige Verhältnisse obere Preisklasse, aber verglichen mit daheim, wirtschaftlich sei der Pole halt noch längst nicht auf Westniveau, nicht wahr, was so eine Hotelangestellte verdiene, er habe eine auf den Kopf hin darauf angehauen, skandalös! die armen Schlucker könnten einem direkt leidtun… - „Chabis, Benedik, fü daa chömm mr jaa nüüt!“, unterbricht ihn die Frau, die Vokale der beiden verraten hinterste Ostschweiz, Bronschhofen bei Wil, wie sich herausstellt, Benedikt und Grit Alder, er untersetzt, kräftig, mit vorgewölbtem Bauch, sie spindeldürr und sperrig, ansonsten beide im Unisex-Zwillingslook mit deutlicher Vorliebe für Beige: beiger Knautsch-Sonnenhut (mit dem eingenähten Logos *„Shark“*), beiges T-Shirt (Aufdruck *„Swisstronics“*), unter dem Tisch beige Outdoor-Hosen mit unzähligen Emergency-Taschen, er spreizbeinig auf dem weissen Plastikstuhl, sie mitzusammengedrückten Knien, unter Tisch vier Füsse in beigen Sandalen. Konsequent, könnte man sagen, aber wenn mich eine Farbe anödet, dann Beige. Beige ist für mich das Äquivalent zu trostlosem Altersheimausflug, es hätte mir eine Warnung sein müssen, aber alle Schutzmechanismen sind ausgehängt, ich bin bereits über die Klippe gesprungen, es dauert nicht lange, so sitze ich an ihrem Tisch, es ist meine Schuld, ausschliesslich meine Schuld, der dritte Stuhl hat - wie üblich in solchen Fällen - bereits dort gestanden, Benedikt hat freimütig sein Mordsding von Kamera und die Tasche mit den Objektiven auf die Seite geräumt, um mir Platz zu machen, in der Fremde müssen Eidgenossen zusammenhalten, ich bestelle sogleich die *Afrykańska noc* für zwei Personen, ich bin soweit, es kommt nicht mehr drauf an, Alders nehmen die Arbeit an ihren Eisbechern ja auch wieder auf.

Sie beginnen sogleich zu erzählen, was sie bereits alles gesehen haben, ob ich schon im Dino-Park gewesen sei? Nein? Unbedingt hin, nur ein Katzensprung mit dem Auto, ihr Enkel, der Bruno, der sei ja ein Saurier-Fan, den ganzen Tag Saurier zeichnen, Saurier malen, Saurier kneten, Brachyosaurus, Ichtyosaurus und wie die alle heissen, Bruno könne sie auswendig, dabei noch nicht ämool die Schuhe selber binden, sagt Benedikt, aber alle diese Viecher wie am Schnürchen.- Stimme gar nicht, meint Grit, er könne es jetzt, man müsse nur ein bisschen helfen am Schluss. - Eben, sage er ja, sagt Benedikt, aber im Park stünden die alle rum, in live-Grösse, zum Anfassen, das wär was für den Kleinen, also da müssten sie noch mal mit ihm hin – «gell Grit». Grit meint, aber um Gotteswillen nicht ins zugehörige Restaurant, das sei eine wahre Katastrophe, der Kaffee eine Gülle, eine Zumutung, zum Kotzen, 'tschuldigung, aber so sei es, aber dort, sie rückt ein bisschen näher, ausgerechnet in diesem

lausigen Loch habe der Beni beinahe das Portemonnaie mit allen Kreditkarten und Ausweisen liegen lassen, im letzten Moment habe sie gesehen, da liegt doch noch was hinter dem Halter mit den Biertellern...» - Ja ja, das, sagt Benedikt, interessiere doch keinen, übrigens auch der Meerpark bei Sarbsk, ob ich schon dort gewesen sei? - "Aha nicht! also, die Show mit den Seebären -" - "Seelöwen", korrigiert Grit - "Seebären", beharrt Benedikt - " Es waren Seelöwen", Grit, "egal", sagt Benedikt, "also die Schau..." "Es geht", sagt Grit, "also im Kinderzoo in Rapperswil ist sie besser..." "Das kann man nicht vergleichen", sagte Benedikt, "ich meine für hiesige Verhältnisse..."
So geht das, nach dem Meerpark kommt der Labyrinth-Park, den ich auch nicht gesehen habe, aber ich lasse mir nichts anmerken, zum Glück wird jetzt die *Afrikanische Nacht* serviert, "bardzo proszę", sagt der Kellner, und "smacznego!" Auf Englisch fragt er: "Do you need more spoons?" - "I eat it all alone", sage ich trotzig. Die *afrikanische Nacht* übertrifft alle Erwartungen, ein Gebirge von Kokoseis und Sahne, ein Glacé-Kilimandscharo nach einem Tornado aus Kokosraspeln. - Eine afrikanische Nacht stelle sie sich anders vor, sagt Grit. - "Deine Phantasien behalt besser für dich", sagt Benedikt und verschränkt die Arme vor der Brust, "wir sprechen jetzt über das Labyrinth." - "Waren Sie - ääh tschuldigung - warst du schon im Labyrinth-Park?", fragt Grit. - "Ja, sicher", sage ich, "das heisst nein, noch nicht, aber ..." "Musst du unbedingt ...", sagt Benedikt. - "Lass ihn doch ausreden", fällt ihm Grit ins Wort. - "Was

ist?", sagt Benedikt unwirsch, "fall mir nicht immer ins Wort!" - "Labyrinthe interessieren mich", sage ich. - "Gseesch", sagt Benedikt. - Die Orientierung zu verlieren, sei meine Spezialität, sage ich. Beide lachen, als hätte ich einen Witz gemacht. "Ich bin da in numme 18 Minuten durch", sagt Benedikt, "der Durchschnitt liegt bei 24.6. - "Er hat einen Orientierungssinn wie ein Maulwurf." - "Ich merk mir einfach die Struktur", sagt Benedikt, "einfach die Struktur, - und zack bisch dusse, 18 Minuten, dem Typ im Billetthäuschen sind fast die Augen aus dem Kopf g'heit, gell Grit, aber jetzt musst mich entschuldigen, ich muss mal kurz..."

Beim Kellner erkundigt er sich nach der Toilette.

Als er weg ist, sage ich: "Schon praktisch, einen solch ausgeprägten Orientierungssinn zu haben." - "Ich weiss nicht", meint sie, "er ist seit anderthalb Jahren pensioniert, seither sind wir ständig auf Achse, dieses Jahr am Schwarzen Meer in Rumänien, dann in der Hohen Tatra, jetzt noch polnische Ostseeküste, dabei hat er im Januar eine schwere Operation gehabt, ein Tumor auf der Leber, er hat sich schnell erholt, ich hab solche Angst, dass es wiederkommt. Aber davon will er nichts hören. Eine Reise nach der andern", sie wischt mit dem Handrücken über die trockenen Augen, "und wenn ich nicht mitgeh, geht er allein, un daa will ii niid - un dr Beni au niid."

Als er zurückkommt, fragt er, ob ich das Nazi-Raketen-Testgelände in der Nähe gesehen hätte… Ob ich eigentlich nichts anschaue? - Grit sagt: «Hör auf zu stürmen, Beni, er ist ja erst

angekommen.» - Mein Eisbecher, die afrikanische Nacht, ist noch nicht zur Hälfte durchgestanden, als ich zahle. Sage, es sei nett gewesen. Schweizer seien nicht zu ersetzen.
Man würde sich wiedersehen.
"Im Laufe der nächsten tausend Jahre sicher", lacht Benedikt.
"Die Welt ist ja so klein", sagt Grit.
Ich gebe beiden die Hand.
Auf kürzestem Weg gehe ich zurück ins *Spinacker*. Im Zimmer lege ich mich aufs Bett und masturbiere. Nach einer halben Stunde versuche ich es noch mal. Es geht nicht mehr. - Ich bin am Ende des Heptagons angelangt. Aber gut ist nichts. Ich liege in einer Zuckerwattenzentrifuge, kann nicht schlafen.
Wie stellt sich Grit Alder afrikanische Nächte vor? Trommeln, Tanz, endlose Ekstase unter einem leuchtend bestirnten Himmel. Tanzen in beigen Riemchensandalen, mit beigem Knautschhut auf der Kurzhaarfrisur...
Ich liege in einem Kokon aus Zuckerwatte. In der Ferne toben die Popkornmaschinen.
Jetzt die Übung abbrechen!
Schnellstmöglich und auf kürzestem Weg nach Haus.
Einfach heim… bevor es kalt wird.
Einfach?
Am anderen Tag packe ich gewohnheitsmässig mein Fahrrad mit meinen Siebensachen, eine Tasche links, eine rechts, eine oben drauf, dann das Zelt mit zwei Riemen obendrauf gezurrt. Es ist noch weit in die Mitte. Aber nicht ganz so weit wie

gestern. Das Heptagon liegt hinter mir; das Nonagon liegt vor mir. Dreimal drei Stationen in rosigem Morgenlicht.
Als ich am Hafen von Łeba vorbeifahre, sehe ich Benedikt und Grit Alder in einer Warteschlange vor einem Billett-Kabäuschen für eine Schifffahrt über den Lebskosee nach Kluki. Besichtigung des Freilichtmuseums "Slowinzisches Dorf" inklusive.
Ich schalte in den nächstgrösseren Gang und trete frohgemut in die neuen Pedale.

= VOM 28.-30. AUGUST 2016 IN GDANSK/ DANZIG

# Das Nonagon

## 1 Danuta Siedzikówna

Gdańsk: 28. u. 29. August 2016

Im Nonagon wird alles anders. Ich plane: 3+1+3+2. Gestern bin ich kurz nach Mittag in Gdańsk-Danzig angekommen. Vor der Hauptkirche der Stadt, der Marienkirche, viele Menschen. Gruppen in antiquierten Uniformen. Fahnen in den polnischen Nationalfarben. Seit der Parlamentswahl 2015 herrscht in Polen die nationalkonservative Partei Prawo i Sprawiedliwość (PiS). Sie gewann die Wahl mit 37,6 % und erhielt mit 235 der 460 Mandate im Sejm, dem Parlament, eine absolute Mehrheit. Die neue Regierung pusht nationale Werte.

Ich habe auf dem Platz vor der Marienkirche sogleich einen Flyer in die Hand gedrückt bekommen. Darauf stand: *28. August 2016 Feliks Selmanowicz (Zagończyka), Danuta Siedzikówna (Inki) - Ostatnia Droga Żołnierzy Niezłomnych* und so weiter. Ich habe den ganzen Text ins Übersetzungsprogramm meines Handys eingegeben, nachdem ich die Tastatur mit den polnischen Schriftzeichen gefunden hatte:
*Feliks Selmanowicz (Zagończyk) und Danuta Siedzi-kówna (Inka) - Der letzte Weg der verfemten Soldaten. 13.00 - Heilige Messe in der Basilika-Kathedrale Himmelfahrt der Allerheiligsten Jungfrau Maria. 14.30 Gedenkprozession zum Garnisonsfriedhof in Danzig.*
Am Nachmittag habe ich den Trauerzug mit den Särgen von Inka und Zagończyk hinaus zum Garnisonsfriedhof gesehen. Tausende nahmen daran teil. Aus allen Landesteilen sind sie mit rotweissen Fahnen, Transparenten und Bannern angereist, um den beiden Widerstandshelden die letzte Ehre zu erweisen. Während der Messe in der Marienkathedrale habe Staatspräsident Andrzej Duda gesagt, es sei nicht die Würde von Zagonczyk und Inka, die durch diese Erinnerungsfeier wiederhergestellt werde, (sie hätten ihre Würde nie verloren), sondern diejenige des polnischen Staates. Auf den Tag genau vor siebzig

Jahren sind nämlich die 17-jährige Danuta Siedzikówna alias Inka und der 42-jährige Feliks Selmanowicz alias Zagończyk im Erdgeschoss des Danziger Gefängnisses an der Kurkowa Strasse von der kommunistischen Geheimpolizei UB an Holzpfähle gebunden und erschossen worden, nachdem Bolesław Bierut, der damalige Präsident der Volksrepublik Polen, sich geweigert hatte, einem Gnadengesuch der Verteidigung stattzugeben. Inka war Sanitäterin in der 5. Vilnius-Heimbrigade der Armja Kraiowa, der polnischen Partisanenarmee, gewesen, die während des Krieges gegen die deutschen Besatzer und danach gegen die Gewaltherrschaft der Kommunisten gekämpft hatte. Inka wurde im Prozess zur Last gelegt, an einem Partisanen-Angriff auf Mitglieder der kommunistischen Geheimpolizei UB aktiv teilgenommen und verwundete Polizisten erschossen zu haben.
2014 führten die Nachforschungen des Instituts für Nationales Gedenken IPN (Instytut Pamięci Narodowej) zum Erfolg: Die Überreste der auf dem Garnisonsfriedhof verscharrten Leichen von Danuta Siedzikówna und Feliks Selmanowicza wurden gefunden und von einem wissenschaftlichen Team identifiziert.

Jetzt ist Mittag, der 29. August 2016.
Das Glockenspiel des Rechtstädter Rathauses ist verklungen. Heute ist Grünteetag. Der Topf ist noch fast voll. Ich schreibe den ersten Eintrag des Nonagons: Inka sitzt mir gegenüber.
"Ist Feliks nicht gekommen?", frage ich.
"Feliks? - Du hast doch m i c h gerufen!"

“Stimmt”, sage ich.

“Also”, sagt sie.

Sie hat ein schiefes Lächeln.

Und ich habe sie mir kleiner vorgestellt. Feiner. Mädchenhafter. Sie ist ja erst 17 gewesen. Fast 18. Hätte eine meiner Schülerinnen sein können. Aber ihr Blick ist älter. So als hätte sie alle wichtigen Entscheidungen ihres Lebens bereits gefällt.

Danuta raucht, mit unter der Brust verschränkten Armen, hält den Oberkörper steif aufrecht.

Sie macht einen gespannten Eindruck. Ihre Gesichtszüge sind asymmetrisch. Die linke Gesichtshälfte ist viel ausgebildeter, voller als die rechte.

“Schon toll”, sag ich, um einen Anfang zu machen, “wie man das alles wiederaufgebaut hat. Ein Wunder eigentlich.” Ich fahre mit meiner Hand eine Spirale in der Luft, die sowohl den Turm des Rathauses hinter uns wie den Turm der Marienkirche vor uns tangieren sollte.

“Ich meine, wenn man die Fotografien sieht, wie das 45 hier ausgesehen hat…die Schuttwüste.”

“Was willst du?”, fragt sie harsch.

“Ich war gestern an deiner Beerdigung.”

“Du?” - Sie grinst. “Und?”

“Zehntausende sind gekommen. Alle wichtigen Städte des Landes haben alle ihre Delegationen geschickt, ein Meer von rotweissen Fahnen, Spruchbändern, Kränzen, patriotische Lieder,

Sprechchöre hinter den Wagen mit den Särgen, deinem und dem von Feliks."

"Die Leute wollen was zu tun haben."

"Sie lieben euch, dich und Feliks Selmanowicz, ihr seid ihre Vorbilder, ihre Helden, denn ihr seid für die Freiheit Polens gestorben. Gestern vor genau siebzig Jahren haben euch die Kommunisten erschossen, wegen regime-feindlicher Umtriebe.

"Wem erzählst du das?"

"Pardon. Ich bin einfach so beeindruckt. Dass nach siebzig Jahren euer Schicksal Tausende von Menschen auf die Strasse zu bringen vermag.

"Es ist ihnen langweilig. Sie wissen nicht mehr, was sie noch wollen sollen. Sie haben alles, alles, was wir nicht hatten."

"Polen ist frei. Polen ist ein Teil der Europäischen Union."

"Ja."

«Es gibt vielleicht viele, die heute etwas vermissen, was ihrem Leben eine klare Ausrichtung gibt, ein grosses, über sie hinausgehendes Ziel, das sie zusammenhält; sie sehnen sich nach Zugehörigkeit, nach Heimat, nach der Möglichkeit, sich für eine gemeinsame Sache hinzugeben ...» -

«Für uns gab es nur Leben in Nachbarschaft zum Tod. Ein Leben, das den Namen verdiente, gab es nur, wenn man bereit war, zu kämpfen. Alle, die in der Heimatarmee dienten, wussten das. Tausende sind gefallen. Denk an den Aufstand in Warschau, weil in ihnen das Feuer der Freiheit brannte. Und der Hass. Tausende haben mehr gewagt als ich. Tausende haben mehr gelitten. Erst gegen die Faschisten, dann gegen die Kommunisten. Dieses Tamtam um mich, die kleine Sanitäterin, ist mir peinlich.»

"Die Leute wollen Vorbilder. Sie finden keine in der Gegenwart, die Regierung holt sie ihnen aus der Vergangenheit."

"Euer Leben kennt kein Schicksal. Wir hatten eine Idee, wir starben für sie. Ihr seid im Wohlstand schal geworden. Wir lebten im Dreck, doch unsere Herzen brannten. Ihr rechnet mit kühlem Kopf eure Chancen aus, mit spitzen Fingern pickt ihr Rosinen, darauf erpicht, dass ja nichts Unbekömmliches in eure Mägen gelangt - es könnte die Verdauung stören.»

«Du verachtest uns? Immerhin leben wir seit Jahrzehnten im Frieden!»

«Wohlbehütet wie verwöhnte Kinder. Wegen Erkältungsgefahr bleiben die Fenster stets geschlossen.»

«Bei allem Respekt für euren Kampfwillen und euren Mut, ich möchte mein Leben nicht mit deinem tauschen.»

«Ja, wir lebten im Dunkel, es wollte uns verschlingen. - Und ihr schafft das Dunkel ab, zerrt alles erbarmungslos ans Licht…»

«Weil im Dunkeln die Monstren hausen, Danuta, man hat aus der Vergangenheit Lehren gezogen.»

«Das Licht, das alle Schatten frisst, wird selbst dunkel, ich beneide euch nicht um eure schwarz-lichten Tage.»

«Danuta, wenn du mir eine persönliche Botschaft zu überbringen hast, dann jetzt.»

«Schau deine Hände», sagt sie, «wie lange sind sie schon erloschen?»
«Sie sind nicht erloschen. Wenn es dunkel ist, sieht man, wie sie leuchten.»
Danuta verzieht ihren Mund zu einer Art Lächeln, einem hinterhältig wissenden Lächeln, wie es nur Tote lächeln.
Aber jetzt kommt der Kellner und sieht nach, ob ich meinen Grüntee bereits ausgetrunken habe.
Inka steht auf und schreitet davon, ohne ein Wort des Abschieds, ein bisschen steifbeinig, scheint mir, und trägt ihr Lächeln die Piwna-Gasse hinunter Richtung Weichsel.
«More tea, Sir?», fragt der Kellner.
«No», sage ich entschlossen, «you can bring the bill.»

Am Morgen bin ich auf dem Garnisonsfriedhof hinter dem Hauptbahnhof, dem Dworzec Główny, gewesen. Es ist kein Problem, die beiden Helden-Gräber von Feliks und Danuta zu finden. Menschen strömen hinzu, werfen sich auf die Knie, bekreuzigen sich, beten, küssen die an den Kränzen befestigten rot-weissen Bänder. Ein Junge holt aus einem Plastiksack sieben Grablichter hervor. Dann zündet er eins nach dem andern an. Sein Vater filmt ihn dabei mit seiner Handy-Kamera. Dann sagt er zu dem Jungen etwas, der tritt auf die Seite und der Vater geht ganz nah ran und filmt, wie ihre Lichter auf dem Ehrengrab von Danuta Siedzikówna brennen.

## Sobieszewo I

31. August 2016

Sobieszewo, das ehemals westpreussische Bohnsack, liegt ca. 12 km ausserhalb von Danzig an der Toten Weichsel. 1840 hat sich hier während eines Hochwassers die Weichsel gewaltsam einen Durchbruch durch den Dünengürtel geschaffen und seitdem mündet sie nicht mehr ins Frische Haff, sondern direkt in die Ostsee. In den neunziger Jahren des 19. Jahrhunderts wurde östlich davon der Dünengürtel noch einmal, aber diesmal künstlich durchstochen, um die Hochwassergefahr im Weichseldelta zu vermindern. Seither sind die westlich davon gelegenen Mündungsarme zur Toten Weichsel geworden und versanden.

Ich wohne an der Toten Weichsel im Gebäude einer alten Räucherei, die von einem jungen, initiativen Paar zu einem gemütlichen kleinen Hotel umgestaltet wurde. Die drei stumpfen Kamine über dem Dach sind erhalten, aber kein Rauch steigt mehr aus ihnen, weder am Tag noch in der Nacht. Nach dem Abendessen, wieder Dorsch mit Dillkartoffeln, mache ich einen Abendspaziergang dem Fluss entlang. Da stehen alte Fischerhäuser, alle ein bisschen vergammelt. Ein Pflaumenbaum, mit späten, leuchtend gelben Früchten, winkt mir zu.

Ich geh hin. Hab ein Dessert im Auge. Dann geschieht das mit der Krähe. Aber um das Folgende glaubwürdiger zu machen, muss ich wohl ein bisschen ausholen.
Es geht nicht darum, dass ich Tierliebhaber bin. Meine zoologischen Kenntnisse liegen deutlich unter dem Wikipedia-Mittelmass. Die schwarz-weissen Kühe, die landesweit die Weiden Polens begrasen, sagen mir zum Beispiel nicht viel. Und den tausenden kleinen Kläffern und wichtigtuerischen Bellern, die in Aktion treten, wenn ich mit meinem Rad an ihrem Territorium vorbeiziehe, bringe ich mässige Sympathie entgegen. Polen ist das Land der majestätischen Laubbäume, sie säumen die Chausseen in Alleen oder stehen in freundschaftlichen Gruppen zusammen verstreut in der endlosen Wiesen- und Weidelandschaft Pommerns, aber auch in den Parks der Städtchen und Städte sind sie allgegenwärtig, altehrwürdige Eschen, Eichen, Ahorne; mit mächtigen Kronen voll Leben (wenige Buchen allerdings, ich weiss nicht warum, und für den Pioniergeist der Birken ist das Land zu fertig). Und in diesen Kronen wohnen Millionen von immer schreienden Dohlen, gedrungene Krähenvögel mit kurzen Schnäbeln und unerschrocken dreinblickenden hellblauen Augen, besessen von dem Drang, von ihrer vulgären Stimme unaufhörlich Gebrauch zu machen. Vor allem gegen Abend widerhallen die polnischen Städte von ihrem Geschrei, man denkt, es müsse was geschehen sein, vielleicht was Schreckliches, was zu diesem Lärm oder Alarm Anlass gibt, aber sie schreien einfach alle miteinander auf Teufel

komm raus, und man steht oder geht oder sitzt unter den Bäumen mit ihren ausladenden Ästen und weiss nicht, was los ist. Vielleicht ist ja tatsächlich was geschehen und man weiss es bloss nicht oder es ist gerade im Moment was im Gange und man fasst es nicht - im Gegensatz zu diesen Dohlen, die wie alle Tiere mit dem berühmten sechsten Sinn begabt sind und damit uns einiges voraushaben könnten. Vielleicht haben sie ja auch so geschrien, als vor 70 Jahren die Juden … obwohl sie nichts damit zu tun hatten, im Gegensatz zu den Menschen, die meistens dazu schwiegen. Der Gedanke ist einerseits naheliegend, denn in Polen fährt man jeden zweiten Tag an einer Holocaust-Gedenkstätte vorbei und diese Tatsache nährt meine Besessenheit, ständig an die Geschichte zu denken, nicht davon loszukommen, fast neurotisch, denn was einmal passiert ist, kann wieder passieren, vielleicht nicht gleich, aber ähnlich, dem Menschen ist nicht zu trauen, die Fähigkeit zu entgleisen, liegt in seinen Genen - und andererseits ist das alles ja kalter Kaffee und es ist ziemlich an den Haaren herbeigezogen, beim Dauergeschrei der Dohlen in den polnischen Städten an die Juden zu denken, die vordem auch unter diesen mächtigen, ehrwürdigen, Generationen überdauernden Bäumen gestanden, gegangen, gesessen sind.
Aber jetzt bin ich in Sobieszewo, das vormals, d.h. als die Deutschen noch hier waren, Bohnsack genannt wurde, bevor sie nach dem Krieg zum Teufel gejagt worden sind, und ich stehe nach Dorsch und Dillkartoffeln vor dem anfangs genannten

Pflaumenbaum, und pflücke mir von den Ästen die verspäteten Früchte, die verdammt gut schmecken, säuerlich und süss und saftig und wunderbar gekühlt von der Abend-luft, ein Dessert erster Klasse und gratis obendrein, als ich über mir im Geäst des Pflaumenbaumes einen schwarzen Vogel bemerke, der keine Anstalten macht, sich durch mich verschrecken zu lassen, sondern frech auf mich hinunter äugt - oder von mir aus gesehen: zu mir herunter. Eine dieser Dohlen - mein erster Gedanke - eine dieser Dohlen, die gleich zu kreischen anfangen wird, irgendeine dieser unverständlichen Schreckensbotschaften, aber nein, es ist keiner dieser vulgären Vögel, die keinen Anstand kennen, keine vornehme Zurückhaltung, keine vertrauenswürdige Verschwiegenheit kennen, sondern - soweit reichen meine zoologischen Kenntnisse dann doch, es ist eine Saatkrähe, ein grosses, kohlschwarz gefiedertes Tier mit massivem grauem Schnabel, das da unbewegt über mir hockt und zu mir herunter äugt. Von Saatkrähen sind ja allerlei Informationen im Umlauf, zum Beispiel, sie seien die intelligentesten Tiere überhaupt, sie liessen zum Beispiel Nüsse auf Fahrbahnen fallen, um sie sich von darüber rollenden Autos knacken zu lassen, und wer ihnen ein Leid angetan habe, den würden sie nach Jahren wiedererkennen etc. Das sind natürlich alles gute Voraussetzungen, aber mir bleibt trotzdem die Pflaume, die ich gerade herunterzuschlucken will, im Hals stecken, als ich wie angeworfen das Gefühl bekomme, der schwarze Kerl über mir rede mich an. Ich möchte jetzt nicht widerstandslos dem Märchenton verfallen und behaupten, die Krähe im Pflaumenbaum habe mir eine Frage gestellt im Stil von «Na du Glaskopf, wohin des Wegs?» - aber ich kann nicht leugnen, dass der Anblick des Vogels, den ich möglicher-weise bei seinem Dessert überrascht hab wie er mich, eine Frage dieser Art in mir - wie sagt man? - triggert.

«Ins Zentrum Europas», sag ich, «wenn's gestattet ist.»

«Zentrum?»

«Ja, Purnuškės», sag ich, «in Litauen, eine Handbreit nördlich von Vilnius, 54° 54′ 0″ Nord, 25° 19′ 0′′ 0st, wenn du's genau wissen willst, von hier noch 420 Kilometer geradeaus. Ungefähr.»

«Wozu denn das?», fragt sie.

«Einfach so», sag ich einfachheitshalber.

«Lass das! Da ist nichts. Nichts für euereins wenigstens.»

«Euereins, wer euereins?»

«Bäume, versumpfte Teiche, zwei drei Familien Wasserratten, ein Hügel mit einer heidnischen Grabstätte, sonst ist da nichts.»

«Egal», sag ich, «ich muss hin.»

«Du musst gar nichts!»

«Hab nämlich einen Auftrag», sag ich aufs Geratewohl.

«Bist ein Wichtigtuer! Ein Angeber. Du lügst», sagt sie, «ich geb dir einen Rat: Kehr um, geh nach Haus, am besten auf geradem Weg!»

«Tu ich nicht, warum soll ich?»

«Weil du dich vergeblich abmühst.»

«Kannst du gerne mir überlassen. Misch dich besser nicht in Dinge, die dich nix angehn!»

«Geht mich mächtig was an.»

«Geht dich gar nichts an!»

«Du rechnest nicht mit dem Hendekagon», sagt sie.

"Hendekagon? Das Elfeck? Du willst mich verarschen, Galgenvogel, genau da will ich ja hin, ins Hendekagon im Zentrum Europas ". - Ich spür, wie Unmut sich in mir breitmacht - aber da ist sie schon weg. Nicht mal, dass ich gesehen hätte, wie sie sich vom Pflaumenbaumast abstösst und Äste streifend nach oben flattert, die Füsse an ihren schwarz gefiederten Leib ziehend, nein, von einer Zehntelsekunde auf die andere einfach weg, einfach in Luft aufgelöst.

Aber was heisst hier schon «einfach»? -

Ich denke, das kommt davon, wenn man zu lang allein ist, das sind die untrüglichen Symptome, dass was aus der Balance gekippt ist, da kommen plötzlich die Halluzinationen, rein aus Mangel an mitmenschlicher Kommunikation, das ist wie bei diesen einsamen alten Schrullen, die man manchmal in der Strassenbahn sieht, auf Einzelsitz am Fenster in sich zusammengesunken, ständig irr redend, als hätten sie einen Hund an ihrer Seite, aber da ist keiner, da ist nichts, sie sind eingeschlossen in ihrer Einsamkeit.

## 3 Sobieszewo II

1. September 2016

Beim Frühstück in der Alten Räucherei beobachte ich an einem der wenigen besetzten Nachbartische eine polnische Familie. Zwischen den beiden Kindern besteht ein ziemlich grosser Altersunterschied. Das Mädchen ist etwa zehn, der Junge etwa drei. Letzter lebt wie die Made im Speck in der ungeteilten Zuwendung seiner Eltern. Er ist ein kleiner König mit Pausbäckchen und fettgepolsterten Ärmchen. Das Mädchen, ein schmalgesichtiges, feingliedriges Persönchen mit grossen traurigen Augen sitzt im Dunkeln, man sieht sie nicht. Als die Eltern mit dem Essen fertig sind, steht es auf, stellt die Teller zusammen, sammelt das Besteck rundum ein und bringt alles hinüber zu einem Tisch vor der Durchreiche in die Küche. Dann kehrt es zu seinem Stuhl zurück. Bevor es sich setzt, wirft es einen kurzen Blick zu seinem Vater; der aber ist mit der vor Vitalität strotzenden Made beschäftigt. Die Mutter auch. Also setzt sie sich und guckt vor sich hin. – Sie muss lernen, ohne bestätigende Blicke zu leben, denke ich.

Es ist noch immer herrlich warmes Spätsommerwetter Mitte September. Das mittlere Teil meiner Velosatteltaschen lässt sich zu einem kleinen Rucksack umfunktionieren. Ich packe nach dem Frühstück das grosse Duschtuch, die Badehose, Sonnencreme und Mückenschutzmittel ein. Der Sandpfad zum Strand führt zwanzig Minuten durch einen lichten Kiefernwald. Es wachsen Pilze zuhauf. Ich pflücke ab und zu eine verspätete Himbeere. Über den Kiefern treiben die Wolken. Ein Stück führt der Weg durch sumpfiges Gebiet. Da schwärmen die Mücken heran, dann kommt eine Abzweigung, ich bin nicht sicher rechts oder links. Gefühlsmässig eher links, aber der ausgetretenere Pfad ist der nach rechts. - Und da ist sie wieder, die Krähe von gestern, meine Begegnung im Pflaumenbaum, unverkennbar, derselbe aufsässige Knopfaugen-Blick, ansonsten, na ja, Krähe ist Krähe, könnte man sagen, aber ich bin sicher: es ist sie wieder, obwohl mir alles andere als märchenhaft zumut ist, am hellllichten Tag, am helllichten Morgen auf dem Weg zu einem Ostseebad, momentan etwas verkrampft in Abwehr gegen die heranschwärmenden Mücken - in solchen Momenten ist der Mensch eigentlich eher realistisch eingestellt. Trotzdem: Es ist sie, die Pflaumenbaumkrähe, diesmal hat sie sich im Gezweig einer kleinen, hart an meinem Pfad stehenden Eberesche niedergelassen, die ja auch Vogelbeerbaum genannt wird, infolgedessen ein angemessener Lande- bzw. Sitzplatz für eine Krähe. Die roten Beeren mache ich ihr nicht streitig - das wird kein Konfliktpunkt sein. Die Früchte der Eberesche sind nämlich bitter, erst nach den ersten Frostnächten werden sie geniessbar und dann in gewissen Regionen Europas tatsächlich zu Konfitüre verarbeitet. Aber bei uns zuhause hat man auf die bewährte Erdbeer-, Himbeer- Johannisbeer-Konfitüre von Hero gesetzt, allenfalls noch die sogenannte Vierfruchtkonfitüre von Hero, deren vierter Bestandteil aber kaum aus Vogelbeere bestand, da könnte ich wetten. Vogelbeeren galten bei uns als giftig. Meine Krähe mischt sich in meine Konfitüren-Reflexionen: «Na, Glaskopf, willst es heut Morgen mit der Ostsee aufnehmen? Mutig mutig!»

Das ist genau der Ton, den ich schlecht ertrage: süffisante Überheblichkeit, nur weil einer einen halben Meter über dir hockt.

«Hast du nichts anderes zu tun, als mir an den Fersen zu kleben?», sag ich. Das Mückengeschwirr macht mich nervös. Der Verschluss meines Mückenmittels ist so verklebt, dass ich ihn nicht abbringe.

«Leute wie dich muss man im Aug behalten.» -

«Danke», sag ich, «für die Gastfreundschaft! Bist wohl von der nationalen Sicherheit? Polski Securitas? - Zu deiner Beruhigung: Ich bin Schweizer. Eidgenosse.» -

Darauf weiss sie nichts zu entgegnen. Sie glotzt nur.

«Apropos», fahr ich fort, «wenn du schon wieder hier bist: Wie war das mit dem Hendekagon gestern? Bist ja freundlicherweise einfach abgehauen ...»

Sie duckt sich, als wolle sie erneut auf und davon, sagt dann aber: «Du glaubst wohl, jeder Dubel kommt dorthin! Dabei hast du keine Ahnung vom Glasberg!»

«Glasberg? Was ist das?»

«Der Glasberg! die Glasstatt! der Glasblock! der Glaskomplex! Pass auf, dass du dir nicht den Kopf daran blutig rennst. Mir kann's egal sein, ich hab dich gewarnt. Aber der erste wärst du nicht ...»

«Ah bah», sag ich, «spiel dich als Unglückskrähe auf! Aber machst mir keine Angst. Ich zieh meine Reise Eck um Eck. Trigon, Pentagon und Heptagon sind bereits geschafft; Streckenzug um Streckenzug strample ich das Nonagon, dann kommt bereits das Zentrum im Hendekagon»

«Schneller als dir lieb ist!»

«Hau ab mit deinem Märchenzeug! Du schreckst mich nicht mit deinem Glasberggefasel, komischer Vogel!»

«Träum deine Kinderträume, Glaskopf! Wirst schon sehn, beizeiten!"

"Toll! Bin gespannt! Freu ich mich. Ist er denn nicht durchsichtig, dein Glasberg? Nicht dass ich ihn noch übersehe!»

Die Krähenkörper vor mir richtet sich auf, der Kopf hebt sich aus dem metallisch glänzenden Gefieder, man sieht: da ist ein Hals, vermutlich der Sitz des Krächzorgans - der Kopf ruckt nach links, dann nach rechts: "Sabberbrabbel trallala!", macht sie, "geh plantschen, Glaskopf, bald wird es kalt, bald wird es sehr kalt und alles was Heimat ist, wird fern sein, uiih! es ist ja schon Anfang September. Geh nur, geh!"

In der Ferne höre ich fünf langgezogene Krahs. Eine ihrer Genossinnen scheint zu rufen. Jedenfalls duckt sie sich zum Start und fliegt diesmal ganz irdisch mit heftig watschenden Flügelschlägen zwischen den Kieferstämmen hindurch davon, in die Richtung, aus der die Rufe an sie ergangen sind.

→ AM 3. SEPTEMBER BIS ORNETA

→ AM 4. SEPTEMBER BIS LIDZBARK WARMINSKI

## 4 Lidzbark Warminski, Heilsberg

4. September 2016

… wie gesagt: Ich bin noch weit weg vom Schluss. Aber das Ende vom Anfang liegt hinter mir. Wo ein Anfang, da ist logischerweise ein Ende. Und was gibt es Zuverlässigeres als die Logik?

Mit lauem Wind und den lieblich klatschenden Wellen der Ostsee im Rücken werde ich nun – immer dem Streckenzug des Nonagons folgend - steil nach Süden durchs alte Pommernland ziehen; dann rüber ins Ermländische, Masurische, vor meinem inneren Auge glitzern bereits die berühmten Seen, Kraniche steigen in Schwärmen, proben schreiend die bevorstehende Reise gen Süden; ab und zu Gänse in eleganten V-Formationen hoch am Himmel; dann werde ich nach Osten drehen, hinein ins Podlachische, wo die Störche mit ihrer gross gewordenen Brut noch stehen, aber die Nester auf den Dächern, Kaminen und Masten werden bald verlassen sein; hinter den russischen Kasernen Suwałkis der kreiselnde Staub über den Strassen und von jenseits der Grenze, aus dem Litauischen, bellen mir Hunde entgegen. Marijampole, das alte Kowno, Kaunas; Vilnius, Wilno, Wilna mit seinem Barock, dort werde ich die Kleider waschen. Zahnseide, Handschuhe, eine warme Kappe kaufen, und dann - nur noch ein Katzensprung, 10 oder 15 Kilometerchen, mitten hinein ins Zentrum - präzis zum Kreuzungspunkt der Linien von Spitzbergen nach den Kanarischen

Inseln und vom Ural nach den Azoren: Purnuškės. Da kann mir die Krähe krächzen, wie und was sie will …

Was mit ihr ist? - Mit meiner Krähe? - Ja, klar, es ist was. Sie kommt wieder. Nicht gleich, aber vor Lidzbark Warminski. Zu Deutsch: Heilsberg. Ich kann es nicht leugnen.
Heilsberg! (Was für ein Name übrigens!)
Es ist vor der Stadt, aber nicht weit. Ich mache eine letzte Pause. Schäle ein Mars-Bar, denn mich hat ein Hungerast vom Sattel geholt, ich nehme ein paar Schlucke aus der Wasserflasche, eine Salztablette gegen den Mineralienverlust beim Schwitzen, das Auf und Ab auf den ermländischen Schotterstrassen zehrt an den Kräften, und ich bin die sechste Stunde unterwegs. In der Ferne sind endlich - noch klein - im goldenen Spätsommerlicht die massiven Türme des Schlosses von Lidzbark Warminski aufgetaucht, vielleicht noch zehn zwölf Kilometer entfernt, ich stehe jetzt im lila Schatten einer Alleelinde, habe den Mund voll Mars-Schokoladenmasse, da krächzt es von einer Telefonstange auf der anderen Strassenseite auf mich herab. Da ist sie. Oder vorsichtig gesagt: Da ist wieder eine. Bei jedem Krächzer duckt sie den Kopf. Mir kommt sie etwas gedrungener vor als die auf dem Vogelbeerbaum im Strandwald bei Sobieszewo. Aber das ist Tage her. Noch aus der Distanz kann ich ihren feindselig wachsamen Blick erkennen. Ihre zur Flucht geduckte Haltung auf dem Mast. - Sie wippt mit dem Kopf. Ich horche, höre auf, den Mars-Bar zu kauen, damit die Kaugeräusche in meinem

Schädel nichts überdecken. - Hat sie nicht bereits was gesagt? - Hat sie nicht "Mach schon, Radritter! Da vorn in der Stadt liegt was für dich!" gesagt? - Ich mit mars-vollem Mund: "Wo denn? Was denn? Give me a hint!", aber das ist ihr zu viel, sie zögert eine Sekunde, stösst vom Mast ab, stumm, flattert weg über das gelb gemähte Getreidefeld. - "Give me a hint!", schrei ich ihr nach.

Aber womöglich mag sie kein Englisch.

Ich beziehe eine Unterkunft im Hotel *Kopernikus* nahe an der Burg. Im Zimmer schaue ich gleich mal in allen Schubladen nach, unter dem Bett, im Schrank, hinter dem Heizungsradiator. «Da liegt etwas für dich!» - Am Teppichrand entdecke ich was und ziehe es hervor. Es ist ein lappiges Wundpflaster, an dem zwei schwarze Haare kleben. Kraus geringelte. Brusthaare? Schamhaare? - Vielleicht ein Symbol, ein Hinweis - wofür? - Die Prophezeiung der Krähe macht mich nervös, versetzt mich in einen paradoxalen Zustand. «In der Stadt liegt was für dich!» - Suchen? - Wonach? - Oder sich der Vorsehung in die Arme werfen? - Ich ringe bei einem warmen Bier auf der Terrasse des *Kopernikus* mit der Alternative und entscheide mich für die Vorsehung. Denn: wie kann man in einem 16'000-Seelen-Ort suchen, wenn man nicht weiss wonach?

Ich gehe zur Kreuzritterburg hinüber. Ein kolossales Backstein-Ding auf quadratischem Grundriss, an einer Ecke mit einem achteckigen Bergfried bewehrt, an den drei anderen mit zierlicheren Türmen. Ringsum der Wassergraben. In dieser

Wehranlage residierten von Mitte des 14. Jahrhunderts an die ermländischen Bischöfe, nachdem die Kreuzritter des Deutschen Ordens die einheimischen Prussen mehrmals blutig geschlagen, unterworfen und in den rechten Glauben überführt hatten. 1466, von der Vernichtung der indianischen Kulturen jenseits des Atlantiks weiss die Geschichte noch nichts, kam Heilsberg unter die polnische Krone, die Bischöfe blieben, sorgten für Konstanz der katholischen Macht, die Reformation behelligte sie im Ermland nicht. Erst 1772, als das Ermland bei der ersten polnischen Teilung unter preussische Herrschaft geriet, war mit ihrem Regiment Schluss; der letzte ermländische Bischof, ein gewisser Ignacy Krasicki, räumte 1774 die Residenz.

Auf der Brücke, die zum Burgeingang hinüberführt, kommt mir eine Frau entgegen. Aha! denke ich, aufgepasst! Sie ist jung, fünfundzwanzig, schätz ich, trägt ein maisgelbes T-Shirt, weisse, dreiviertellange Jeans, weisse Sneakers, hat sonnengebräunte Haut, schwarzes Kraushaar, ich denke an das Wundpflaster im *Kopernikus*, irgendwie kommt sie mir bekannt vor, ihr Blick streift mich, berührt mich, er ist grau, verführerisch grau und sagt: Folg mir! - Nun denn also, denk ich, dahin läuft der Hase, jetzt geht's los. Ich wende auf dem Absatz und folge ihr im Abstand von 20-30 Metern. Man muss der Intuition vertrauen, dann ergibt sich alles wie von allein. Die Frau schreitet zügig voran, sie weiss, was sie will, ein gutes Zeichen, denke ich, sie ist eine vertrauenswürdige Führerin, die Krähe schwebt unsichtbar über uns, der Heilige Geist im schwarzen Krähenkleid, man muss vertrauen, zuerst geht's über einen Fluss, der heisst Lyna und zieht eine enge Schlaufe um die Kreuzritterburg, dann die Strasse runter, über einen Platz, das ist der Plac Wolności, ihr Hintern ist ziemlich rund und kompakt, aber sie hat ein Tempo drauf, muss man sagen, der Abstand zwischen uns vergrössert sich, das maisgelbe T-Shirt schimmert zwischen den Leuten, die hier den Nachmittag verbummeln, dann kommt ein Stadttor, echt Mittelalter, Wysoca Brama, steht dran, unten hindurch, links jetzt eine Bäckerei, ich hab einen Mordshunger, da liegt Gebäck mit Zwetschgen drauf im Fenster, weiss bestäubt, aber nichts da! vorwärts, immer vorwärts, rechts eine weisse Kirche mit stumpfen Zwillingstürmen, da hat der Schinkel mitgeplant, hab ich gelesen, sie ist aus Holz gezimmert, wie aus Brettern zusammengenagelt, sieht abenteuerlich aus, ein Doppelkreuz obendrauf, orthodox folglich, müsste man sich unbedingt genauer angucken, aber der pralle Hintern zieht gradlinig dran vorbei, der Anblick weckt Erinnerungen, aber besser man bleibt in der maisgelben Gegenwart, denn da liegt was für mich bereit, man muss vertrauen, wohin führt sie mich? Jetzt überquert sie die Strasse, da steht eine Drogerie, *Drogeria Rossmann steht drauf*, sie geht schnurstracks hinein, das muss zum Programm der Vorsehung gehören. Ich warte. - Wie sie nach sieben Minuten wieder erscheint, trägt sie einen kleinen Plastiksack, Plastiksäcke gibt's überall auf der Welt, sie enthalten null Information, ausser dass die Plastikvermüllung der Welt noch immer im Gang ist, aber darum geht es jetzt nicht, das Entscheidende steht noch aus, klar, da kann man nur gespannt sein - aber jetzt kommt es atemberaubend schnell: Ein Wagen stoppt an ihrer Seite, ein himmelblauer Lada, ohne zu zögern öffnet sie die Beifahrertür, steigt ein, da sitzt ein Mann am Steuer, neben den setzt sie sich, dann fährt der Lada weg. - Hallo, sag mal, was soll das? Du willst mich verarschen, Krähe? Auf dem Weg zurück zum Schloss halt ich krachend Gericht über mich. Was bist du für ein Affe! Eine ganze Horde Affen bist du. Man kann's weit bringen, wenn man den Verstand an den Haken hängt. Dieser ganze Krähen-Schnickschnack ist doch nichts als fauler Zauber und überdies poetologisch äusserst problematisch, mein Lieber! Sprechende Tiere generell! Davon lässt man klugerweise die Finger. Das würde dir jeder seriöse Lektor ans Herz legen. Vielleicht bist du ja permanent unterzuckert wegen der ständigen Velofahrerei. Deswegen die Halluzinationen! - Zur Sicherheit kaufe ich in der Piekarnia-Cukiernia beim Stadttor gleich zwei dieser Zwetschgenmuffins, Mufinki z powidłami śliwko-wymi, puderzuckerbestäubt, fünf Złoty das Stück. Fünf Sinne hat der Mensch, die verschaffen ihm Zugang zur empirischen Welt, darauf soll er sich beschränken, was darüber hinausgeht, ist Wahnwitz und der kommt vor dem Fall. Scheib's dir hinter die Ohren, du Spinner! Wirst dir noch den Hals brechen... und so weiter. Den Plac Wolności überquer ich als frisch konvertierter Realist: Jetzt gehst du zum Schloss zurück, hängst du dir einen Audioguide um den Hals und lässt dich von A bis Z durchs dazugehörende Museum lotsen! Da gibt's bestimmt eine Menge Ritterrüstungen, wurmstichiges Mobiliar und so weiter. Keine Widerrede! Kusch! Von nun an weht ein anderer Wind!

Aber soweit kommt's zum Glück nicht. Den Innenhof des Schlosses umlaufen gotische Arkadengänge. Einer ebenerdig, einer darüber. Elegante gotische Spitzbögen. Ich betrete den Hof und erblicke unter einem der Laubenbögen einen Büchertisch. An dem müsste ich auf dem geraden Weg der Tugend zum Ticketschalter nicht vorbei, aber angesichts der Bücher werde ich schwach. Hinter dem Tisch steht ein Typ mit rotem Bart. Als ich seine Auslage beäuge, fragt er: "Francuski? niemiecki? angielski?", und guckt mich messend an. Seine Augen stehen eng beieinander. Dass ich Westler bin, steht mir offenbar ins Gesicht geschrieben. "Tak, tak, Szwajcarski", sag ich; er dreht sich um, wühlt kurz in einer Kiste, wird fündig und streckt mir ein Buch entgegen, es ist ein antiquarisches Bilderbuch im Quartformat: *Ignacy Krasicki: Fabeln,* steht vorn drauf. Ich öffne es. Da steht: Nachdichtung von Martin Remané. Illustrationen von Jan Marcin Szancer. Alfred Holz-Verlag, Berlin, 1956. Titel der polnischen Originalausgabe: *Bajki*. Eine Ecke ist ziemlich abgeschabt.

Ignacy Krasicki - sagt mir doch was, über den hab ich gelesen: der war doch Bischof hier, der letzte seiner Gattung. Ich schlage das Buch mittendrin auf und lese:

## *Die Affen*

*Prahlte ein Affe, den Menschen nachäffend, dreist: "Ich habe die Welt bereist!"*
*Wahr ist: Er hatte am Waldrand ein Haus entdeckt und unter dem Dach sich versteckt. Schwestern und Brüdern, sämtlichen Anverwandten, alten und neuen Bekannten gab er teils lärmend, teils vielsagend leise Bericht von der Reise, war auch die Hälfte erlogen, fühlte sich keiner betrogen.*
*Jeder lauschte, zu hören bestrebt, wie angenehm sich's unter Dächern lebt. Als sich am Abend zur Ruhe begaben die Affen, meinten ein paar: "Ohne Schutzdach kann man nicht schlafen!" Zitternd zwar, wohl witternd die Gefahr, rannten sie aus dem Wald, fanden das Häuschen bald, schlüpften wie Nachtgespenster alle durchs Giebelfenster unter das Dach. Plötzlich erwacht vom Gekreisch und Gekrach, glaubte der Bauer, es spuke, schlich auf den Boden, versperrte die Luke und fuhr mit dem Knüppel dazwischen. Einer nur konnte entwischen, zitternd zurück in den Wald gelangen, greinte, befragt, wie's den anderen ergangen: "Schön ist es dort, doch es spukt! Ein Kobold sperrt ein alle Affen! Affen! Lasst uns im Frei'n lieber auf Bäumen schlafen!"*

Was haben wir denn da für ein Tierchen gefangen?
"Good book!", sagt der Typ hinter dem Tisch.
"Ile kosztuje?", frage ich.
Er will 25 Złoty. Ich zähle sie in seine Hand.
Dann verlasse ich mit der Trouvaille den Innenhof der Burg durch das Tor, durch das ich ihn eben betreten habe.

Was soll ich hier, in diesem Zentrum der Unterwerfung? Die im Museum ausgestellten Knüppel studieren? Mir erklären lassen, wer wann wo wem eins über den Schädel gezogen hat?
Ich bin glücklich, bin stolz, bin sicher, ich hab gefunden, was die Krähe mir in Aussicht gestellt hat. Halte in den Händen, was exklusiv für mich bereit gelegen hat. Diese Affen-Fabel! Yes, I got the message: Ich selbst bin der mit knapper Not entkommene Affe! Höre ich nicht hinter mir, wo ich herkomm, den Knüppelbauern wüten und meine Mitaffen unter dem Schutzdach wimmern? - Meine ausgewrungenen Mitaffen! Meine geprügelten Mitaffen unter dem Schutzdach der Vierzig-, Fünfzig-, Sechzigstundenwoche. - Aber ich bin draussen, das habe ich gut gemacht, das habe ich exzellent gemacht, ein geretteter Affe zu werden, ein pensionierter Affe! Nach vierzig Jahren das Schlupfloch zu finden und mich ins Freie abzusetzen, Schutzdach ade! Auf Nimmerwiedersehen! Jetzt bin ich zurück auf den Bäumen, alle Bäume Polens grüssen mich, und bald schon, im Zentrum Europas, die litauischen, auf all diesen prächtigen alten Bäumen kann rumturnen oder pfusen, wo ich will, wann immer ich will, nicht wörtlich natürlich, es ist ja schon Anfang September, da kann es unangenehm kühl werden in den Nächten, da kann man sich glatt einen Schnupfen oder Schlimmeres holen, aber im Prinzip, und aufs Prinzip kommt es an, im Prinzip bin ich ein freier Affe! - Ich reite auf einer Welle von Begeisterung - ein befreiter Affe auf dem Fahrrad unterwegs ins Zentrum Europas, vielleicht wie dieser Krasicki selbst, der Dichter

meiner Fabel, der war auch ins Zentrum Europas gereist, ins damalige Zentrum Europas, an den Hof Friedrich des Grossen nämlich, zweifellos ein höchst bedeutendes Zentrum - aber nein, halt, das ist doch noch eine andere Geschichte, eine gründlich andere, aber umso bemerkenswerter.

Dieser Ignacy Krasicki war nämlich ein Bonvivant gewesen. Zu seiner Zeit war Heilsberg ein Ort ausschweifender Lustbarkeiten: pompöse Feste, glanzvolle Theateraufführungen, darunter Stücke, die Krasicki selbst geschrieben hatte, Konzerte, Bälle, auch Flugexperimente mit Heissluftballons - der Mann pflegte - mit Blick nach Versailles - auf gewaltigem Fuss zu haushalten und war deshalb darauf angewiesen, dass ihm das Geld in Strömen zufloss. Doch was er aus seinen Pfründen molk, reichte bei weitem nicht: Der Kirchenfürst war über beide Ohren verschuldet - und so ist es zu verstehen, dass er ziemlich nervös wurde, als mit der ersten Teilung Polens sein Bistum plötzlich unter preussische Herrschaft geriet und er selbst ein Untertan der preussischen Krone wurde, dessen Einkünfte allein von der Gnade des preussischen Königs abhingen. Lästig, sehr lästig! Zumal bekannt war, dass der preussische Friederich für die Angehörigen der polnischen Oberschicht, diese "eitlen, flachen und kleinmütigen Dummköpfe, deren Name mit *-ski* enden", wenig Sympathie hatte. Krasicki bat um eine Audienz in Potsdam. Die wurde ihm gnädig gewährt - und was sich nun aus der Begegnung mit dem alten, verhärteten, verbitterten, zynischen Preussenkönig ergab, ist erstaunlich: Krasicki musste sich bei seinem Auftritt in des Löwen Höhle so ungezwungen, liebenswürdig, witzig gegeben haben, dass der Alte Fritz ganz entzückt war von dem ermländischen Bischof, der so gut Französisch sprach und der französischen Kultur so zugetan war wie er selbst. Schon nach der ersten Unterredung lud er ihn zur königlichen Abendtafel ein. Bei dem einen Mal blieb es nicht. In den folgenden Monaten und Jahren war Krasicki wiederholt Gast an der Tafel des Königs, er wusste den vereinsamten unter Podagra-Anfällen leidenden Monarchen mit Anekdoten und pikanten Geschichten über die polnischen Verhältnisse, vor allem den einheimischen Adel um den Finger zu wickeln. Dass dabei oft auf Kosten seiner Heimat gelacht wurde, schien ihm nichts auszumachen. Dafür offerierte der König, alle seine Schulden zu übernehmen. Zuhause war Krasickis Ruf allerdings stark angekratzt, nicht wenigen galt er als Vaterlandsverräter; immerhin war Friedrich II einer der Hauptakteure bei der Teilung Polens, denn Preussen hatte sich dabei ein fettes Stück unter den Nagel gerissen. Krasicki hielt sich monatelang fern von seiner Heilsberger Residenz beim nationalen Feind in Potsdam oder Sanssouci auf, in einem Gastzimmer, in dem früher Voltaire gewohnt haben soll. Sein literarisches Hauptwerk, die Satire *"Mönchskrieg"*, in der er über die Rückständigkeit der Klöster herzog, widmete er seinem protestantischen Gönner. Er als katholischer Bischof! - und löste damit in der höheren Gesellschaft Polens einen Sturm der Empörung aus. Dieser Bischof, der sich in der höchsten Schicht der damaligen

Gesellschaft und im Zentrum europäischer Macht bewegt, wie kann der die Fabel von den Affen schreiben?
Ich liege im Bett, blättere im Fabelbuch, denke nach. Hat dieser Mann den gesellschaftlichen Zwang und die Unfreiheit am eigenen Leibe erfahren, als er sich unter das Dach des preussischen Königs begab? - Nein, denke ich, so ist es nicht gewesen. Das muss nicht so gewesen sein. Ich möchte, dass es anders ist, denn eine andere Version gefällt mir besser: Wäre nicht Folgendes denkbar? Der Mann hat sich zwar in den obersten Kreisen der damaligen Gesellschaft bewegt und trotzdem nie unter das Dach der Menschen Zuflucht genommen. Er ist einer geblieben, der immer auf den Bäumen gewohnt hat, selbst als ihm die Ehre zuteilwurde, im Bett Voltaires des Aufklärers zu schlafen. Selbst als er regelmässig an der Seite des Grossen Friedrichs, vielleicht des mächtigsten Mannes im damaligen Europa, dinierte, blieb er draussen. Blieb bei seinem Baum. Heiter, lustig, unbefangen. Ein unzähmbarer Affe: ein Vorbild.
Die märchenhafte Idee, dass einen selbst in den viereckigen Gemächern der Macht der freie Himmel nicht verlässt, gefällt mir so gut, dass ich die Nacht schlummere, als läge ich gar nicht in der Zimmerschachtel des Hotels *Kopernikus*, sondern unter dem Rund eines unberührbar stillen Himmels, durch den kein Flugzeug, kein Satellit, nicht einmal ein Komet schrammt. Nur einmal - stumm und schwarz - ein Vogel. Erst als sich vor dem Fenster die Umrisse der Kreuzritterburg im Morgengrauen abzuzeichnen beginnen, erwache ich; da hockt sie, allen

poetologischen Bedenken zum Trotz, schwarz und geduckt, bereits auf dem Fussteil des Bettgestells und schnarrt: "Dzien dobry, Glaskopf, guten schönen Morgen!"

→ AM 5. SEPTEMBER BIS RESZEL/RÖSSEL
→ AM 6. SEPTEMBER BIS KETRZYN/ RASTENBURG

## 5 Kętrzyn, Wolfschanze

6. September 2016

Die Legende meiner Strassenkarte *Polen Nord-Ost* unterscheidet folgende Klassen von Strassen: 1. Autobahnen, 2. Nationalstrassen mit getrennten Fahrbahnen, 3. Nationalstrassen, 4. regionale Strassen mit getrennten Fahrbahnen, 5. regionale Strassen, 6. sonstige Strassen mit Belag, 7. sonstige Strassen ohne Belag. Es sind die letzten beiden Kategorien, auf denen ich mich dem Ziel meiner Reise nähere, auf sonstigen Strassen mit und ohne Belag also, meistens ohne. Ich habe gelernt, mein GPS am Vorabend entsprechend zu programmieren: auf sonstigen Strassen zum Zentrum Europas, welches auch nur *das sonstige Zentrum Europas* sein dürfte. "Sonstig" ist der Titel für das, was in der Klassifikation nicht recht aufgeht, die summarische Bezeichnung für den widerborstigen Rest von minderer Bedeutung, gleichsam das Geschmeiss, das am Rande jeder ehrbaren

Ordnung siedelt, zäh, nur mit Gewalt auszumerzen, wenn überhaupt. Aber wir reden im Moment nur von Strassen, genauer von den masurischen Sandstrassen, denn ich bin ein Nebenstrassenfetischist, ein Schotterstrassen- und Sandstrassen-Anarchist, ich liebe die Wege, die aus dem Abseits ins Abseits laufen. Autobahnen, Highways sind Phänomene der Macht; da zeigt sie sich, die sich heute gerne unsichtbar macht, ziemlich schamlos. Weil - da ist sie zuhause, da wohnt sie, nein, "wohnen" nicht, dafür ist die Macht zu dynamisch, sie schreitet immerzu fort, sie funktioniert, Macht macht mobil - bei «Arbeit, Sport und Spiel», wie es in einem der Texte heisst, sie scheut die Ruhe, sie hasst den Stillstand, das spürt jedes Kind, sie bringt den Rush ins träg verharrende Sein. Allerdings, auf der masurischen Sandstrasse, wie sie höchstens noch am unteren Rand der Zeichenlegende auftaucht, wenn überhaupt, verdünnt sich ihre Präsenz, denn was am unteren Rand der Legende steht, ist im universalen Netz nicht von Belang, verdient keine Aufmerksamkeit, fristet sein Dasein sozusagen in der Auflösungszone der zentralen Semantik. Da möcht ich mich niederlassen, da möcht ich am liebsten bleiben. Da zieht es mich hin. Aber wehe! die Macht wird darauf aufmerksam, wird sich ihrer eigenen Abwesenheit bewusst, dann ist es mit der schönen Sonstigkeit schnell vorbei, das Machtvakuum implodiert geradezu, dann kommt der Asphalt, dann wird die intermittierende Mittellinie gezogen, dann die Verkehrsschilder und Hinweistafeln montiert, dann ist es eigentlich geschehen. Es folgen die zerquetsch-

ten Redbull-, Bier- und anderen Aludosen am Strassenrand, die halbzersetzten, zerfledderten Papier-taschentücher, die Zigarettenschachteln, die metallisch glänzenden Schokoladenpapiere etc. und machen das Bild vollständig - als wortlose Kommentare der Macht: "Seht, ich bin hier, ihr entrinnt mir nicht!" - Mehr noch: Mir ist die flachgedrückte Aludose am Strassenrand gleichsam das Emblem der Epoche. Und ein vollständiges Emblem hat traditionellerweise immer auch eine Inschrift, die sogenannte Subscriptio. Hier lautet sie: *In hoc signo vinco!* - In diesem Zeichen siege ich!
Habe ich gesiegt. Es ist bereits vollbracht.

Ich bin am Mittag in Kętrzyn/Rastenburg losgefahren. In der Nähe von Kętrzyn, beim Dorf Gierłoż/Görlitz, im Görlitzer Forst, befindet sich oder befand sich die Wolfsschanze, Hitlers geheimes Hauptquartier während des Russlandfeldzugs, einst das bestbewachte Sperrgebiet der Welt, getarnt als chemische Produktionsstätte Askania, ein verzweigtes System aus dreissig Bunkern, heute Freilichtmuseum und touristischer Tummelplatz. Im Sommer bis zu dreissig Reisebusse täglich, angeblich 200'000 Besucher jährlich. Man will mal gucken, was das Führerhauptquartier zu bieten hat, ungeachtet der Mücken, die gruslige Atmosphäre erleben.
Eine knappe Stunde Fahrt, zuerst durch Alleen aus Laubbäumen, dann auf kurvenreicher Strasse durch Mischwald, dann der Parkplatz. Die gesamte Anlage der Wolfsschanze war im

Winter 1945, als die Rote Armee heranrückte, von deutschen Pioniertruppen gesprengt worden. Die Detonation soll so stark gewesen sein, dass das Eis noch in kilometerweit entfernten Seen zersplitterte. Ich schliesse mich einer Touristengruppe mit einem Englisch sprechenden Guide an, der uns durch die zerklüfteten Gebirge vermooster Betontrümmer lotst, meterdicke Riesenklötze im Kiefernwald verstreut, ein monströses Denkmal neurotischer Angst. Auf diesen Pfaden ist einst der Führer mit seiner Lieblingshündin Blondie spazieren gegangen, nach seinem Müsli-Frühstück und den neuesten Nachrichten von der Front, und immer hat er dabei die Mütze mit dem breiten Schirm getragen, weil er das Licht nicht ertrug, toll, hier wird Geschichte auf Augenhöhe geboten. In der Nähe des ehemaligen Führerbunkers ist ein Hotel westlichen Standards geplant, mit Swimmingpool, Parkplatzanlagen und einem Golfplatz ganz in der Nähe. An einigen Baumstämmen sind die metallenen Halterungen zu erkennen, an denen die feuerfesten Tarnnetze gegen Fliegerangriffe festgezurrt waren. Auch dafür kann man Bäume verwenden. Tatsächlich hatte nie ein Angriff aus der Luft auf das Führerhauptquartier stattgefunden. Das war die Vorsehung. Eine Gedenktafel erinnert an das Sprengstoff-Attentat auf den Führer, das der Offizier Claus Schenk Graf von Stauffenberg am 20. Juli 1944 hier verübt hatte. Es ist bekanntlich missglückt. Der Guide sagt nach jedem dritten Satz "Now listen carefully!", aber sein Englisch ist so gebrochen, dass ich nur Bruchteile seiner Erklärungen verstehe. Sie kreisen um die schmutzigen Namen: Bormann, Todt, Ribbentrop, Keitel, Speer, Göring, Goebbels, Jodl. Die Bunker dieser Männer sind zwar gesprengt, nach dem Nürnberger Prozessen wurden die meisten aufgeknüpft, wenn sie sich nicht selbst aus dem Verkehr gezogen hatten, aber plötzlich überkommt mich das Gefühl, noch stehen wir im Schatten dieser Geister, noch lange, lange vielleicht, vielleicht bis ins siebente Glied. Noch immer lenkt ihr menschenverachtender Geist den Gang der Geschichte. Und der allgegenwärtige Lärm aus den Boxen und Kopfhörern heute, der hektische Rummel auf den globalen Marktplätzen dient nur der Ablenkung. Wir hüpfen nervös auf der klein gewordenen Erde und wollen es dabei lustig haben; aber die Andern sind noch da, unentwegt, eisern, die Un- und Übermensch-Experten mit ihrer Vision, leicht adaptierten Vision, sie stehen ausserhalb des beleuchteten Kreises, schief grinsend schauen sie dem Zappeln im Lichtkreis zu, das unfehlbar vor ihren glänzenden Stiefeln enden wird. Sie haben ja alle Zeit der Welt, denn längst ist es ausgemacht: Es ist vorbei mit dem Menschen. Er ist zu kostbillig. Zu wenig effizient. Zu fehlerhaft. Sie haben ihn zum Tode verurteilt. Er soll durch Besseres ersetzt werden. Sie wissen schon lange was. - Aber jetzt hör besser auf. Wirf nicht Dinge zusammen, die nicht zusammengehören. Denk nicht, sondern schau jetzt um dich: der prächtige Wald, auf dem sandigen Grund tanzen die Schattenkringel Ringelreihen und die Lichtflecken spielen auf den Moospolstern - ist es nicht wunderschön, hier zu sein?

Und im ehemaligen Bunker von Stabsgeneral Jodl, Bunker 17, gibt's einen neuen Schiessstand. Da kann man seine Fähigkeiten als Scharfschütze ausprobieren. Und zwar mit Repliken historischer Waffen. *"Das Objekt steht Erwachsenen als auch Kindern den ganzen Tag zur Verfügung. Verpassen Sie nicht die Gelegenheit!"*

Ganz klassisch folgt auf die Tragödie das Satyrspiel: Als ich von meinem Nachmittagsausflug zur Wolfsschanze in die Gegenwart nach Kętrzyn /Rastenburg zurückkomme, dämmert es bereits. Über den Altstadtdächern und dem Rathausturm steht ein knallendes Abendrot. In einer Restauracja am Rynek (Marktplatz) bestelle ich eine Doppel-Portion Piroggen, eine Art Teigtaschen, pierogi ruskie mit Fleischfüllung und gebratener Zwiebel, dazu Kabissalat, surówka z kapusty, und Bier, ein *Zywiec* gibt's nicht, dafür ein grosses *Tyskie*. Ich bin der einzige Gast. Das Lokal ist nostalgisch eingerichtet, die Polen mögen es romantisch nostalgisch, am liebsten mit aristokratischer Tendenz, denn Polen war ein mächtiges, prächtiges Königreich, bevor es die bösen Nachbarn auffrassen, das vergisst das patriotisch glühende Herz nie, drauf hat es einen Eid geschworen, nun stehen da also wie zu grosser Zeit Tische mit geschwungenen Beinen und glatten Kunstmarmor-Tischplatten, die Stühle sind weissgolden lackiert, die Sitzflächen mit bordeaux-farbener Seide bezogen, an der Decke hängen zwei Kristallleuchter-Imitationen, die Wände sind mit goldbraunen Stofftapeten bespannt, dem Fenster gegenüber ein riesiger Flachbildschirm, über den gerade irgendwelche Musikclips laufen. Die Kellnerin heisst Wiktoria, so steht es auf ihrer Bluse, sie versteht weder Deutsch noch Englisch, entsprechende Anfragen weist sie pikiert zurück, sie hat ihr ganzes Leben nur Polnisch gesprochen, Polnisch ist eine Kultursprache, sie ist damit immer prima klargekommen, also was soll die Stürmerei? Meine Wenigkeit spricht zwar noch Dänisch, Französisch, Englisch, aber angesichts von Wiktorias Miene unterlasse ich besser weitere Erkundigungen. Man muss zugeben: Sie ist hübsch, ihr Mund ist gross, die Oberlippe neckisch geschwungen, die Augen katzengrau, die Augenbrauen dunkel nachgezogen, die Haare blond, vielleicht gefärbt, an ihren Ohren hängen grosse Ringe. In ihrem Blick steht *"Heute geschlossen"*, immerhin nötigen ihr meine Versuche, Polnisch zu radebrechen, eine Art Lächeln ab. Vor dem weinroten, gerafften Plüschvorhang, der die Küchentür tarnt, steht ein untersetzter Typ mit kurzstoppeligem Kugelkopf, um den Hals hängt ein Kettchen mit Marien-Amulett, sein Body zeichnet sich unter dem Shirt ab; er trägt schwarz-grau gescheckte Kampfhosen, die nackten Füsse stecken in hellblauen Gummislippers. Wiktoria stellt sich neben ihn. Sie reden, grinsen zusammen, ihre Blicken sparen mich konsequent aus, sie tun, als sässe ich unsichtbar in der vierten Dimension, folglich stellt sich bei mir bald das Gefühl ein, die reden über ausschliesslich dich, den dämlichen Fremden, der bloss kommt, um zu stören und die Atmosphäre zu kontaminieren. Wahrscheinlich wählen beide die PiS, die fremdenfeindliche Populisten-Partei «Recht und Gerechtigkeit». Ich bekomme das Bier, ich warte auf die Piroggen. Auf dem Screen an der Wand läuft gerade der Clip zu *I got the eye of the tiger* von Katy Perry, da bewegt sich der Vorhang vor der Küchentür und meine Piroggen samt Surówka werden herausgereicht. Wiktoria bringt sie, bringt ein berufsmässiges *smacznego* heraus, aber es mundet mir nicht, die Fleischfüllung schmeckt nach Fledermaus oder Wischlappen, jedenfalls ziemlich eigenartig. Vielleicht irgendein masurisches Gewürz? - Ich versuche mich strikt auf die gebratenen Zwiebeln und den Kabissalat zu konzentrieren und gebe meiner Zunge den Befehl, den Rest zu ignorieren. Ich schaufle das Zeug in mich hinein, spüle mit dem *Tyskie* nach, Wiktoria ist ja nicht ansprechbar, das heisst, längst wieder bei ihrem kurzgeschorenen Typ, und schliesslich muss ich jetzt einfach mal was essen, denn morgen geht's wieder ab auf die Strasse, ich will nach Sztynort, auf der Hauptstrasse zwar kaum mehr als dreissig Kilometer entfernt, aber wohl mehr als doppelt so weit auf *sonstigen Wegen*, die hoffentlich auch die Wege des Herrn sind, denn die folgen auch nicht der Luftlinie, sondern sind bekanntlich verschlungen. Meine Zuversicht! - Kaum habe ich meinerseits die letzte Pirogge verschlungen, rufe ich *«rachunek proszę!»*, dann noch einmal, beim dritten Mal schafft sie es, sich von ihrem Heimatkämpfer zu lösen. Während ich zahle, frage ich mich, ob sie unter der Bluse oder sonst wo ein Tattoo hat, vielleicht den polnischen Adler oder Papst Wojtyla an geheimer Stelle. Trinkgeld kriegt sie keinen Zloty, ist ihr egal, von mir erwartet sie sowieso nichts. *Do widzenia* sag ich und denke: Tschüss, das war's zum Glück. - Aber das war's leider nicht; in der Nacht beginnt es erst, und zwar ziemlich heftig, denn nun entfalten die Piroggen ihre Wirkung, genauer gesagt - also ich tippe auf die Fleischfüllung, kurz nachdem ich eingeschlafen bin, erwache ich wieder und bin im Elend, in meinem Bauch tobt eine Schlacht, ich liege in kaltem Schweiss, höre wimmernd dem Kampflärm in meinem Magen und den Gedärmen zu, beschiesse mich mit Vorwürfen im Stile von: Warum hast du nur? Wie kannst du nur? Geschieht dir recht, du Totsch! - bombardiere auch Wiktoria und den Heimatkrieger mit Hassgranaten. So verbringe ich ein paar Stunden; die Versuche, das Problem nach oben oder unten in Fahrt zu bringen, führen zu keinen greifbaren Resultaten. Wie ich vor der Toilettenschüssel knie, muss ich zu allem Elend noch eine Krähenattacke über mich ergehen lassen. Von der Stange, an dem der Duschvorhang hängt, träufelt sie ihre Weisheit auf mich herab: «Hab ich's nicht gesagt, Glaskopf, hab ich dich nicht ausdrücklich gewarnt? Aber wer nicht hören will, muss fühlen. Eng ist die Pforte und steil der Weg zum Glasberg.» - Im Moment bin ich dem Plagegeist nichts weniger als gewachsen. Gegen Morgen falle ich trotzdem in flachen Schlaf, in dem ziemlich wirre Träume wüten. Aber ich will nicht dramatisieren, weltgeschichtlich ist der Vorfall bedeutungslos.

Um sieben steige ich tattrig hinunter in den Frühstücks-saal, nehme drei Scheiben Gurke vom Buffet, schaudere beim

Anblick der Schinkenrollen, der Blutwurst, des bleichen Scheibletten-Käses, nur ein Löffelchen Quark, ich kaue daran wie ein Mummelgreis, und zwei Tassen schwarzen Tee, der hilft in solchen Fällen, aber obwohl ich den Beutel ausquetsche, wird er nicht so schwarz, wie ich ihn gerne hätt, nämlich durchschlagend schwarz. Krähenschwarz.

→ AM 7. SEPTEMBER BIS GIŻYCKO

## 6 Unterwegs: Sztynort (Steinort)

7. September 2016

Dann kommt unweigerlich wieder der Moment: Ich steig aufs Rad, nichtsdestotrotz, begebe mich auf den Weg, denn Purnuškės, Europas Zentrum, ruft, ruft auch heut, ich kann nicht anders, es ist noch weit. - Es geht mal bisschen rauf, es geht mal ein bisschen runter, die letzte Eiszeit hat die Landschaft melodisch geformt, sie ist ein Wunder sanfter Harmonie, ein Wunder an Unverbautheit, offen und weit liegt das leicht gewellte Land, soweit das Auge reicht, weit unter dem blauen Septemberhimmel, aus dem kleine braune Vögel zwitschern, man kann es nicht fassen, man atmet anders, tiefer, freier, es fällt der Stein von der Brust, man beginnt unweigerlich zu singen. (Nicht *Im Frühtau zu Berge wir ziehn fallera* und dergleichen, sondern hell rufende Schamanenlieder: *Hei-hei-ho-haa-hei-hei-ho-haa!)* Wo ich herkomme, gibt es das nur noch in Träumen manchmal, solch offenes, weites, tier- und menschenfreundliches Liederwiesenland. Ich rede also nicht von sogenannten Landwirtschaftszonen, kreuz und quer von nationalen, kantonalen, kommunalen Strassen durch-schnitten und Traktoren durchrattert, sondern von unversehrtem Wiesenland, rhythmisch mit Busch- und Bauminseln bestanden, von denen her die Vögel schallen, unter einem Himmel, der noch nicht oder kaum zerkratzt ist von Linienfluglinien; ich rede nostalgisch von einem Bild wie aus alten Zeiten, in das mal fern, mal nah ein See im Septemberlicht glitzert - wir befinden uns nämlich mitten auf der berühmten masurischen Seenplatte und es ist noch sommerlich warm. - Doch, wie schade! Und wie typisch wieder einmal: So paradiesisch, wíe das Bild es vorgibt, ist es nun doch nicht: Störenfried und Paradies-Verderber Nummer eins ist nicht die Misere der polnischen Landwirtschaft, die kommt in meinem Nonagon gar nicht vor, sondern mein Magen. Der will nämlich absolut nichts hören von solchen Lobeshymnen auf die masurische Natur, überhaupt ist ihm nach allem anderen zumut als nach Lobeshymnen; die Fleischfüllung vom Vorabend macht ihm immer noch grausam zu schaffen.

Gegen Mittag erreiche ich - ziemlich kaputt - Sztynort/Steinort am grossen Mauersee, dem Mamry. Der Ort liegt wunderschön auf einer Halbinsel und ist auch wieder historisch brisant, aber mein Interesse für Historisches ist heute zum

Kleinstformat geschrumpft. Dabei gäbe es in Sztynort den ehemaligen Wohnsitz der von Lehndorff zu besichtigen, die bis 1945 Grundherren weiter Landstriche Ostpreussens waren. Ignacy Krasicki, der lebenslustige Ermländer Fürstbischof, soll im 18. Jahrhundert oft Gast beim damaligen Gutsherrn gewesen sein und den Satz geprägt haben: "Wer Steinort hat, der besitzt Masuren." Zentrum dramatischer Ereignisse war der Ort während des Zweiten Weltkriegs. Der linke Flügel des Schlosses fungierte als Hauptquartier im Feld für Aussenminister Ribbentrop. Aber im rechten Flügel wohnte noch immer Graf Heinrich von Lehndorff mit seiner Familie. Dieser Graf Heinrich war der letzte Lehndorff auf Steinort, übrigens Cousin und Freund der langjährigen *Zeit*-Chefredakteurin Marion Gräfin Dönhoff und Mitglied der oppositionellen Gruppe um Stauffenberg. Verschwörer aus dem militärischen und zivilen Widerstand verkehrten auf dem Schloss. Lehndorffs Leben wurde mehr und mehr zum hochriskanten Doppelspiel. Als am 20. Juli 1944 das Attentat auf den Führer auf der nahen Wolfsschanze gescheitert war, wurde er nach kurzer Flucht verhaftet und nach einem hastigen Prozess vor dem Volksgerichtshof in Berlin-Plötzensee sofort hingerichtet. Seither war das Schloss, ein Bijou eines barocken Gutsanwesens, dem Verfall preisgegeben. Der völlig verwilderte Park wurde vor vier Jahren immerhin soweit zurückgeschnitten, dass ich mich nun unbehindert an einer der vielen Eichen endlich auskotzen kann, deren jede angeblich durch die Jahrhunderte hindurch bei der Geburt eines

Lehndorff'schen Sprösslings gepflanzt worden sind. Unbehindert, aber nicht unbeobachtet: Vor dem Pavillon des linken Seitenflügels steht nämlich gerade ein Grüppchen von Besuchern, vermutlich Deutsche, die soeben noch den Ausführungen ihres Reiseleiters gelauscht haben und nun - in ihrer Andacht gestört - Blicke zu mir an besagter Eiche hinüberschiessen, die man tötend nennen muss. Völlig verständlich, denn ich entweihe historisch geheiligten Boden, ich kann ihre Empörung nachvollziehen. So was tut man nicht. Kaum liegen die Reste der Piroggenfüllung am Fusse der Eiche, beginnt es höchst dringlich in den Gedärmen zu rumpeln. - Noch immer bin ich nicht über der Schwelle. Aber die Fortsetzung des Stücks darf ich dem gereizten Publikum auf keinen Fall zumuten. Ich lasse also mein Fahrrad stehen, wo es steht, nämlich an einer dieser altehrwürdigen Lehndorff'schen Geburtseichen und schaff es mit knapper Not, mich quasi von der Bühne hinter die Kulisse zu flüchten, will sagen hinter einen extrabreiten Eichenstamm, um dann dort - geschützt vor den bösen Blicken - den letzten Akt Knall Fall über mich ergehen zu lassen. Die Katastrophe besteht darin, dass ich kein Papier im Gepäck hab.

Aber tiefer Fall führt man manchmal zu hohem Glück. Und je tiefer der Fall, desto höher das Glück.

Nach der doppelten Entladung auf dem historischen Gelände fühl ich mich erleichtert, und um wieder froh zu sein, bedarf es jetzt nur noch wenig. Wie bereits bemerkt, liegt die Steinorter Schlossruine, wie fast alles in Masuren, wunderhübsch an einem See, nur hundertfünfzig, zweihundert Meter vom Schlosspark entfernt. Es ist der kleine Steinorter See, welcher durch einen Stichkanal mit dem grossen Mauersee, dem Jezioro Mamry, verbunden ist. Ich schiebe mein Velo hinunter zum Ufer des Steinorter Sees. Schiebe. Wer seine Hose liebt, schiebt. Unten am Ufer befindet sich der Yachthafen, da könnte man ein Segelboot chartern, auf den grossen Mauersee hinaus segeln, direkt durch den Stichkanal, es ist gerade ziemlich viel los am Yachthafen, da tummeln sich etwa zwei Dutzend Gestalten in Stiefeln und Lederkombis, auf den Holztischen liegen Helme, aus einem Ghettoblaster scheppert Musik und hinter dem Hafenkiosk dösen, kreuz und quer geparkt, die Feuerstühle, schwere, respekteinflössende Dinger. Als Fahrradfahrer kommt man sich ja angesichts von Harleys und Hondas etc. ein bisschen zurückgeblieben vor. – Vordringlich will ich jetzt nur eins: sofort ins Wasser und wieder ein gesellschaftsfähiger Mensch werden. Ich rupf die Badehose aus der Seitentasche. Aber sich umziehen in aller Öffentlichkeit? - Wir sind hier nicht in Schweden. In Polen herrschen andere Verhältnisse. Polen ist in einer ganz speziellen Weise katholisch. Ein anständiger Mensch nimmt hier auf die leicht erregbare Schamhaftigkeit seiner Mitmenschen im Umkreis von zweihundert Metern jede mögliche Rücksicht. Hier herrscht Schamkultur. Am besten, du nimmst ein Badetuch im Format 2x1.60m, das du so um dich herumwickelst, dass nur noch der Kopf oberhalb des Kinns rausschaut und alle Operationen in den Niederungen im Schutz vollkommener Abdeckung durchgeführt werden können. Mit 2x1.60 wäre ein Durchkommen. Was mir jedoch zur Verfügung steht, ist mein Outdoor-Handtuch etwa 40 auf 90, ultraleicht, hochwertige Mikrofasertechnologie, antibakteriell behandelt, im praktischen Packbeutel eine Sensation an Leichtigkeit, in jeder Hinsicht optimiert, den Radritter auf seinen Zügen nicht unnötig zu belasten - aber der anstehenden Aufgabe in keinster Weise gewachsen; nur schon die Hoffnung, es doch irgendwie hinzukriegen, ist absurd. Aber Humor ist, wenn man's trotzdem tut. Ich versuch also mein Mikrofaserhandtuch an den Hüften zu verknoten und riskier gleich den entscheidenden Schritt: Das Wunder bleibt aus und präsentiere ich mich wie Adam vor den Mitgliedern des Motorradclubs, der - so steht es auf den Lederjacken - *Klub Motocyklowy 96* heisst. – Wider Erwarten bleibt der Tsunami aus. Unentwegt stottert masurischer Rap aus den Lautsprechern des Ghettoblasters, die Töff-Leute schwatzen in lockeren Grüppchen und halten Plastikteller in den Händen und löffeln was. Selig schwimmen spätsommerliche Wolken am Himmel, ich bin gerade dabei, meine Badehosen hochzuziehen, als ich von einem Blick aus einer der Lederjackengruppen getroffen werde, und zwar von einem katzengrauen, der meine Magennerven zum Klimpern bringt: Es ist die lausige Bedienung aus der Rastenburger Restauracja namens Wiktoria, die mit ihren faulen Piroggen am Anfang meines Ungemachs steht, aber jetzt steht sie mitten unter den Töffnomaden des *Klub Motocyklowy 96*.

Ich mache ein paar Schritte auf den hölzernen Anlegesteg hinaus und lass mich zwischen zwei angetäute Segelschiffe ins hüfttiefe Wasser plumpsen. Und wie ich auf sandigem Boden im Wasser ruhe, im heilsamen Wasser des Steinorter Mauersees, kommt mir vor, als falle aller Schmutz der Welt von mir ab. Und ich hebe den Blick und blicke zu Wiktoria hin, und sie blickt zu mir und hebt die Hand wie zum Gruss und lächelt, sie hat mich wiedererkannt, sie hat mich mit ihrer Piroggenattacke fast zur Strecke gebracht, aber vielleicht ist sie trotzdem nett, denk ich, denn die Sonne scheint, das Wasser ist freundlich, also bleib ich noch einen Moment, zum Schwimmen eignet sich die Stelle nicht, denn der Hafen ist mit Segel-Yachten vollgestellt, aber noch eine Minute oder zwei, um die Reinigung tief in die Poren dringen zu lassen, dann stemm ich mich auf den Anlegesteg hoch, im Hinblick auf das Publikum mit möglichst viel Schwung, aber es ist wohl eher eine Walrossnummer, die Publikumsreaktion bleibt dementsprechend verhalten, ich bring mein Mikrofaser-Handtuch zum Einsatz, diesmal tut es seinen Dienst, die Badehose lass ich an, man soll sein Glück nicht unnötig provozieren. Und dann gehe ich zu Wiktoria hin, sie steckt in Ledermontur, *MC Nine-Six Poland* steht auf der schwarzen Lederjacke, sie trägt ein rotes Stirnband, das zum Teil ihre Ohren verdeckt, aber die umfangreichen Ohrringe baumeln unbehelligt, auch ihr grosser Mund mit dem neckischen Bogen in der Oberlippe ist frei und lebendig. Sie ist wirklich hübsch. D*zien dobry* sage ich gleich mal, das muss man unbedingt in Polen, immer zuerst mal schön *dzien dobry* sagen, ohne geht sowieso nichts. *Dzien dobry* sagt auch Wiktoria und lächelt mich an, lässt die Ohrringe schaukeln, und redet gleich noch was, aber ich versteh wieder mal nur Bahnhof, zuck mit den Schultern. Doch ehe ich mich's verseh, habe ich einen Teller Suppe in der Hand, einen Teller Zurek, genauer gesagt, polnische Sauermehlsuppe mit Wurststücken und Ei, eine nationale Spezialität. Ich sage *dziękuję bardzo,* das kann ich. Die Zurek schmeckt wundervoll, generell Zurek, aber diese ganz besonders, und wie ich mir den ersten Löffel zuführe, wird mir bewusst, wie matt und ausgekotzt ich mich eigentlich immer noch fühle, jetzt, hart nach der überstandenen Verdauungs-Krise, und dass ich im Begriff bin, die Suppe meines Lebens zu löffeln. Inzwischen hat sich auch Wiktorias Heimatkämpfer, mit Kugelkopf und Marienkettchen, eingestellt, auch er in MC-96-iger Ledervollmontur, die hell-blauen Gummi-Slippers hat er gegen Lederstiefel getauscht, er schüttelt mir die Hand wie einem alten Bekannten, er heisst Bogumil, hat den Mund voll lustiger kleiner Zähne und will, dass ich nach der Suppe mit ihm eine Runde auf seinem Motorrad drehe. Schon bald steht er mit tuckernder Maschine bereit, es ist eine Moto Guzzi. Auf dem weiss lackierten Benzintank prangt ein Adler mit ausgebreiteten Schwingen. *Fly with the eagle or scratch with the chicken*, denk ich, heute Nachmittag geht's hoch hinaus. Mit Wiktorias Helm auf dem Kopf setze mich auf den Soziussitz hinter Bogumil, ich soll ihn um die Hüfte halten. In leicht erhöhter Position kann ich über seine Schultern sehn, aber als wir in der ersten Kurve in Schräglage geraten, rutscht mir der Boden unter den Füssen weg und das Herz in die Hose. Ich klammere mich an Bogumil wie ein Klammeraffe, obwohl wir wahrscheinlich kaum 50km/h draufhaben. Aber bald wir rattern zwischen Brombeerhecken über eine mit Schlaglöchern reich übersäte Strasse, unverkennbar der Kategorie "sonstige" angehörend, durch abgemähte Felder links, zwischen Büschen zeigt sich ein bisschen der Mauersee, abgemähte Felder rechts, am Horizont die schwarzen Wälder, hinter uns ein Tornado wirbelnden Staubs. Als wir ein mit blau-weiss-goldenen Girlanden bespanntes Kruzifix passieren, bekreuzigt sich Bogumil über Helm und Ledermontur. Allmählich beruhigt mich der freundlich klopfende Motor von Bogumils Moto Guzzi, über mir der Himmel ist hoch, er ist, blau, sehr blau, septemberblau, himmelhochjauchzend blau, der Rücken vor mir riecht vertrauenswürdig nach gefettetem Leder. Da wagt mein Adler ein paar Flügelschläge und steigt in die Lüfte, um auf alle scharrenden Hühner dieser Welt hinunter blicken zu können. Jawohl, hier oben ist mein Platz! Mein natürlicher Platz. Augenblick verweile doch! ich könnte ewig so mit Bogumil zwischen den Brombeerhecken rollen, von Schlagloch zu Schlagloch, aber ewig dauert es nicht, wir erreichen nämlich bereits wieder das Strässchen, das vom Schloss zur Marina, zum Yachthafen hinunter sticht. Bogumil bremst ab, die Staubwolke holt uns ein, an der Abzweigung steht nochmals ein Kreuz mit bunten Bändern, Bogumil bekreuzigt sich wieder.

Als wir unten ankommen, stehen ein paar dieser MC-96-Nomaden wie zur Begrüssung im Halbkreis um uns, zum Teil mit Bärten, zum Teil ohne, alle kahl rasiert, und grinsen mir anerkennend zu, als hätte ich weiss nicht was für eine Feuerprobe bestanden. Bogumil schüttelt mir wieder die Hand, er ist ein gemögiger Kerl, meine Badehosen sind trocken, ich ziehe die Jeans drüber an, Wiktoria sorgt dafür, dass ich noch einen Teller Zurek erhalte, einen mit extra viel Wurst und Ei. Als ich an einem der Holztische sitze und esse, kommt sie und schenkt mir ein winziges Ansteck-Püppchen in polnischer Nationaltracht. Ganz weiss und rot. Sie lacht und sagt etwas, was ich wieder nicht verstehe, während sie das Püppchen wie einen Orden an meinem Hemd befestigt. Doch meine innere Simultan-Übersetzung lässt keinen Zweifel daran, was sie sagt: nämlich ich sei ein masurischer Held oder etwas ebenso Grossartiges, ein unerschütterlicher Mitte-Sucher oder Zentrums-Pilger etwa, ein wagemutiger Glasberg-Bezwinger, der - wenn nicht eine Vorschuss-Auszeichnung - dann doch das rotweisse Maskottchen als Glücksbringer auf seinem weiteren Weg mehr denn verdient hat. Wiktoria nickt und lacht; anscheinend kann sie meine Gedanken lesen.

Was habe ich eingangs geschrieben? Je tiefer der Fall, desto höher das Glück. Jawohl, so ist es. Als ich auf mein Fahrrad steige, bin ich jedenfalls voll davon. Wszystko dobrze = alles gut. Die Welt ist in Ordnung. Man könnte sie nicht besser machen. Die beste aller möglicher Welten. Ein dreifaches Hoch ihrem

Schöpfer! Viva! Viva! Viva! - Und weit ist es auch nicht mehr bis Giżycko, meinem Tagesziel. Vielleicht anderthalb Stunden oder zwei.

Ich bin in Hochform. Jede Steigung kommt mir gerade recht, ich nehme sie mit innerem Jubel. Als ich auf einer schnurgeraden Strecke durch einen Wald eine Krähe von weitem auf der Fahrbahn picken sehe, leg ich gleich den nächsthöheren Gang ein. Tu so, als hätte ich keine Ahnung, wer sie ist, nehme sie ins Visier und strample mit aller Kraft in gerader Linie auf sie los. Angriff ist die beste Verteidigung. Wie ich noch etwa dreissig, vierzig Meter von ihr entfernt bin, guckt sie kurz hoch und flattert dann rechts zwischen den Föhrenstämmen weg. Ich habe im Augenblick absolut keine Lust auf einen dieser Diskurse mit ihr. Und mir womöglich meine Superstimmung verderben zu lassen. Aber als ich kaum eine Viertelstunde später bei einer heidel- und preiselbeerreichen Stelle unvorsichtigerweise einen Halt einlege, ist sie bereits wieder da. Sie hockt auf einem Baumstrunk und legt gleich los: «Guten schönen Nachmittag, Pan Hosenkacker», sagt sie, «man ist ja mächtig im Schuss. Potz Sapperlot! Respekt, Respekt! Meinst wohl, du habest den Glaskomplex bereits im Sack? Soll ich dir die Augen auspicken, damit du klarsiehst? Mach nur, mach! Fahr weiter. Sollte es hart auf hart kommen, wird dir das Püppchen da an deinem Kragen bestimmt grossartig Hilfe leisten. Man soll ja zuversichtlich sein, nicht wahr, Glasköpfchen, und immer das Beste für sich hoffen ...»

Klar, sie will mir die Stimmung verderben. Mich ängstigen. Mir den schönen Tag vermiesen. Darum geht's ihr. Ging's ihr von Anfang an. Aber heute lass ich sie nicht. – Trotzdem: vielleicht doch nicht die beste aller möglichen Welten, denk ich. In der dürfte das schwarze Scheusal jedenfalls nicht existieren!

= VOM 8.-10. SEPTEMBER IN GIŻYCKO

## 7 Auf dem Lötzener Wasserturm

Giżycko, 9. September 2016

Beim Zähneputzen vor dem Spiegel im Giżyckoer Hotel *Wodnik* höre ich die Stimme meines immerwährenden Freundes Fritz: «… also jetzt bist du pensioniert, mein Lieber, von jetzt an hast du Dauerferien, musst nicht mehr hetzen. Ist doch schön! Geniess es! Gönn's dir! Hast du übrigens gelesen von dieser Food-Tasting-Tour durch die baltische Küche? Wär das nicht was für dich? - Nun reg dich doch nicht gleich wieder auf, ich mein ja nur zum Beispiel, als Idee, wir älteren Leute machen so was gerne, eine sinnliche Kulturreise, unserem Alter entsprechend. Jetzt mach doch nicht gleich wieder ein Theater!»
Also ein "Theater" draus zu machen, hab ich gar nicht im Sinn, Fritz. Was ich im Sinn hab ist ein fünffach polygonal mass-geregelter Reisebericht. Und zu den Polygonen gehört nun mal

auch das Nonagon, das Neuneck. Es ist definiert durch neun Punkte und heißt *regelmäßig*, wenn alle Seiten gleich lang sind und seine Eckpunkte auf einem gemeinsamen Umkreis liegen. Das wäre die Idee. Im Zentrum dieses Umkreises… und was die Krähe angeht, das schwarze Vieh –

Nein, jetzt fahr ich einfach fort: Nonagonaler Eck- und Ausgangspunkt Nummer sieben ist die Stadt Giżycko, früher Lötzen genannt, noch früher Leczenburg oder Lözenburg oder Letzen, Lezen, Lezzen, Leczen, Lüzen, Lessen, aber seit dem 4. März 1946 heisst die Stadt Giżycko zu Ehren des Pastors und Sprachforschers Gustav Gisevius Giżycko, und so heisst sie seither unverändert. Die Deutschen sind nach Kriegsende freiwillig nach Westen weggegangen oder die polnischen Behörden haben nachgeholfen. Seit je lag die Stadt am sogenannten Löwentinsee, dem polnischen Niegocin, und das tut sie ungeachtet aller historischen Umwälzungen noch heute; rund 90 Kilometer sind es nach Olsztyn (Allenstein), dem kulturellen und wirtschaftlichen Zentrum der Woiwodschaft Ermland-Masuren, etwa 110 Kilometer Richtung Norden bis Königsberg, das die Briten und die Russen in wirkungsvoller Kooperation am Ende des Kriegs zu Schutt und Asche geschossen haben und das dann als sowjetische Musterstadt und zur absoluten Unkenntlichkeit verändert als westlichste russische Grossstadt aus den Trümmern auferstand: Kaliningrad.

Aber ich spreche jetzt von Giżycko, das allerdings, in seinen letzten Lötzener Tagen, auch einiges abbekam, als die Rote

Armee es nämlich im Januar 45 einnahm, vor allem im Zentrum. Steine aus den Lötzener Ruinen wurden in den Jahren danach sogar nach Warschau abgeführt, um dort den Wiederaufbau zu beschleunigen, aber der neugotische Wasserturm an der Ulica Warszawska, die vom zentralen Plac Grunwaldzki östlich abgeht, hat zwei Weltkriege unbeschadet überstanden, abgesehen natürlich von den Schäden, die der sogenannte Zahn der Zeit anrichtet, denn er wurde schon im Jahre 1900 erbaut und diente 96 Jahre der Lötzener beziehungsweise der Giżyckoer Wasserversorgung, bevor er 2007 - glaub ich - restauriert und der Tendenz der Zeit entsprechend in ein Museum verwandelt wurde. Nun würde er sich trotz oder gerade wegen seiner leicht gedrungenen phallischen Gestalt prima dazu eignen, um ihn und um ihn herum weiteren historischen Kram breitzuwalzen, das Zeug ist ja wohlfeil zu haben, es wird einem regelrecht nachgeschmissen, vorausgesetzt, man verfügt über Internetzugang und die Kompetenz des Lesens, Voraussetzungen, die man aber, was Europa betrifft, als erfüllt annehmen kann, letztere allerdings nur bedingt. Aber vor diesem Wasserturm hängenzubleiben und noch lange mit historischen Einzelheiten rumzuspielen wäre ein Fehler, ich muss hinein und hinauf ins Café, die Kawiarnia, die im ehemaligen, 200 000 Liter fassenden Wasserbehälter eingerichtet ist, denn da erst geht meine Geschichte weiter.

Man kann die Treppe nehmen oder den Lift, ich nehme den Lift, denn meine Beinmuskeln sind wieder mal sauer; das Café ist

von einer Aussenterrasse umgeben und in einem für Polen untypischen Stil eingerichtet, will sagen: für einmal keine Brokatdecken, Plüschgardinen, Seidentapeten, keine Kristallleuchter, Stuckdecken und Säulen aus Kunstmarmor, sondern eine modern anmutende, lichte Atmosphäre, zum Aufatmen kühl und modern. Es könnte irgendwo in Europa sein. Ein neutraler Raum. Da lässt man sich gern nieder und ich lasse mich an einem Tischchen an der Fensterfront nieder. In einer Vitrine locken die Torten, ich bestelle, nach einem kurzen Blick auf meinen Tee-Kalender, Schwarztee, herbata czarna, und ein Stück Quarkkuchen mittels Zeigefinger. Der Blick von oben über Stadt und See ist wunderhübsch, da haben sich die 10 Złoty Eintritt schon mal gelohnt. - Voilà, da bin ich also! Und wer ist denn auch noch hier? Gucken wir uns doch gleich mal um!
Viel los ist nicht gerade. Na ja, halb elf am Morgen. Erst vor einer Stunde ist der Turm für Besucher aufgegangen. Mir am nächsten ein junges Paar, mit einem blonden Knirps gesegnet. Etwa dreijährig. Im Gnomenalter also. Er ist gerade damit beschäftigt, mit einem Löffel in einer Schale Schokokrem herumzukratzen, mit abenteuerlichem Schwung, während die Eltern beide konzentriert an ihren Mobiltelefonen abwesend sind. Die Kuchenstücke stehen unberührt auf Tellerchen vor ihnen. Am nächsten Tischchen über ihrem Laptop eine Frau um die dreissig, ebenfalls blond - nicht strohblond wie der kleine Kobold, sondern aschblond, wie in Polen verbreitet, aschblond mit grauen Augen. Das ist praktisch der Prototyp. "Katzengrau"

möchte man die Augenfarbe nennen, aber der Ausdruck ist doof, denn generell sind Katzen ja nur nachts grau. Anderseits: Krallen hat die Frau, zehn schwarzrote Krallen, die klickern und klackern über eine Laptop-Tastatur, sie rattern die Hymne der Zeit, den Kopf hat sie ein-, die Schultern hochgezogen, sie hat vielleicht gedacht, hier aufm Wasserturm mit Aussicht auf Stadt und See fühlt sie sich weniger gestresst, aber es hat sie eingeholt, es ist allgegenwärtig, es hat seine feste Kontur verloren und sich zu einem Fluidum verflüssigt, das in alle Poren dringt. Was willst du, man muss wettbewerbsfähig bleiben, sonst kommen die Chinesen und fressen einem das Brot vor der Nase weg. Die kennen kein Pardon, weil es sind viel zu viele, das ist das Hauptproblem, das kann man selbst hier auf dem Giżyckoer Wasserturm irgendwie spüren, wenn man das Lied hört, das die Frau auf ihrem Laptop rattert, dass es viel zu viele sind, aber morgen beziehungsweise übermorgen werden es ja noch mehr sein, und das heisst, wir werden noch schneller rattern, noch schneller klickern und klackern müssen, damit wir unseren Platz in der Welt behaupten können, aber 740 Millionen Europäer gegen heute schon fast doppelt so viele Chinesen, also ich weiss nicht, wie das gehen soll, es wird wahrscheinlich eine brutale Hatz werden, doch man soll optimistisch bleiben. Bedenken sind auch Sand im Getriebe. Was wir stattdessen bräuchten, unbedingt, sind Ideen, die die Maschine schmieren. Die wären blankes Geld wert. Die Frau über dem Laptop blickt jetzt kurz auf, aber sie sieht mich, den Phantasier-Affen, nicht, ihr Gesicht ist verloren, sie ist geschminkt, ich spüre die Anspannung in ihren Schultern, im Nacken, Business ist Business, der Niegocin vor dem Fenster existiert für sie nicht. Aber der kleine, blonde Gnom am Nachbartisch hat inzwischen genug von seiner Schokokrem. Er pfeffert den Löffel geräuschvoll auf den Tisch und beginnt sich im Kindersessel aufzubäumen und gleichzeitig um die eigene Achse zu winden, denn seiner durchaus nicht unmassgeblichen Meinung nach ist die Bewegungsfreiheit in diesem Gestühl über Gebühr eingeschränkt; es handelt sich um eine eher elternfreundliche Konstruktion, im Grunde, bis zu diesem Moment hat sie ihren Dienst getan, aber jetzt ist genug Heu unten, findet der Gnom, obwohl noch Schokokrem übrig wäre, fast die Hälfte, die Portionen sind reichlich. Aber jetzt mach ich mal ein bisschen Rabauz zur Abwechslung, man ist ja schliesslich ein freies Wesen ... Die Eltern gucken so synchron wie entgeistert von ihren Handys auf: Wo sind wir denn da? Was ist denn los? Aha, genau, da ist noch dieser Zwerg, der gehört ja zu uns, was hat er schon wieder? - Vierhändig versuchen sie der Störung Herr zu werden. Aber da sind sie an die falsche Adresse geraten: der Kleine holt umwendend die Posaune hervor und bläst Alarm, als müsste er die Mauern von Jericho umlegen. Tja, liebe Eltern, was nun? - Man könnte mal googeln. Vielleicht noch ein Löffelchen Schokokrem zuführen? Es hat ja noch. Mal probieren, ob das hilft. Doch Gnom empfindet das Ansinnen als reine Zumutung, quittiert es mit noch durchdringenderen Posaunenstössen, man staunt, ist denn das die Möglichkeit? Ja, es ist, das Kerlchen hat Reserve. Und lässt sich nicht einfach alles gefallen. Wo käme man da hin? - Alle Blicke im ehemaligen Wasserbehälter fokussieren nun auf das Ereignis. Erfolgt jetzt eine politisch korrekte Lösung des Problems oder nicht? Die Jury besteht nebst mir aus: 1.) der rundlichen Kellnerin, ca. 20-jährig, mit Zwirbelfrisur und so rosa wie engem Strickkleid, an ihrem Beobachtungsposten neben der Tortenvitrine; 2.) der Business-Frau mit den hochgezogenen Stress-Schultern an meinem Nachbartisch; das Klackern auf der Tastatur hat sie, um der Ernsthaftigkeit der Situation den angebrachten Respekt zu erweisen, für den Moment eingestellt; 3.) zwei spät-jugendlichen Typen in beigen Anoraks, hingefläzt auf den Fauteuils der Lounge-Sektion weiter hinten, durch das ausgebrochene Urereignis vermutlich aus der schönsten Fachsimpelei über das optimale Einstellen von Benzin-Vergasern oder Online-Shootergames herausgerissen (aber nicht über Frauen, davon verstehn sie nix, das ist ein unübersichtlicher Sumpf, da hält man besser Distanz! Zum Dank dafür macht einem Mama die Wäsche.)

Aber keine unnötige Ablenkung! Was geschieht im Zentrum? Bitte volle Konzentration! – Das koboldhafte Urwesen bläst unentwegt die Posaune, es scheint ja kaum je Luft holen zu müssen, ein Phänomen! und Jerichos Mauern wanken bereits bedenklich, die Mutter ist eine Duckmaus, der Vater ein Duckmäuserich, man sieht es ihnen an, sie lieben es, hinter Mauern mit den Ihren zusammenzukauern und einander ins Ohr zu munkeln, weil Sicherheit und Vertrauen gibt es nur im Schosse der engsten Familie, definitiv, ausserhalb ist Niemandsland, da muss man auf der Hut sein, und zwar ständig, denn da wimmelt es nur so von bösen Tieren und Menschen, wenn man etwas aus der Geschichte gelernt hat, dann das: ausserhalb der Familie ist niemandem zu trauen. Man hätte den kleinen Mops zuhause lassen sollen, Oma hat ja noch gesagt: Lasst ihn bei mir!, aber nein, er soll auch ab und zu an die frische Luft, hat man gedacht - da bestätigt es sich postwendend: Übermut tut selten gut. Der Gnom schreit, als wäre er am Bratspiess. Und latent riecht es bereits nach ein bisschen Gewalt, von unten her, oder täusch ich mich? Jetzt nur die Nerven nicht verlieren, auf den zwanglosen Zwang des Arguments reagiert der Kleine nicht, man wird zu potenteren Mitteln greifen müssen. Warum hat man nicht gleich dran gedacht? - Das Handy! Eben weil man unversehens in Notsitua-tionen geraten kann, hat man sich in weiser Voraussicht mit Handys ausgerüstet, die Mutter schiebt nun dem Problem-kind ihres hin: Guck, (heisst du auch Bogumil?) guck mal die vielen schönen Knöpfchen, guck mal alle die tollen Funktiönchen, wollen wir nicht ganz schnell mal die Omi anrufen, die wartet sicher drauf? - Haha! Fehlanzeige! Abermals totale Fehlanzeige. Wollen wir nämlich nicht! Mitnichten wollen wir das! - Allmählich müsste es jetzt dem Hinterletzten dämmern, was wir wollen. Die Mutter hievt ihn aus dem Kindersitz und gibt ihn wie eine heisse Kartoffel an Papa weiter. Der will sich wohl auch nicht die Finger verbrennen und stellt ihn auf den Boden. - Bingo! Manchmal braucht's ja was! Aber Beharrlichkeit führt zum Ziel. Steter Tropfen höhlt den Stein. Gut Ding will Weile haben. Kann man sich merken und hinter die Ohren schreiben. Nun ade, lieb Heimatland! Der Knirps ist picobello auf den Beinen, jetzt wollen wir mal ein bisschen in die Ferne schweifen, er steuert in gerader Linie die zwei Linux-Nerds auf dem Kanapee in der Lounge-Abteilung an, aber Error 404, Page not found, Dreikäsehochs auf dem Bildschirm, okay, aber *real life*? Zwei Dutzend Monster - no problem, aber Kinder? Kinder! - Was soll man denn mit sowas? → Frequently Asked Question → am besten Mom fragen. - Schon wie die Grenze ihres Hoheitsgebiets überschritten wird, machen die beiden den Laden dicht. Wenden dem Stress den Rücken zu. End of message! See ya! - Denkt der Keine: YOLO, macht eine 180°-Wende und nimmt mich ins Visier. Hallo, kleiner Wicht, komm nur her zu Onkel Affe! Aber pass auf, Wiktorias rot-weisses Ansteck-Püppchen an meinem Revers täuscht, ich bin puuuh! - Ausländer! Das heisst: Müsstest du jetzt nicht mal kurz Rücksprache mit der Spielleitung nehmen? Wenn ich deren Blicke nämlich richtig interpretier, ist das, was du jetzt im Sinn hast, schon wieder nicht okay. Aber kleinliche Rücksichten sind natürlich nicht sein Ding, schon ist er bei mir und legt mir seine Patschhand vertrauensvoll aufs Knie - samt einem kräftigen Gruss Schokokrem. Dies ist der erste Streich, doch das zweite Händchen folgt sogleich, er strahlt mich an: Er ist ein Herziger; "Kasimir!", tönt es hilflos vom Mama-Papa-

Tisch her. Ich betrachte die anarchische Message auf meinem Bein. - «Mach doch mal rüber zu Tante Katz, Kleiner», denk ich, «überbring ihr die Botschaft, sie müsste sich freuen!», aber Tante Katz mit ihrem Stress-Geratter interessiert ihn nicht, an mir hat er den Narren gefressen, vielleicht spürt er, dass ich auf dem Weg ins dunkle Zentrum Europas bin. Während ich über seinen hellen Schopf streiche, kommt mir in den Sinn, dass dem Lavabo im Hotel *Wodnik* der Stöpsel fehlt, damit die Gäste nicht Wäsche im Zimmer machen. Ich schiebe Kasimirs Schoko-Händchen sanft von meinem Knie und führ den Anarchisten seinen Eltern zu, die, wie sie meine Hose sehen, mit den Händen ringen und zu gequält lächelnden Wachsfiguren erstarren. Kein Zweifel: Der Junge ist der Pfahl in ihrem Fleische. Ordnungsgemäss zahl ich bei der rosa Kellnerin mit der Zwirbelfrisur Torte und Tee. Auf dem Weg hinunter nehm ich statt des Lifts die Wendeltreppe. Auf den Stockwerken unterhalb des Cafés ist das Lötzener Heimatmuseum eingerichtet. Wurmstichige Requisiten aus alter Zeit - pittoresk arrangiert. Wohl dem, denk ich, der Heimat hätte!

Im Hotel *Wodnik* notreinige ich meine Hose in der Dusche. Dann hol ich meinen Laptop aus der Velotasche, verbinde das Gerät mittels USB-Kabel mit dem GPS, klicke das Programm *Basecamp* an und lege die nächste Tagesziel fest. Sagen wir: Nowe Guty, am östlichen Ufer des Śniardwy-Sees gelegen und im östlichen Teil der Puszcza Piska, der Johannisburger Heide, Polens grösstem Waldgebiet.

→AM 11. SEPTEMBER VIA MIKOŁAJKI BIS STARE JUCHI/GORŁO

## 8 Unterwegs: Bei kaltem Wetter auf dem Schiff nach Mikołajki

11. September 2016

Am nächsten Morgen Nebel und Krähenbesuch. Sie kommt, wann sie will, sie bleibt weg, wann sie will, ich durchschaue ihre Strategie nicht. - Es ist noch früh, viel zu früh für eine Krähenattacke, kurz nach sieben, ich steh im Frühstückssaal des Hotels *Wodnik,* das ist eine Halle mit post-sowjetischem Charme, bewacht von einem halben Dutzend Kellnerinnen in weinroten Gilets, schwarzen Jupes und glänzenden Nylonstrümpfen, die sich alle bewegen, als wären sie in einem Unterwasserballett. Genauer gesagt: Ich steh am Frühstücksbuffet, das goldene Satin-Tischtuch ist vielfach plissiert und hängt vornehm bis zum Boden, ich hab den Teller mit Würstchen, Schinken, Scheibletten-Käse, drei Löffeln Quark, Toma-ten- und Gurkenscheiben und einem wackeren Stück Hefekuchen beladen (man verbraucht ja die Kalorien) und will an meinen Tisch zurück - da kann ich nicht anders, als sie auf der Rosenrabatte vor einem der hohen Fenster zu bemerken. Sie ist gerade damit beschäftigt, hektisch auf was rumzuhacken. Aber unvermittelt,

scheint mir, hält sie inne, guckt hoch und fasst mich streng in ihren Blick und sagt: "Hör mal, spitzt sich die Lage nicht allmählich zu?" –
Achtung jetzt auf die Tellerfracht! –
"Nein, ich hab's im Griff ", sag ich, "reg dich ab. Hier ist alles ruhig. "
"Hältst dich für ein helles Licht, hast aber keinen Schimmer, Glaskopf. Ohne mich wärst glatt am Arsch», sagt sie.
«Nicht die Bohne!», sag ich, «ich hab mein GPS, damit fahr ich gemütlich bis an den Rand der Welt.»-
"Wie der Affe aufm Schleifstein!", höhnt sie. «Ich geb dir einen guten Rat, gratis: Willst du zum Glasberg, dann hüll dich in alles, was du hast, damit du nicht erfrierst! Und vergiss nicht, das Visier zu schliessen!»
«Ah, bah! Take it easy!», sag ich, «so schlimm wird's schon nicht werden.»
Da duckt sie sich und fliegt in einem eleganten Bogen zu einer Konifere, mit provokant gespreizten Schwingen, kommt mir vor. Von dort beobachtet sie, wie ich mir das Zeug vom Teller einverleibe. Es schmeckt mir mässig. Ein angebissenes Würstchen lass ich auf dem Teller liegen.

In der Ekomarina, dem Giżyckoer Hafen, liegt mein Schiff am Quai. Es heisst *Polaris* und ist ein kleines, weisses Ausflugsschiff. Doch Ausflugswetter ist es heute nicht. Seit zwei Tagen ist es kühl geworden. Und jetzt ist Nebel dazugekommen. Das ist der masurische Herbst. Noch eine Viertelstunde vor Abfahrt scheine ich der einzige Gast zu sein. Als ich die Schiffskarte kaufen will, bedeutet man mir zu warten. Es ist nicht sicher, ob die Tour heut überhaupt stattfindet. Doch als noch zwei Personen ankommen, die mitwollen, winkt mir der Angestellte: Ich kann mit meinem Fahrrad an Bord. Vermutlich hofft man auf Zusteige-Gäste unterwegs. Der Angestellte löst das Sonnensegel von den Stangen. Er rollt es ein und geht damit an Land. Die Saison ist zu Ende. Man legt ab und kaum ist man, an ein paar verschlafenen Kormoranen auf Pfosten vorbei, aus dem Hafen raus, ist klar: Das dürfte ein saukaltes Vergnügen werden. Kein Wind zwar, aber durchdringend feuchtklamme Kälte. Hab ich unterschätzt. Deutlich unterschätzt. Ich bin zu mickrig angezogen. Meinen Pullover hab ich schon an und die Windjacke drüber. Voraussichtliche Fahrzeit bis Nikolaiken: drei Stunden. Die beiden anderen Passagiere, ein Paar, haben sich bis über die Hälse in grauen Decken gehüllt und an der Wand unterhalb des Steuerhauses positioniert. Die geschützteste Stelle. Ich sitz hinten beim Heck, so habe ich den Überblick und bin der Lage Herr. Die Kabine, wo nach menschlichem Ermessen ein Steuermann walten müsste, ist dunkel verglast. Gewähr dafür, dass hinter den schwarzen Scheiben einer steht, gibt es heutzutage wohl nicht mehr. Vielleicht ist das Schiff ja einfach auf Kurs programmiert. So könnten Personalkosten gespart und selbst bei minimalem Kundenaufkommen Gewinn herausgewirtschaftet werden. Auch nach Saisonende. Auf dem Wasser ist der Nebel noch dichter. Nach dreissig, vierzig Metern verfliesst die schiefergraue Wasseroberfläche in konturlos waberndes Weiss. Ich zieh die Kapuze meiner Windjacke hoch, binde die Bändel unterm Kinn. Irgendwo hoch über dem Nebel, über der trüben Suppe, in die ich versenkt bin, scheint die Sonne, glänzt ein Tag. Man müsste auf den Weltenbaum steigen können, um heraus ans Licht zu gelangen. Auf einem seiner Äste wartete bestimmt meine Krähe mit einem wegweisenden Ratschlag. Ich vermisse jetzt ihr Schwarz als Orientierungspunkt. Mein innerer Kompass kreiselt. In welche Richtung sind wir denn überhaupt unterwegs? Aber was heisst schon: wir? Die beiden Mumien in den Wolldecken rühren sich nicht. Vielleicht sind sie bereits hinüber, denk ich, und ich bin hier allein auf diesem Totenschiff. Leben ist einsam sein. Kein Mensch kennt den andern. Jeder ist allein. Ich friere. Noch vor drei Tagen habe ich auf meiner Fahrt geschwitzt und Salztabletten geschluckt, um den Mineralienverlust auszugleichen. Ausser dem monotonen Tuckern des Schiffsmotors ist kein Laut zu hören. Kein Wasserrauschen, kein Plätschern. - Doch. Aus dem Lautsprecher meldet jetzt eine Tonbandstimme, dass wir uns auf dem Niegocin befänden: seine Oberfläche beträgt 26.4 Quadratkilometer, die Länge 10.8 Kilometer, die Breite 4.8 Kilometer, grösste Tiefe 39.7 Meter. - Dziękuję bardzo. Information auf Polnisch, dann auf Deutsch. Die meisten Touristen stammen aus Deutschland, sind Heimatsucher, unheilbar. Beim Ausschalten des Lautsprechers knackt es nicht mal. Es war eine Fehlentscheidung, auf die

*Weisse Flotte* und die *Polaris* zu setzen. Der Name des Schiffes hätte mir eine Warnung sein müssen. Die *Polaris* ist natürlich nicht auf "Express" programmiert, man soll schliesslich was haben von der Fahrt. Der Niegocin will kein Ende nehmen. Als der Lautsprecher schliesslich doch die Einfahrt in den Jezioro Boczne, den Saitensee, meldet, bin ich soweit und ziehe mir mangels Alternativen mein Pyjama unter. Die beiden Mumien auf der Bank unter dem Steuerhaus machen keinen Wank. Zum Glück nur ein kleiner See, dieser Jezioro Boczne, Oberfläche 1.8, Länge 3, Breite 0.8, Tiefe 17. Selbst im Nebel ist alles sauber nach Mass und Zahl geregelt. Dann ein kurzer Verbindungskanal namens Kula, einhundert Meter. Die Seen sind alle durch Kanäle verbunden. Der Kula ist der kürzeste. Aus dem Nebel kriechen beidseitig Ufer heran, drei Reiher stehn unbewegt am Rand des schmalen Schilfgürtels, in wohl bemessenem Abstand voneinander, unbewegte, stumme Zeugen der Ereignislosigkeit. - Dzień dobry, Kameraden! was steht ihr wie ausgestopft? Es schlägt doch ein Herz unter euren Federn, also guckt nicht so apathisch, wir sitzen zwar nicht im selben Boot, immerhin verbindet uns die Mitgliedschaft im Club des Lebens. Man muss ja *Nebel* nur umdrehen - Schlangenei und Krötendreck! - und weg ist er und draus wird Leben, so einfach geht das! Anderseits: *Rentner* bleibt *Rentner,* zugegeben Kameraden, von hinten wie von vorn, aber ihr Reiher seid auch nicht besser dran, denn das *h* ist eigentlich bloss orthographischer Schnickschack und zählt nicht. Tut mir leid, aber ich kann nichts dafür: *Reier* bleibt *Reier,*

*Rentner bleibt Rentner,* und Blaukraut bleibt Blaukraut und Brautkleid Brautkleid, denn alles bleibt, was es ist und wie es ist und kann nicht raus aus sich. - Ausser? Tja, ausser es käme die ganz grosse, die alles kehrende Klimawende und verwandelte den Nebel in Leben. Lasst uns auf dieses Wunder hoffen, Reiher-Kameraden! Ja, guckt nur! – Die Kälte macht mich ganz diffus. Die Kälte macht mich ganz konfus. Ich muss an den Kachelofen zuhause denken, aber jetzt kommt erst der Jezioro Jagodne, sagt der Lautsprecher und verkündet gleich die Details, 9.5 Quadratkilometer Oberfläche etc. - ein entsetzliches Gewässer, die Ufer versacken sogleich wieder im Nebel, der Jagodne ist noch toter als der Boczne und der Niegocin zusammen, das Auge schwadert in der Suppe, findet keinen Anhalt wie ein Schwimmer, der nach festem Grund angelt, aber sein tastender Fuss stösst immer nur ins Leere… da geht's hinüber … mein Hirn klickt in den Leerlauf, *am Zehnten Zehnten zehn Uhr zehn zieht ein zitternder Zürcher...* stop! Notstop! da ist doch was, seitlich an der hölzernen Reling, vor mir! – ein Haltepunkt für meinen rotierenden Geist! Ein Marienkäferchen sitzt da auf dem zerkratzten Relingslack und hält sich fest und schläft. Behauptet sich schlafend gegen die Schwerkraft. Ein Glückskäferchen! Mit eins, zwei, drei, vier, fünf, sechs, sieben schwarzen Punkten auf dem roten Rückenpanzer, ein echtes Siebenpunktekäferchen mit sieben Anhaltspünktchen! Wenn das kein Geschenk von jenseits des Nebels ist!

Erster Punkt: Das Leben ist kein Wunschkonzert; zweiter: Das Leben ist ein versifftes Nebelloch; dritter: Oder ein versifftes Totenschiff; vierter: Kauf dir endlich warme Unterhosen; fünfter: Krah krah krah! Sechster: Lebe, wie du, wenn du stirbst, wünschen wirst, gelebt zu haben! Siebter: Wie war das mit dem Marienkäfer in Düsseldorf? -
Dem Marienkäferchen in Düsseldorf?
Hallo, du meinst das Düsseldorfer Unglückskäferchen?

Das war so, das heisst, es ist schon lang her: Es war einmal ein kleiner Junge, sechs oder sieben Jahre alt war er. Seine Familie hatte Ferien auf einer nordfriesischen Insel gemacht und auf der Rückfahrt in die Schweiz kam man an Düsseldorf vorbei. Und dort stand, fast fertig gebaut, das berühmte Dreischeibenhaus der Phoenix-Rheinrohr AG, später des Thyssen-Krupp-Konzerns, ein Symbol des deutschen Wirtschaftswunders nach dem Krieg. Es heisst Dreischeibenhaus, weil es aus drei hintereinanderstehenden Stahl-Glas-Körpern besteht, wobei der mittlere mit 94 Metern und 24 Büro-Geschossen der höchste ist. Ich glaube, es war eines der ersten Hochhäuser Europas und gilt Kennern als Denkmal der klassischen Moderne. Es war klar, dass man das Dreischeibenhaus angucken ging. Der Junge stand also an der Hand seines Vaters vor diesem Dreischeiben-Glas- und Stahlblock und fragte: Wer bist du? Aber natürlich gab das zum Himmel strotzende Ding keine Antwort, sondern blieb abweisend stumm, in eleganter Kälte verschlossen. Ich muss erwähnen, dass der Junge damals noch glaubte, alles und jedes einfach mit Du anquatschen zu können, aber es schwante ihm wohl zu jenem Zeitpunkt, als er vor diesem Glas- und Stahlblock stand, bereits, dass es nicht so war, wie er bisher vertrauensselig gedacht hatte, beziehungsweise dass es vieles gab, das einem beharrlich die kalte Schulter zeigte, obwohl man lieb fragte und sogar "bitte" sagte (wie einem ständig eingeimpft wurde).

Man betrat das Foyer des Gebäudes, der Junge mit einem ängstlichen Gefühl im Magen (dazu hatte er Talent), aber an der Hand seines Vaters ging es. Drinnen sah es aus wie im Palast des bösen Zauberers Kardulgor. Der Boden war aus schwarzem Stein und glänzte so, dass man sein Spiegelbild unter sich sah, die Wände und die Decke waren mit schimmerndem Metall verkleidet, und in der Mitte des Raums stand eine Art Altar oder Opfertisch aus Glas, auch er spiegelte sich, als stünde er auf blankem Eis, aber auf dem Tisch war nichts, überhaupt war in dem Raum nichts, es war ein leerer Raum, ein Vakuum, das sich in sich selbst spiegelte. Der Vater fotografierte die Spiegelungen des Nichts von allen Seiten, er eilte kreuz und quer durch den Raum, um die Spiegeleffekte ins Bild zu bekommen, während der Junge den Ausgang im Auge behielt, das musste er damals zwanghaft tun, den Ausgang im Auge behalten, aus Angst, er könnte hinter seinem Rücken unversehens verschlossen, zugemauert werden oder einfach plötzlich verschwinden, sodass er ewig gefangen wäre. Bei dem Gedanken erfasste ihn Panik.

Seine Mutter und sein kleinerer Bruder hingegen nahmen es gemütlich, und während die beiden zusammen sich an einer Schokokugel gütlich taten, entdeckte der Junge das Marienkäferchen. Es sass auf einer Scheibe der bis zum Boden reichenden Glasfront, durch die man auf den Autoparkplatz hinaussah; es sass zwei Handbreit über dem Heizungsradiator, bewegte sich nicht, sass einfach da, hatte wohl resigniert. Der Anblick des Tierchens, das sich in diese spiegelnde Leere verirrt, den Ausgang nicht mehr gefunden hatte und jetzt resigniert auf seinen Tod wartete, löste bei dem Jungen eine bodenlose Trauer aus. Bodenlos. Natürlich wollte er das Unglückskäferchen sofort retten, es in die freie Luft und unter den offenen Himmel hinaustragen, aber als er sachte auf seinen roten Rückenpanzer mit den sieben schwarzen Punkten tippte, um es aufzuwecken, fiel es zwischen die Rippen des Heizungsradiators hinunter. Es war bereits tot und vertrocknet gewesen. Es gibt Philosophen, die – im Gegensatz zu Arthur Schopenhauer - den Hang zum Mitleid für eine Charakterschwäche halten. Friedrich Nietzsche unter anderen. Was er über Selbstmitleid sagt, weiss ich nicht mehr.

Inzwischen ist die *Polaris* in den Szymónsky-Kanal eingefahren, den längsten der Tour (2.36 km). Sonst sitzen an seinen Ufern beidseits die Sportangler in Hundertschaften auf ihren Hockern hinter den langen Ruten und angeln nach Brassen, Karpfen, Zander, Hechten und auch Stinten. Das behauptet der Lautsprecher. Aber heute ist für die Fischgemeinde Feiertag, die

Angler sind allesamt zu Hause geblieben, die riskieren keine kalten Füsse, keinen Schnupfen. Dafür sind jetzt die beiden Mumien auf der Bank vor dem Steuerhaus aus ihrem Kälteschlaf auferstanden. Sie haben sich aus den Wolldecken geschält, eine Thermosflasche aus einem Rucksack gezogen und jetzt umschliessen sie mit beiden Händen je einen Becher, aus dem es köstlich dampft. Meine Wenigkeit würdigen sie keines Blickes, will sagen: die grundchristliche Frage, was in dieser Situation punkto Nächstenliebe angesagt wäre, scheint sie keinen Deut zu kümmern. Anderseits - dass Nietzsche Selbstmitleid für eine Tugend hielt, ist auch wieder nicht anzunehmen. Ich kann es folglich kurz machen. Als wir nämlich nach dreieinhalb Stunden in den Mikołajki-See hinein gleiten und sich die Kirchtürme von Nikolaiken diffus im Nebel abzuzeichnen beginnen, die evangelische Dreifaltigkeitskirche und die katholische St. Nikolaus Kirche, schlägt mein Elend unerwartet in Euphorie um, obwohl es weder direkt mit der heiligen Dreifaltigkeit noch mit St. Niklaus zu tun hat, soweit ich beurteilen kann, aber in knapp zwanzig Minuten werde ich mit meinem Fahrrad an Land gehen können und dann im erstbesten Lokal eine heisse Surek löffeln. Eine heisse Surek nach dreieinhalb Stunden Schlottern auf den masurischen Seen ist das einzig Richtige. Und dann werde ich weiterziehen. Durch den masurischen Nebel auf den freien Horizont und auf mein Ziel zu. - Und das ist gar nicht mehr so weit.

Tatsächlich fahre ich nach einer Stunde aufgewärmt am Springbrunnen mit der Bronze-Skulptur des Stinthengstes vorbei. Der Brunnen steht mitten auf dem neu gestalteten Mikołajker-Marktplatz. Der Stinthengst ist der sagenhafte König der Fische, ein riesiger, angeblich unberechenbar böser Stint, der vor langer Zeit die Boote der Fischer immer wieder zum Kentern gebracht habe, bis es eines Tages einem mutigen Fischer gelungen sei, ihn mit einem eisernen Netz zu fangen. Um dem Tod zu entgehen, habe der Stinthengst geloben müssen, den Mikołajker-Fischern täglich volle Netze zu bescheren. Zur Sicherheit aber habe man ihn mit einer Kette an einem Pfeiler der Stadtbrücke gebunden. Eine symptomatische und höchstsymbolische Geschichte!

Eines Tages wirst du die Ketten sprengen, armer Stinthengst! Dann werden zwar die Türme der Dreifaltigkeitskirche und der St. Nikolauskirche wanken, und vielleicht sogar das Düsseldorfer Dreischeibenhaus.

= VOM 11.-13. SEPTEMBER IN GORŁO / STARE JUCHI

## 9 Gorło

11., 12. und 13. September 2016

Während der drei Tage Gorło – das polnische *ł* spricht sich aus wie ein *v*, also Gorvo, ist nichts oder ziemlich viel geschehen, je nachdem. Jedenfalls war am zweiten Tag meines Aufenthalts mein Fahrrad auf einmal weg. Neben dem Eingang zum Hotelgarten steht eine offene Remise. Da habe ich es abgestellt. Vielleicht ist es schon vorher weg gewesen und ich habe es nicht bemerkt. Ich habe es mit dem Kabelschloss gesichert, ich habe das Drahtseil-Kabel zwischen den Speichen des Hinterrades hindurch gezogen und um den Pfosten des hölzernen Unterstandes geschlungen. Jetzt soll mir niemand kommen und sagen: „Du hättest besser ein Kettenschloss …oder noch besser ein Bügelschloss…" - Solche Konjunktive gehen mir auf die Nerven, ehrlich gesagt, weil Ratschläge dieser Gattung, so gut sie ja gemeint sein mögen, das Nutzloseste sind, was man sich vorstellen kann.

Ich habe unten am See beim pensionseigenen Landesteg auf einem Liegestuhl in Adelbert Stifters *„Nachsommer"* gelesen. Dem Protagonisten wird haarklein auseinandergesetzt, wie man erstens vernünftigen Gartenbau betreibt und zweitens das Leben so einrichtet, dass man von unliebsamen Zwischenfällen aller Art gefeit ist. Der Leser muss mit und durch alles hindurch, ausser er klappt Buch zu und sagt: „Genug ist genug!" Aber da es über Seiten in der Ferne wetterleuchtet und Donner grollt, wächst die Hoffnung, eine meteorologische Explosion könnte auf der nächsten oder übernächsten Seite endlich das Steuer herumreissen und einen Schub in der Handlung bewirken. – Man hofft umsonst! Das Unwetter verzieht sich, gar nichts bricht los, es wird ungestört weitergelabert. - Aber okay! Alles okay, denn ich habe mir ja vorgenommen, zwei drei Tage gar nichts passieren zu lassen und einfach mal auszuspannen, in einem Liegestuhl am Jezioro Ulówki in der nachsommerlichen Sonne zu liegen und den Stifter'schen *Nachsommer* gelassen über mich ergehen zu lassen. Nomadisch auf Achse strengt an, man muss ja dauernd auf dem Quivive sein. Und dieses Gorło ist jetzt genau der richtige Ort. Eigentlich ist es kein eigenständiges Dorf, sondern ein Weiler der Gemeinde Stare Juchy, bestehend aus zwei Dutzend schmucken Holzhäusern, traumhaft schön ans nördliche Ufer des Jezioro Ulówki gebaut; ein kopfsteingepflastertes Strässchen führt etwa zwei Kilometer dem Seeufer entlang zwischen mächtigen alten Laubbäumen, die sich schon herbstlich verfärben, zu dem Weiler hinaus, der zu preussischen Zeiten Gorlen geheissen hat und jetzt von wohlhabenden Polen bewohnt ist, die für einmal keine Neigung zu den üblichen neureich-pseudo-aristokratischen Scheusslichkeiten zu haben scheinen. Die Pension *U Idalii* besteht aus einem sonnengeschwärzten zweistöckigen Holzhaus im masurischen Stil mit weiss gestrichenen Fensterahmen, Laubenvordach, Veranda, gesägten Giebelornamenten und Giebelspitzen in einem weitläufigen Garten und eigener Bootanlegestelle. Idyllik pur also. Aber Idyllik ist bekanntlich ein Oberflächenphänomen, vermutlich übersieht man einfach, dass die Hexe Baba Jaga bereits in der Hecke zum Nachbarterrain hockt und auf ihre Gelegenheit lauert. Aber vorerst ist noch alles ruhig. Das Zimmer, das mir der Besitzer zuweist, hat einen Tannenriemenboden, die Herbstsonne scheint herein und lässt ihn golden schimmern, die Einrichtung ist ländlich schlicht und geschmackvoll. Der Mann trägt eine dunkelblaue Wollkappe, nicht weil es schon so kalt wäre heute, sondern weil er wahrscheinlich ein bisschen alternativ sein will oder ist, er spricht weltläufig Englisch, heisst mich willkommen, er ist mir sympathisch. Der Name des Hauses *U Idalii* ist Polnisch/Litauisch, bedeutet *bei Idala*, Idala heisse seine Mutter, die aus dem Litauischen stamme und die nach der Wende die Pension eröffnet habe.

Noch vor dem Abendessen komme ich im Garten mit einem der wenigen Mitgäste ins Gespräch, einem alten, vornehmen Polen, den ein schwarz-weisser Spaniel von Baumstamm zu Baumstamm zerrt. Er spricht leidlich Deutsch und erzählt mir, das Haus habe früher einmal seiner Tante gehört. Im Krieg habe er während eines deutschen Bombardements beide Eltern verloren, die eine Strumpffabrik in Warschau besessen hätten. Er habe wohl nur überlebt, weil seine Mutter dafür gesorgt habe, dass er als Sechsjähriger rechtzeitig zu ihrer Schwester hierhin aufs Land komme, wo es natürlich weniger gefährlich gewesen sei als in Warschau, wo der polnische Widerstand aktiv war. Er habe hier in diesem Haus seine Jugend verlebt, im Dorf vorne, in Stare Juchy, sei er zur Schule gegangen. Dann habe er in Breslau Ökonomie studieren dürfen. Nach der Wende habe sein Cousin das Haus leider verkauft. Aber da nun eine Pension draus geworden sei, habe er, obwohl über achtzig, die Möglichkeit, jedes Jahr einige Tage am Ort seiner Jugend zu verbringen.

Er müsse kommen, es sei fast ein Zwang, im Herbst sei es am schönsten. Jede Stelle sei mit Erinnerungen verbunden. Die neuen Besitzer seien Freunde geworden. Er führte mich zu einem Findling am Rand des Gartens. Den hätten in der Eiszeit die Gletscher von Finnland heruntergebracht. Auf seiner Rückseite ist ein fingerlanges J in den Granit gekerbt. J für Jolanta. Das sei seine erste Liebe gewesen, erklärt er lachend. Die Tochter eines Erzkommunisten, sie habe davon wohl gar nichts geahnt. Er lacht. Ihr Vater sei übrigens vorne im Dorf später sogar Bürgermeister geworden.
Das sind so Geschichten.
Anderntags, am frühen Nachmittag, sehe ich ihn wieder, diesmal auf dem Vorplatz vor der Pension, wieder mit dem schwarz-weiss gescheckten Spaniel, der Damon heisst und im Gespann der dominante Part ist; er beziehungsweise seine Schnüffelnase bestimmt, wo's langgeht. Ich komme vom Liegestuhl am Bootssteg und anderthalb Stunden *„Nachsommer"*, das heisst, ich bin hinsichtlich Reizversorgung ziemlich unterzuckert; nähere mich deshalb dem alten Herrn in der Absicht, an unser gestriges Gespräch anzuknüpfen und Einzelheiten aus seinem früheren Leben an diesem Ort zu erfahren. Aber noch bevor ich ihn erreiche, stürzt mein Blick in eine Lücke. Neben dem Tor zur Strasse steht die offene Remise und darin klafft es, und zwar genau dort, wo mein Fahrrad stehen sollte - aber nicht steht. Nicht mehr steht. Ich sage es dem alten Herrn. Er runzelt die Stirn. Ich schaue mich um. Vielleicht hat das Fahrrad

jemandem im Weg gestanden und er hat es verschoben. Aber ich entdecke es nirgends. Ich suche den Besitzer. Wo ist mein Fahrrad? Er ist grundsätzlich um das Wohl seiner Gäste besorgt. Das Fahrrad? Er fragt seine Frau. Sie zuckt mit den Schultern. Seit wann das Rad weg sei? Ich weiss es nicht genau. Ich habe es gestern abgestellt und dann nicht mehr darauf geachtet. Nachts sei das eiserne Tor zum Garten geschlossen. In Gorło gebe es keine Diebe. Man ist ratlos.
Eine Stunde später sitze ich in Stare Juchy auf dem Polizeiposten, Komisariat Policji. Der Besitzer hat mich hingefahren. Der Beamte ist am Telefon. Auf den Achselpatten seines blauen Uniformhemdes kleben zwei silberne Sterne. Auf seiner Brusttasche ein Schild mit der Aufschrift POLICJA. Seine Haare sind zum Bürstenschnitt geschoren. Als er auflegt, erklärt ihm mein Begleiter den Fall. Ich bekomme ein Formular zum Ausfüllen vorgelegt. Eine Verlustmeldung. Der Begleiter übersetzt: Ich soll den Fahrzeugtyp genauer beschreiben. – Ich sage: Tourenfahrrad der Marke *Tigra* mit Shimano-Schaltung und neu gewickeltem ergonomischem Lenker. Schweizer Qualität. Die Firma gibt's leider trotzdem nicht mehr. Der Beamte übernimmt das Schreiben. Farbe? Sepia. Ich bin nicht sicher. Graubraun. Schmutzigbraun. Der Beamte versteht nicht. Ich suche nach Vergleichen. - Kaufpreis ohne Zubehör? Das Ding ist ziemlich alt, ich erinnere mich nur ungefähr.- Eine Kopie des Kaufbelegs? – Nein. - Serien- bzw. Rahmen-Nummer? Tut mir leid. - Ein Bild, ein Foto meines Fahrrads? Tut mir leid. - Die

Schlüsselnummer des Schlosses? Marke des Schlosses? Kaufbeleg? - Der Polizeibeamte zeigt keine Regung, er schreibt und schreibt, alles von Hand, stoisch, ein Routinefall. Schliesslich haut er martialisch einen Stempel auf das Formular und händigt mir eine Kopie aus. Dziękuję bardzo. Man wird sich umgehend melden, wenn…

Das war's. Wir fahren zurück zur Pension. Ich bin am Boden. Was soll werden? Ich will doch, muss doch ins Zentrum Europas. Und von Illnau bis Gorło hab ich es geschafft. Und bis zum Ziel nur noch vier bis fünf Tagesreisen…Und jetzt das!

Der Besitzer meint, am Morgen, als er das Tor geöffnet habe, nach halb acht, sei das Fahrrad noch dagewesen. Er glaubt sich bestimmt zu erinnern. Seine Frau meint, man müsse im Dorf fragen. Der alte, vornehme Pole meint, Polen sei eben Polen. Ich bin kaputt, mein Kopf füllt sich mit trüber Brühe, ich überschlage meine Optionen: Übung abbrechen, mit dem Bus nach Warschau oder Danzig und per Flug direkt nach Zürich. Oder in Danzig oder Warschau ein neues Fahrrad kaufen und – um zehn Felder zurückgeworfen – nochmals einsetzen. Oder von hier mit den öffentlichen Verkehrsmitteln oder zu Fuss… Dabei war ich schon fast am Ziel! Das Abendessen lasse ich aus, mir ist nicht nach Essen zumute. Doch bald klopft die Besitzerin an die Zimmertür; auf einem Tablett bringt sie mir einen Teller mit Buchweizengrütze, gebratenem Speck und sauren Pilzen. Ein Schälchen Sauerrahm, ein Glas mit Kirschenkompott. Sie ist rührend. Sie macht sich Sorgen um mich. Es ist ihr gar nicht recht, was passiert ist. Das Essen ist wundervoll, appetitlos würge ich es hinunter. Dann lege ich mich aufs Bett, starre Löcher in die Luft, hadere mit dem Schicksal, wüte gegen das Schwein, das mir diese Lage eingebrockt hat. Und als die Wut niedergebrannt ist, kommt die Nacht und die graue Niedergeschlagenheit. Ich bin gescheitert. Du bist alt und bringst nichts mehr zuwege. Purnuškės ade, Zentrum Europas ade. – Komm, sei vernünftig! Ist nicht der Weg das Ziel? Was hast du überhaupt mit diesem Zentrum Europas? Ist das nicht eine fixe Idee? Läufst hinter was her. Was machst du dir solchen Stress? Jetzt bist du pensioniert. Komm runter! Je planmässiger der Mensch vorgeht, desto härter trifft ihn der Zufall. Der Beweis liegt auf dem Tisch. Und Morgen ist auch wieder ein Tag. – Aber es bäumt sich auf: Gar kein Tag! Gar nichts liegt auf dem Tisch, Idiot, dem Zentrum untreu werden ist schlimmer, als sich das Fahrrad klauen lassen. Das eine ist dämlich, das andere Verrat. Ich will nach Purnuškės.

Unter dem Fenster steht ein kleiner Tisch mit einer Bienenwachskerze in einem Porzellanständer, davor ein Stuhl – und auf dessen Lehne kauert sie.

Die hat mir noch gefehlt.

„Jetzt mal ehrlich!", sagt sie, „es ist doch Hass, Hass pur, der dich nach Purnuškės treibt."

„Hass? Hau ab! Lass mich!

„Hass auf den Glasbau, in dem du eingesperrt bist."

„Glasbau? Was faselst du?"

„Wer drin ist, ist drin, wer nicht drin ist, wird hineingeworben, und ist man drin, ist man drin. Ausgänge sind keine vorgesehen.»

„Purnuškės liegt draussen“, sag ich leise, „und da möchte ich hin. Hilf mir!“

„Ins Zentrum Europas!“, krächzt sie höhnisch, „dein Zentrum am Rand! - Zuerst gestehst du mir deinen Hass!“

„Meinen Hass?“

„Ja, vorwärts jetzt! Raus damit.“

Ich weiss nicht, aber ich weiss, dass ich etwas sagen muss.

Also beginne ich aufs Geratewohl:

„Ja“, sag ich“, abgründig ist er, er findet keinen Grund, er gründet im Nichts, er schiesst in den Himmel, mit Stahl, Beton, Glas, das Düsseldorfer Dreischeibenhaus ist ein Dreck dagegen. Er hat die Form eines gigantischen Kreuzes, das ist der Regierungspalast meines Hasses, 666 Büros sind darin, von ihnen aus wird das diamantene Netz zusammengehalten, in dem ich mich verfangen hab. Ich möchte nach Hause, Krähe. Ich möcht heim. Mir ist kalt. Ich schlottere vor Angst, ich schlottere wie ein Laborhund.“

„Nicht übel. Nur weiter!“

„Im Glasbau ist kein Leben. Im Glasbau ist die Freiheit bodenlos, im Glasbau ist die Einsamkeit grenzenlos. Im Glasbau hört keiner den andern. Jeder schreit vor sich hin. Im Glasbau ist des Geschreis kein Ende. Unter der Kuppel des Glasbaus herrscht ununterbrochen der ohrenbetäubendste Lärm. Zum Glasbau gibt es keine Alternative. Die Grenze des Glasbaus ist die Grenze der Welt. Darum gibt es im Glasbau kein Drinnen, darum gibt es im Glasbau kein Draussen. Heutzutage, nein, seit langem werden die meisten im Glasbau geboren. Sie kennen keinen Glasbau. Es gibt nur das Eine. Aber es ist namenlos. Und ausserdem ist nichts. Aber im Glasbau herrscht die Überfülle. Im Glasbau herrscht das Nichts. Deshalb gibt es kein Genug. Die Überfülle ist noch viel zu wenig."

Ich weiss es irgendwie schon lange. Aber es ist diese Krähe, die es aus mir löst. - Sie hockt auf der Stuhllehne. Hinter ihr leuchtet der Nachthimmel im Rechteck des Fensters. Scharf sehe ich ihre Umrisse. Ich darf mich auf dem Bett nicht rühren. Sonst fliegt sie weg. Ich glaube, sie guckt.

Dann höre ich sie. Sie sagt: „Höre, mein Junge! Hörst du?

„Ja", sage ich, „ich höre."

„Gut", sagt sie, „gut, dass du hörst. Dass du hörst, das ist die Hauptsache. Auf das Hören kommt es an."

„Ja", sage ich, „ich höre."

„Da bin ich mir nicht so sicher. Siehst du deine Hände?"

„Sie leuchten", sage ich.

Und deine Füsse?"

„Auch."

Und deine Knie?"

„Auch."

„Und - und was brauchst du noch?"

„Das Fahrrad, es ist weg."

„Nicht nur das, wir werden sehen. Du wirst hören. Auch das."
„Wer wir? Was sehen? Was hören? Bitte Krähe!" – Ich setz mich mit einem Ruck auf, will näher ran an sie.
Da ist sie weg. -
Ich Trampel!
Haben meine Hände, meine Füsse nicht eben noch geleuchtet? – Das Leuchten ist erloschen, aber mein Hass brennt. Ja, es stimmt. Jetzt spür ich ihn, meinen abgründigen Hass gegen den Glasbau. Den Glasberg. Den ganzen Glaskomplex. Was hat die Krähe auf dem Strandweg in Sobieszewo gesagt? «Du hast keine Ahnung vom Glasberg, der Glasstatt, dem übermächtigen Glasblock. Pass auf, dass du dir nicht den Kopf dran blutig rennst!» - Ich habe nicht verstanden. Jetzt beginnt es mir zu dämmern. Ich kenne den Glasberg ja. Zeit meines Lebens habe ich ihn gekannt. Jahr für Jahr intimste Bekanntschaft mit ihm gemacht. Ihn gehasst und gehasst und gehasst. Jahr für Jahr. Jetzt ist genug! jetzt will ich raus, raus aus ihm! - Bin ich deshalb durch halb Europa gestrampelt? Auf sonstigen Strassen, immer hintenrum? - Noch bin ich nicht am Ziel, noch bin ich nicht in der erlösenden Mitte: Purnuškės! – Und jetzt, kurz vor dem Ziel, klaut mir ein Idiot das Fahrrad! Was jetzt? Wie weiter? Zu Fuss, mit Erbsen in den Schuhen oder auf den Knien rutschend wie einst die Pilger?
Die Nacht wirft bleiches Licht ins Zimmer. Die Wände bedrängen mich, ich muss raus.

Lautlos komme ich vor die Haustür. Unter der Tür zur Küche schimmert ein Spalt Licht, dahinter scheppert noch gedämpfter Betrieb. Ich trete in den Garten hinaus, gehe den Plattenweg hinunter zum See. Am fahl beleuchteten Findling mit dem eingeritzten J vorbei. Ich bin allein. Im Osten steht eine magere Sichel Mond. Aber es ist nicht romantisch. Es ist kalt. Über mir wölbt sich die Emaille-Kuppel des Himmels. Der See teppichglatt und schiefergrau, kein Hauch von Wind, das gegenüberliegende Ufer ein horizontaler Zensurbalken in der Landschaft. Wo die Sonne untergangen ist, die Spur einer abgeklungenen Entzündung: der vergangene Tag. Als er angefangen hat, war ich noch guten Mutes, der Allgegenwart des gläsernen Ungetüms zu entkommen, den Ausgang zu finden. Vielleicht ist er ja verriegelt, aber wenn man sich den kleinen Finger abhackt könnte man ihn als Schlüssel verwenden wie das Schwesterchen im Märchen von den *Sieben Raben,* als es seine Brüder aus dem Glasberg befreit. Und dann wäre man draussen, noch ein Schritt über die Schwelle und man wäre im Freien. - Aber ich wurde perfid getäuscht, die Krähe hat mich hinterlistig ins Zentrum meines Hasses gelotst. Er ist zum Ersticken nah. Der schwarze Zensurbalken über dem gegenüberliegenden Seeufer verschiebt sich - und jetzt kommt er zum Vorschein, er türmt sich auf in die Nacht, gegenüber, am gegenüberliegenden Ufer, nackt in seiner horrenden Macht, magnesiumgrün von Blitzen umwittert, der Verwaltungssitz meines Hasses aus Stahl, Beton, Glas in Form eines liegenden Kreuzes, eine dreizehnmal geschichtete Konstruktion vertikal gegen die Erdenkraft gestellt, von dreizehnmal 666 quadratischen Bürozellen durchwoben. Die Arme des Kreuzes weisen in alle Himmelrichtungen. Zu den vier Ecken meines Hasses. Mein Hass ist eckig. Wie verwandle ich ihn zum leuchtenden Kreis? Ich selbst sitze ja drüben in einer der Büroschachteln, es ist die Nummer 111 im elften Stock. Aber ich will das nicht. Ich verweigere dem Fakt meine Zustimmung. Der da drüben will ich nicht sein. Den da drüben verabscheue ich, denn er hat sich das Zeichen auf die Stirn gemalt. Wie die viel zu vielen macht er das Malzeichen auf seine rechte Hand oder auf die Stirn, weil niemand kaufen oder sich verkaufen kann, als nur der, welcher das Zeichen hat. Von drüben Posaunenstösse. Auf dem Dach in der Mitte des Kreuzes steht ein nackter Sänger, aus der Distanz sieht er aus wie eine glühende Laus, er brüllt *„We are the Champions"* in die Mikrophone. Es ist die Hymne, ich kenne sie auswendig, „by heart". Tausendfach verstärkt brandet sie durch die Glasstätte, tost bis unter die Kuppe, *no time for losers 'cause we are the champions of the world,* und der drüben in der Glaszelle 111 wiegt sich träumerisch im Takt, der Arsch, der Drecksack, er ist ein Verräter, er hat sich das Zeichen auf die Stirn gemalt, aus Schiss, er will mit dabei sein, er will kein Loser sein, er höhnt über Purnuškės, es ist nichts damit, es rechnet sich nicht, es ist für Loser.

Ich habe seit zwanzig Jahren nicht geraucht, keine Zigarette angerührt, es hat mir damals eine Scheissmühe gekostet aufzuhören, aber jetzt würde ich sofort eine anstecken, wenn ich hätte, es spielt eh keine Rolle, doch der Sänger ist bereits am Ende, schleudert Arme und Beine, hüpft in Siegerpose …*we are the Champions of the World*, und Applaus flutet, brandet, rauscht von unten hoch, ein hundertausendstimmiges Ja, der glühende Nadelkopf auf dem Dach ist ein Star, er ist der Gott der Massen, auch der drüben im 111. Bürokubus klatscht wie besessen, er schreit yes yes yes! – er ist ein Ja-Brüller, ein Mitläufer, ein Nutzniesser, ein einverstandener Scheisskerl, es ist zum Kotzen, ich gebe mir eine Ohrfeige, ich beisse mir in die Finger, es schmerzt, recht so, du niederträchtiger Hund! Leute wie du gelangen selbstverständlich nie nach Purnuškės, wie könnten sie auch? Purnuškės ist ein reiner Ort, ein erhabener Ort, ein geistiger Ort, und du bist ein Normalo-Duckmäuser-Scheisskerl im Glasbau, ein hundsgewöhnlicher Glasstatt-Depp mit der korrekten Nummer auf der Stirn, was sonst! Beiss dir einen Finger links ab, einen Finger rechts oder beiss dir alles ab, es nützt nix, du kommst nie raus! Es hat keinen Sinn, Glasberg bleibt ewig Glasberg und Glasbau Glasbau, Blaukraut bleibt Blaukraut, wie du's drehst und wendest, du bist erledigt, Punkt, Ende Gelände - der Apfel ist geschält, der Fisch ist gefressen!

Der Zensurbalken schiebt sich von rechts zurück über die Szene. Ich wende mich ab. Geh zurück gegen das Haus U Idalii. Es ist dunkel, man geht hier zeitig zu Bett. Der magere Mond grinst mir entgegen, ja grins nur, grins! bist mir keine Hilfe!

Am anderen Morgen regnet es. Beim Frühstück setzt sich der Besitzer zu mir an den Tisch. Er trägt die blaue Wollkappe. Auch ihn drückt, was passiert ist. Er bietet mir sein altes Fahrrad an, ich könne es haben, nur habe es keinen Gepäckträger für mein Gepäck, aber er will mich nach Olecko fahren, dort gebe es ein gutes Fahrradgeschäft, wir könnten nach dem Frühstück gleich los. Ich bin überwältigt. Aber als ich im Zimmer meine Siebensachen zusammenpacke, klopft es an die Tür. Es ist die Besitzerin, sie sagt, ihr Englisch ist sehr limitiert, mein Fahrrad stehe draussen am Zaun vor dem Hotel. Jemand müsse es zurückgebracht haben. Wahrscheinlich schon in der Nacht. Ich habe das Gefühl, sie sei noch mehr erleichtert als ich. - Tatsächlich, da steht mein Gefährt, unversehrt am metallenen Staketenzaun in den halbverblühten Goldnesseln, alles dran, nur das Kabelschloss fehlt, fast überkommt mich ein Gefühl der Dankbarkeit dem Unbekannten gegenüber, der sich mein Fahrrad mal kurz ausgeliehen hat, denn, na, ja, alles in allem ist ja nichts passiert, bloss Sturm im Wasserglas. Der Regen ist gar nicht so schlimm. Ich beschliesse zu fahren, trotz allem, so schnell gebe ich mich nicht geschlagen, jetzt kurz vor dem Ziel… Ich sähe auch keinen Grund, heute Morgen nicht. Zum Abschied umarme ich die beiden Gastgeber. Es ist ein fröhlicher Abschied.

→ AM 14. SEPTEMBER 2016 BIS OLECKO

→ AM 15. SEPTEMBER BIS SUWAŁKI

## Aus polygonalen Gründen nochmals 9: Suwałki

15. September 2016

Das Nonagon ist komplett, aber es kommt noch was, das hineinmuss. Tut mir leid, ich habe mich verrechnet, aber jetzt geht es schnell. Noch eine Nacht in Olecko, am übernächsten Tag bin ich bereits in Suwałki, der letzten Station in Polen, der letzten vor dem Grenzübertritt nach Litauen.

Suwałki liegt mitten in der sogenannten Suwałki-Lücke, die von der NATO-Führung als eine der „entzündlichsten" Regionen Europas eingeschätzt wird, seit das Vertrauen in Russland aufgrund von Putins aggressiver Annexionspolitik auf der Krim und in der Ostukraine wieder einmal einen Tiefpunkt erreicht hat. Russland war immer der Pfahl im Fleische Europas, ein Fremdkörper, der nicht einzuverleiben, nicht auszustossen ist, aber für mich, der ich das Zentrum Europas anstrebe, ist klar: Russland gehört dazu, es ist Europas andere Hälfte. Jedenfalls verbindet hier ein bloss 66 Kilometer breiter Landkorridor Polen mit den baltischen Staaten, den östlichsten NATO-Verbündeten. Westlich ist der Korridor begrenzt durch die russische Königsberger Oblast, östlich durch Weissrussland. Militärfachleute schätzen, dass die in der Region stationierten russischen Einheiten imstande wären, das Baltikum handstreichartig innert 48 bis 60 Stunden zu besetzen und vom Rest der NATO abzuschneiden. Ein ungemütliches Szenario. Für die baltischen Länder mit ihrem hohen Anteil an russischstämmiger Bevölkerung ein sehr bedrohliches. Die NATO hat infolgedessen ihre militärische Präsenz mit je tausend Mann in Polen, Litauen, Lettland und Estland verstärkt. Angesichts der russischen Militärmacht in der Region eine eher symbolische Gegenwehr des Westens.

Bis vor Suwałki radle ich an unpolitischen Weiden mit schwarzweiss gescheckten, wiederkauenden Kühen und abgemähten Feldern vorbei, durch herbstgelbe Birkenwälder und Alleen, darüber hängt ein Himmel, der sich bedeckt hält, es ist ziemlich kühl, einmal steige ich ab, um zwei rote Äpfel von einem schwer behangenen Baum zu pflücken. Bereits gegen Mittag komme ich in Suwałki an, am Stadteingang säumen viele Holzhäuser und grosse alte, finstere Backsteinkasernen aus der Zarenzeit die Strasse, kyrillische Inschriften fallen ins Auge. Am Wiener Kongress 1815 wurde Kongress-Polen und damit Suwałki dem Machtbereich des russischen Zaren zugeschlagen, erst nach dem ersten Weltkrieg wurde Polen wieder unabhängig. Ich beziehe das Hotel *Logos* an der Hauptstrasse, der Tadeusza Kościuszki. Logos, das ist – sagen wir mal - die Vernunft und Vernunft ist immer gut, oder doch meistens, also esse ich gleich die beiden roten Äpfel, um die Verdauung in Gang zu halten, ich fürchte nämlich Verstopfungen, man muss im Fluss bleiben, es ist nicht immer leicht, die Därme sind die Katakomben der Seele, sagt man, in ihnen lagert die Vergangenheit, die "bösen" Erinnerungen, Enttäuschungen, die nicht verwundenen Verluste und das alles macht, dass nichts mehr geht, dass es sich staut; vielleicht ist ja das die Erklärung dafür, dass

„Scheisse“ beziehungsweise „Shit“ so eine steile Karriere als Schimpfwort gemacht hat.
Am Nachmittag setze ich mich auf eine Bank am Rynek, dem Marktplatz. Seit dem nächtlichen Krähenbesuch in Gorło geht mir der Glaskomplex nicht mehr aus dem Kopf. Ich spüre ihn über mir. Ist er nur in meinem Kopf? Eine Hirngeburt, eine Vorstellung, in die ich mich verheddert habe? Oder Wirklichkeit, die Wirklichkeit schlechthin, wie die Krähe behauptete? Der Rynek bildet ein Rechteck. Ein sauberes Rechteck. Polen ist ein reinliches Land. Die Gebäude ringsum sind frisch restauriert. Die Mitgliedschaft in der EU hat Geld und wirtschaftliche Prosperität ins Land gebracht. Ich kenne frühe Schwarz-Weiss-Fotografien von polnischen Marktplätzen aus dem 19. Jahrhundert, vollgepfercht mit Pferden und Pferdewagen, dazwischen Frauen mit Kopftüchern, in fusslangen Röcken, darüber gebundenen karierten Schürzen, und schwarzgekleideten Männern mit Schirmmützen und wilden Bärten. Es sind Bilder, auf denen es nur so von Leben wuselt und von Armut und hartem Existenzkampf. Da gibt es nichts zu verherrlichen. Trotzdem faszinieren mich die Fotografien. - Der Marktplatz um mich herum ist heute wenig bevölkert. Ich sitze ziemlich in der Mitte, etwa im Schnittpunkt der Diagonalen. Ein paar Meter von mir entfernt spielt ein etwa siebenjähriges Mädchen mit einem Ball. Es wirft ihn in die Luft und fängt ihn wieder auf. Seine Bewegungen sind kraftlos. Es ist mager, trägt ein Jeansröckchen und ein rosa Sweatshirt mit Glimmerbesatz. Seine dünnen Beine

stecken in weissen Strümpfen. Zwei blonde Haarschwänzchen stehen vom Kopf ab, die Ohren auch ein bisschen. Ich schaue ihm zu. Wie es den Ball in rascher, fast hektischer Folge knapp über seinen Kopf hochwirft und dann wieder auffängt, kommt es mir vor wie ein gefangenes Tierchen, das in wachsender Verzweiflung an den Wänden des Gefängnisses hochspringt. Als es einmal zu mir hinguckt, lächle ich ihm zu. Es hält inne und nähert sich mir scheu und ernst. Es wirft mir seinen Ball zu. Ich fange ihn auf - schicke ihn zurück. So geht das drei-viermal hin und her. Dann wendet es sich unvermittelt von mir ab, geht ein paar Schritte, legt sich auf den mit Betonplatten ausgelegten Rynekboden, bleibt da reglos liegen. Nach zwei, drei Minuten gehe ich zum ihm hin, um zu sehen, was los ist. Ich kauere nieder. Es schaut mich mit grossen, grauen Augen an, erwidert mein Lächeln aber auf keine Weise. Als meine Gesichtsmuskeln zu erstarren beginnen, steht es auf, nimmt den Ball und entfernt sich über den Platz. Es verschwindet in einer Gasse zwischen zwei frisch getünchten, kalkweiss leuchtenden Häusern, ohne sich ein einziges Mal umgesehen zu haben.

→ AM 16, SEPTEMBER BIS ALYTUS (LITAUEN)

= VOM 17.– 19. SEPTEMBER IN VILNIUS

→ AM 19. SEPTEMBER 2016 BIS PURNUŠKES

# Das Hendakagon I

## 1 Ins Zentrum von Europa bei Purnuškės

19. September 2019

Am 16. September habe ich die Grenze zur Republik Litauen überquert. Seit 2004 gehört das Land zur EU, seit 2014 ist der Euro offizielles Zahlungsmittel. Trotzdem ist das Land am Rand. Viele in der Schweiz wissen glaub ich nicht einmal recht, wo es liegt. Dabei ist es flächenmässig etwa anderthalbmal so gross wie die Schweiz, allerdings hat es viermal weniger Einwohner. Da ist also noch ziemlich Platz. Seit der Loslösung von der Sowjetunion hat rund ein Viertel der Bevölkerung das Land verlassen, hauptsächlich Richtung Grossbritannien und Irland. Von den Daheimgebliebenen begehen 34 pro Hunderttausend Selbstmord. Dabei drücken die Frauen die Statistik. Zählt man bloss die Männer, wären es 56 pro Hunderttausend. So oder so: Litauen führt die Selbstmordstatistik in Europa an. Als Ursachen vermutet man: Armut, Arbeitslosigkeit, Alkoholismus. Die drei A's grassieren vor allem auf dem Land. Ich weiss nicht, vermitteln Statistiken abstrakte oder konkrete Wahrheit. Im Dorf Onuškis (Distrikt Trakai) - tief auf dem Land, wie fast alles in Litauen - mache ich Halt bei einem *Parduotuvė*, einem kleinen Lebensmittelgeschäft, um mich mit Mineralwasser (mineralinis vanduo) und Mars-Bars (Marso irgendwas) einzudecken. Davor hockt - an einem Pfosten angebunden – ein struppiger, salz-und-pfeffer-melierter Köter, der lautlos nach meinem

Hosenbein schnappt, als ich ihn passiere. Er erwischt zwar nur Stoff, ich aber mache einen Sprung, so dass ich Arvydas ramme, der gerade aus der Tür tritt. Der Hund bellt jetzt, was das Zeug hält. Er ist ausser sich. Arvydas ist ein Mann mit den Massen eines Elefanten. Gut, ich übertreibe, aber er ist einen runden Kopf grösser als ich. „Sorry", sage ich, „God bless you!", sagt er, „you too", ich. So kommen wir ins Gespräch. Er ist vor drei Jahren mit seiner Frau und den zwei Kindern aus den USA in sein Heimatland zurückgekehrt, irgendwo an der Ostküste hat er Ingenieurwissenschaften studiert, dann ein paar Jahre in Newark gearbeitet, jetzt betreibt er eine Sodyba mit seiner Frau zusammen (eine Art agrotouristischer Lodge, wie sie in Litauen sehr beliebt und verbreitet sind, übers Wochenende sind sie für Familienfeste und Feiern aller Art oft ausgebucht). Warum er zurückgekehrt sei, frage ich Arvydas. Der Ruf der Bäume, lächelt er auf mich herunter, «the call of the trees», ausserdem wolle er etwas zum ökonomischen Aufbau seines Landes beitragen. Während ich im Parduotuvė schnell meine Einkäufe tätige, wartet er vor seinem Toyota Landcruiser. Der Wagen scheint neu zu sein. Wie ich zurückkomme, will ich wissen, was es mit den litauischen Bäumen auf sich hat. Er lacht: Sie wurzeln in der Erde, ihre Krone strebt gegen den Himmel, das sei die Verbindung, auf die es ankomme, aber die Leute hätten es vergessen. «So the humans get lost - and maybe the trees, too." Was ich in Onuškis suche, will er wissen. Meinen Plan, das Zentrum Europas in Purnuškės aufzusuchen, findet er gut: „Of course! Everybody should go there. Of course!" Man muss den Rand berühren, um das Zentrum zu sehen. Wir sind uns da einig. Zum Abschied schenkt er mir zwei Flaschen Bier. Marke *Svyturis*. „Just for the case", sagt er. Auf den Etiketten sind Vögel abgebildet, die über Burgtürmen schweben. Im ersten Augenblick denke ich: vermutlich Krähen, aber nein, es sind Adler. Jetzt bin ich in Litauen angelangt. Ich will heute noch bis Vilnius. Das heisst vorerst einmal Fahrt durch Nebel, Hundegebell und struppige Gärten, in denen Herbst-anemonen, Zinnien, Dahlien glühen. Rot, Rosa, Violett, Gelb, Orange und Weiss. Aber je näher ich Vilnius komme, desto mehr ist die Landschaft im Umbruch und meine „sonstigen Strassen" werden von solchen höherer Kategorie gefressen, auf denen ich als Radritter und Purnuškės-Pilger ziemlich fehl am Platz bin. Bald befinde ich mitten im Verkehrsgebraus, aber zum Glück habe ich ja mein naturechtes GPS dabei, das mich durch den Verkehrs- und Kreuzungs-Wirrwarr bis ins Zentrum lotst. Vor sechzehn Jahren war ich zum ersten Mal in der Stadt. Damals, glaube ich mich zu erinnern, hing noch ein Hauch von Mystik in den engen Gassen dieser von barocker Architektur geprägten Stadt mit ihrer verschlungenen polnisch-russisch-weissrussischen Vergangenheit, dem Jerusalem des Nordens, in dessen liberalem Geist die verfolgten Juden aus ganz Europa Zuflucht suchten und fanden. Heutzutage lohnt sich, was das historische Zentrum betrifft, der Besuch kaum mehr. Es ist fast flächendeckend der Pizza-Pest anheimgefallen. An jeder zweiten Ecke schreit es: Best Pizza & Pasta in Town! Half price. Two for one! Etc. Und durch das Werbegetöse wälzen sich Abertausende von Touris, darunter Horden von Wikingern, die bloss rüberkommen, um wieder mal billig zu saufen und günstig Griechisch zu essen. Wir können das kurz machen. Es ist ja überall dasselbe, von Barcelona bis Stockholm, von Dublin bis Tallinn, die nicht zu übersehende Spitze des Eisbergs eben. Die meisten der ehemals starken Orte sind zu eigentlichen Un-Orten geworden, an denen noch mittels schäbiger Kulissen und renovierter Fassaden versucht wird, den Eindruck des Gegenteils aufrechtzuerhalten. Nach zwei Tagen verlasse ich Vilnius Richtung Norden. Es sind nur noch fünfundzwanzig Kilometer, natürlich nochmals hintenrum wie immer, abgemähte beziehungsweise struppig verwildernde Felder links wie rechts, auf höckerigen Wiesen schwarzweisses Fleckvieh, das glotzt und stoisch wiederkaut, ab und zu ein Wasserturm mit spindeldürrer Leiter zum verrosteten Speicherbehälter hinauf, ab und zu geduckte Kolchosen, die seit der Wende vor sich hin schimmeln, aus allen vier Himmelsrichtungen sporadisch Hundegebell. Stark-stromleitungen ziehen von Betonmast zu Betonmast zurück in die Hauptstadt, und vor mir, neben mir, hinter mir tummeln sich Schlaglöcher, Schlaglöcher, Schlaglöcher, um die ich herumzirkle wie eh und je, aber nicht mehr lang, nur bis zum *Europos Geografinis Centras*, zu dem es jetzt – sage und schreibe - nur noch fünf Kilometer sind, dann noch vier, drei, zwei, da kommt die A 14, die Vilnius mit Utena verbindet, die muss ich überqueren, dann schon die Informationstafel und ein grossflächiger Parkplatz, auf dem allerdings nur ein einsamer roter Lada mit verschlammten Rädern steht, vermutlich Jahrgang letztes Jahrtausend. Hallo! Und die andern? Ich mein, wir sind jetzt im Zentrum Europas, im Herzen des Kontinents! Sonst keiner da? - Die Sonne scheint, es ist der 19. September, Montagmittag, zwölf mächtige Glockenschläge in meinem Kopf verkünden, dass der Tag, ja, mehr als das, seinen Zenit erreicht hat, ein paar kuglige Wolken, fast schon wieder sommerlich, ruhen über dem waldgrünen Horizont. Die Luft ist lau zur Feier des Tages. Auf der grossen Informationstafel lese ich:

*Ungeachtet dessen, dass einige Länder sich eines geographischen Mittelpunktes Europas rühmen, liegt das tatsächliche und einzige [!] geographische Zentrum Europas in Litauen. Dies haben Messungen des Französischen Nationalinstituts für Geographie ergeben. Diese Tatsache ist auch im Guinness-Buch der Rekorde registriert.*

*1989 haben Wissenschaftler des Französischen Nationalinstituts für Geographie das geographische Zentrums Europas definiert und anhand der wissenschaftlichen Gravitationszentren-Methode eruiert, dass dieses Zentrum 25 Kilometer nördlich von Vilnius, unweit des Dorfes Purnuškės, liegt.*

*Die Koordinaten des geographischen Zentrums Europas liegen bei 54°51‘ nördlicher Breite und 25°19‘ östlicher Länge. Diese Daten wurden erst nach neuerlicher Ermittlung der Abgrenzungen Europas als Kontinent festgelegt: Nord: Spitzbergen (80°45‘N/20°35‘E),*

*Süden: Kanarische Inseln (27°38'N/ 17°58'W), Osten: Uralgebirge (67"59'N/66°10'E), Westen: Azoren (39°27'N/31°16'W)*

*Als Grenze des Kontinents gelten der Fluss Kara, der höchste Kamm des Uralgebirges, der Fluss Ural, das Kaspische Meer bis zur Halbinsel Apscheron, der höchste Kamm des Kaukasus bis zur Bucht Kuban, das Schwarze Meer über die Dardanellen und den Bosporus, die östliche Küste der Ägäis (griechisch-türkische Grenze), das Mittelmeer und Gibraltar.*

*Bei der Ermittlung der Abgrenzungspunkte des Kontinents wurden die Kanarischen Inseln, Madeira und die Azoren sowie Island dem europäischen Kontinent zugeordnet, die Insel Nowaja Semlja aber nicht. Die Lage der Insel Malta mitten im Mittelmeer wurde nicht berücksichtigt, dies würde aber das geographische Zentrum nur um hundert Meter verlegen. Die Messgenauigkeit ist so hoch, da innerhalb eines kartographischen Trapezes der geographische Mittelpunkt Europas nicht mehr als 1.100 Meter in Richtung Nord-Süd und 800 Meter in Richtung West-Ost abweicht.*

*1992 hat das litauische Parlament das Gebiet um das geographische Zentrums Europas - mit dem Girija-See, dem zu den ältesten Burgbergen in Litauen zählenden Schlossberg und dem Grabhügel (heidnische Begräbnisstätte) von Berno-tai - zur kartographischen Schutzzone erklärt.*

*Am Tag der offiziellen Aufnahme Litauens in die Europäische Union am 1. Mai 2004 erfolgte die feierliche Präsentation des neu gestalteten geographischen Zentrums Europas, in deren Rahmen auch die vom bekannten litauischen Bildhauer Gediminas Jokübonis eigens aus diesem Anlass geschaffene Säule aus weißem Granit mit der Sternenkrone enthüllt wurde.*

Der Weg zu Jokübonis Kronensäule führt an den Flaggen der 28 EU-Mitgliedstaaten (vor dem Brexit) vorbei. Die hängen schlapp an den Masten in der Herbstsonne. Aufgereiht, vermutlich in der Reihenfolge ihres Beitritts, sind vertreten: Belgien, Deutschland, Frankreich, Italien, Luxemburg, die Niederlande, Dänemark, Irland, das Vereinigte Königreich, Griechenland, Portugal, Spanien, Finnland, Österreich, Schweden, Estland, Lettland, Litauen, Malta, Polen, die Slowakei, Slowenien, Tschechien, Ungarn, Zypern, Bulgarien, Rumänien und Kroatien.

Es fehlen Russland, Weissrussland, Serbien, Montenegro, Kosovo, Albanien, Bosnien-Herzegowina, Moldawien, San Marino, Monaco, Andorra, Vatikanstaat, Norwegen, Island, Lichtenstein und die Schweiz. Ein nicht unbedeutender Rest. Sie sind im Zentrum Europas nicht präsent. Da scheinen sich eine geographische und eine politische Konzeption des Kontinents in den Haaren zu liegen. Der Weg steigt an zu einem kreisrunden, mit rotem Klinker ausgelegten Platz, auf dem weisse und graue Fliesen eine mächtige Windrose markieren. Am Rand der Windrose, unmittelbar hinter dem Pfeil, der Richtung Westen zeigt, steht die auf der Info-Tafel angekündigte sternbekrönte Säule. Zwölf Sterne, die um ein unsichtbares Zentrum tanzen. (Aber mein Kapitel heisst „Hendekagon", Elfeck, nicht Zwölfeck. Und beim Kreis sind wir noch lange nicht.) Ich habe Hunger, schäle ein Mars und setze mich im Lotussitz auf den Sockel unter die Säule. Hier bin ich also: am östlichen Rand des Westens, am westlichen Rand des Ostens; am südlichen Rand des Nordens, am nördlichen Rand des Südens. Am Rand jedenfalls, in der Mitte Europas am Rand. In Purnuškės. - Ich sehe, wie von unten herauf ein Mann auf mich zu kommt. Er passiert bereits die EU-Flaggenparade. - Es ist Ihnen sicher auch schon geschehen, dass Sie von anderen Leuten verwechselt beziehungsweise für jemanden gehalten wurden, der Sie nicht sind, weil Sie jemandem zum Verwechseln ähnlichsehen. In solchen Fällen hätte ich meinen Doppelgänger immer gerne zu Gesicht bekommen: Ich stelle mir solche Begegnungen gewinnbringend vor, weil sie notwendig auf die Erfahrung hinauslaufen, letztlich eben doch einzigartig zu sein. Doch die Situation, die sich jetzt vor mir aufbaut, stellt diese Erwartung arg auf die Probe. Der Typ, der sich mir von unten nähert, trägt kniehohe

Gummistiefel, graue Drillichhosen mit ausgebeulten Schenkeltaschen, eine lottrige schlammgrüne Strickweste und auf dem Kopf einen zerknautschten Filzdeckel. So weit, so gut. Aber schon die Art, wie er heranschlurft, schon nah jetzt, dieser Gang, als sässen Bleikugeln an seinen Gelenken … genau so habe ich mich selbst einmal auf einem Video gehen sehen. Noch schlimmer ist das Gesicht! Der Typ gleicht mir gnadenlos, oder ich ihm, das ändert nichts an der Lage. Ein tröstlicher Unterschied ist lediglich sein Strabismus. Der Mann schielt zum Steinerweichen, sein linkes Auge zielt nach links unten, sein rechtes nach rechts oben, während er mit beiden vermutlich mich meint. „Welcome to the Europe Center", begrüsst er mich, "finally you are here, Sir! It must have been a long way!" - Seine Stimme klingt, als sei die Bahn für die nächsten hundert Sätze bereits glattgehobelt. Trotz seines schäbigen Aufzugs kommt er mir vor wie ein Verkäufer, ein Vertreter von irgendetwas, was er mir anhängen will, was ich weder brauche noch will. Aber sicherheitshalber einfach das Visier runterlassen und „Leck mich!" sagen, geht nicht, denn da ist diese lähmende Ebenbildlichkeit! Diese groteske Spiegelbildlichkeit, die mich fesselt, die mich in Bann schlägt. Ich sitze im Kreuzungspunkt seines verqueren Blicks wie in der Mitte eines magischen Quadrats, paralysiert wie das sprichwörtliche Kaninchen vor der Schlange.

„You have come through!", schleimt er grinsend fort und streckt mir wie zur Gratulation die Hand entgegen. Und bevor ich mich dagegen entschieden habe, überlasse ich ihm die meine und nun hält er sie fest in der seinen, während ich denk, der will mein Geld oder meinen Pass oder … auf jeden Fall will er, dass ich gefügig bin, er hat es auf etwas abgesehen, das ich ihm auf keinen Fall geben will, aber ich fürchte mich, ihm zu erliegen, denn mit diesem Gesicht hat er Macht über mich. Dass wir uns gleichen wie eine Stubenfliege der andern, scheint ihm zu entgehen. Vielleicht kann er mit seinen Schielaugen nicht richtig fokussieren. Oder er tut nicht dergleichen. Wie ich. - Ob ich mich im Park bereits umgesehen hätte, will er wissen. Im Informations-Center beim Eingang sei eine sensationelle Ausstellung, zehn interaktive 3D-Installationen zum Thema *„Wir machen Europa"*. Er wolle mich nur darauf aufmerksam machen. Er sticht mit seinem Zeigefinger gegen mich: «You shouldn't miss it!» – Gleich schliesse er auf. Auch der Burghügel von Bernotai mit den archäologischen Funden. Jedermann begeistert (enthusiastic!) – (Wo denn? Wer denn?) Nur das Ufer des Giria-Sees leider im Moment nicht zugänglich. Eine schlimme Wühlmausepidemie. Den ganzen Morgen habe er die Bauten begast. - Begast? Wie begast? – Schlauch an den Auspuff, Motor anlassen, Schlauch rein in die Löcher, fünfzehn Minuten Kohlenmonoxid reinlassen, dann nachgraben und tote Wühlmäuse rausholen. Ausbeute: sechsunddreissig Stück. Gestern zweiunddreissig. Vorgestern … Seine schmierige, geölte Vertreter-Stimme, sie kennt keine Unebenheiten. Ich sehe den roten Lada auf dem Parkplatz vor mir. Die verschlammten Räder. Der Typ geht mir gegen den Strich! Dennoch folge ich ihm wie ein dressiertes Pudelchen, als er sagt: „Come, my friend!"- Er hat mich am Bändel! An den 28 EU-Flaggen vorbei hinab geht es zurück zum Parkeingang. Da steht ein Blockhaus. Die *Tourist Information*. Neben der Tür hängt die grüne Tafel mit einem fetten **i** drauf. Er grabscht in seiner Hosentasche nach dem Schlüssel. Bevor er die Tür aufschliesst, wendet er sich zu mir und sagt: «Our Europe – transparent like a glass mountain.» Ich stehe im Niemandsland zwischen seinen Blicken, fühle mich ertappt. Er durchschaut mich, er weiss, wer ich bin. Grinst: «Don't be scared! – *Euro Center*, sagt er, heisse die erste der zehn interaktiven 3D-Installa-tionen. Zwei Euro pro Installation, zwanzig für alle zehn. Er empfehle alle zehn, sagt er. - Ich möchte im Prinzip gar keine sehen, aber schon krame ich mein Portemonnaie aus der Gesässtasche und überreiche ihm einen Zwanzig-Euro-Schein. „You won't regret it. Everybody likes it", sagt er. Er öffnet die Tür. Er schiebt mich hinein. Ich lasse mich schieben, habe das Gefühl, den Ausgang verpasst zu haben. Das kommt von der unverschämten Selbstverständlichkeit, mit der der Typ mich traktiert. Er betätigt den Lichtschalter. Ein Strahler über der Tür geht an und leuchtet das Innere mit weissem Licht aus. Es ist das fensterlose Innere einer Blockhütte. An der Wand dem Eingang gegenüber steht ein grosser, weiss lackierter Schrank mit Doppeltür, in der Mitte des Raumes stehen drei merkwürdige Geräte aus schwarzem Kunststoff. Sie sehen auf den ersten Blick aus wie überdimensionierte Lauflerngeräte für Kleinkinder: über einer sechseckigen

Konsole ist an zwei senkrechten Streben – etwa auf Hüfthöhe eines erwachsenen Menschen - ein Ring befestigt, von dem Sicherheitsgurten herunterhängen. Der Typ wuchtet die beiden Türen des Schranks mit einem Ruck gleichzeitig auseinander, dass es nur so wufft. Auf der linken Seite kommt elektronische Apparatur zum Vorschein, die er mit ein paar flinken Fingerdrücken aufstartet. Auf der rechten Seite sind Objekte auf Tablaren verstaut, die ich aus der Distanz nicht identifizieren kann. Er greift zielstrebig hinein und kommt mit einem Paar Schuhen und einem klobigen Ding auf mich zu. Das Ding sei ein Virtual-Reality-Headset, erklärt er. Er will, dass ich meine Schuhe ausziehe und dafür seine Spezialschuhe anziehe. Damit wir uns ungehindert bewegen könnte, meint er. «Tighten the shoestraps tightly!», weist er mich an, während er eine der Laufbandkonsolen flink mit dem Computer im Schrank verkabelt. Wie das mit dem *Euro Center* sei, frage ich – Er sei gleich soweit, ich könne sofort eintreten.» - Seine Stimme oszilliert zwischen öliger Höflichkeit und apodiktischem Führungsanspruch. Mir ist klar, dass der Typ trotz seiner geschmeidigen Benutzeroberfläche im Grund keinen Spass versteht. Keinen Widerstand dulden würde. Letztlich von der harten Sorte ist, der gegebenenfalls nicht nur mit Wühlmäusen fertig wird. Und schliesslich: ich habe ja auch bereits bezahlt. Wer A sagt, muss auch B sagen… Wer Zentrum von Europa sagt, muss auch Euro Center sagen. Nach allem, was ich erfahren habe, scheint mir das nur logisch. Und eine Schwäche für Logik ist mir nun mal eigen.

Ausserdem habe ich schon die Spezialschuhe an, die sich seltsam weich anfühlen. Wenn nur diese verdammte Ebenbildlichkeit nicht wäre! Er hat jetzt die Verbindungskabel fertig montiert und kommt mit dem VR-Headset auf mich zu. Mir ist, als käme ich selber auf mich zu. «You're damn lucky, Sir», sagt er, eigentlich sei das Europa-Center ja montags immer geschlossen, es sei bloss Zufall, dass er mich gesehen habe. «Seen from this point of view» hätten die Wühlmäuse auch ihr Gutes, nicht wahr. Ich habe das Gefühl, mir bleibt nichts anderes übrig als zu nicken. Mit festem Griff an meinem rechten Ellbogen führt er mich zu einer der Konsolen mit dem Ring drüber. «Now we are ready!», sagt er. Ich schlucke. Seine Augen zielen links und rechts an mir vorbei. Er öffnet den Ring, ich soll mich auf die Konsole stellen, deren Oberfläche eine konkave Mulde bildet. Er schnallt einen breiten Gürtel um meine Hüfte fest und schliesst den Ring. «So you do not fall. Now walk!», fordert er mich auf. Ich mache einen Schritt vorwärts, aber die Schuhsohle findet an der konkaven Muldenwand keinen Halt, sondern rutscht zum Ausgangspunkt zurück. Ich mache weitere Schritte und gehe wie in einer Tretmühle an Ort. Er überreicht mir das Headset. «It will be an experience for your whole life. You'll see. This is the heart of Europe. You will now learn what it all is about.»

Als ich mir das Headset überziehe, klopft mein Herz voll Bangigkeit. Ich starre ins Dunkel. Ich höre noch, wie der Typ zum Schrank geht. Dann wird es explosionsartig weit und hell …

## 2. Im Euro Center

Ich finde mich in eine ungeheure Halle katapultiert; es sieht aus wie in einer dieser Check-in-Hallen, die man von Flughäfen her kennt, nur geräumiger als die geräumigste, die man je zu Gesicht bekommen hat. An mir vorbei hasten aus allen Richtungen Menschen, die stumm irgendwas nach- oder vor irgendwas davonzurennen scheinen. An ihren entschlossenen Gesichtern kann man erkennen, dass es Ernst ist, dass es um viel, wenn nicht um alles geht. Vielleicht hat es mich mitten in einen existenziellen Massenmarathon verschlagen. Nein, eine einheitliche Laufrichtung lässt sich nicht ausmachen. Es herrscht ein gottloses Durcheinander. Die meisten tragen leistungsförderliche Sportbekleidung, es wimmelt nur so von grellfarbigen Laufschuhen, Stretchhosen und Sportjackets. Einige tragen spezielle Laufgürtel, bespickt mit Energy-Drinks und knallbunt verpackten Energy-Sticks und auf dem Kopf schwarze Kappen mit aufgestickten Sprüchen wie «*Here comes trouble*» oder «*Widerstand zwecklos*» oder Namen wie «*King*» oder «*Gangster*» oder «*Jesus*». Mitunter ist auch ein Kinderwagen zu sehen. Aber mir scheint, sie sind leer. Ich versuche mich zu orientieren. Über mir wölbt sich irgendwo in dämmriger Entfernung, ein Geflecht schwarzmetallener Deckenwaben, von dem Hallenfluter wie weitentfernte Warnfeuer in den Raum herunterglühen. Eine Front aus geschwärztem Glas begrenzt die Halle nach rechts. In regelmässigen Abständen sind zwar rote No-Exit-Schilder montiert, aber nirgendwo ist eine Tür auszumachen. Dahinter - man ahnt es -

öffnet sich kein Draussen, ein Draussen gibt es hier drinnen nicht, sondern bloss die nächste, womöglich noch ungeheurere Halle. Dann die nächste und nächste und unabsehbar so weiter, fürchte ich. Nach links, der Glasfront gegenüber, reihen sich ohne Anfang ohne Ende die Verkaufs- und Kommunikationsstände grosser europäischer Firmen, genau wie auf einer der Publikumsmessen, die das Volk magnetisch anziehen. Wo ich stehe, sind es gerade die grossen Chemie- und Pharma-Riesen, die ihre Logos entblössen wie in einem stummen Gemeinschaftsritual: Novartis, Hoffmann-La Roche, auch Bayer, Novo Nordisk, Merck, Mylan, UCB und so weiter und so weiter. Alle markieren Präsenz. Hinter oder in den Infotheken sitzen bunt bemalt uniformierte Hostessen und lächeln ernst unter ihren Hoheitszeichen: «Armes Häschen, bist du krank, dass du nicht mehr hüpfen kannst?» - Aber jetzt fällt mir auf, dass es trotz der brodelnden Geschäftigkeit ringsum still ist wie auf dem Meeresboden. Bild zwar da, aber kein Ton. Für die zwanzig Euro, die ich bezahlt hab, müsste der mit inbegriffen sein. Ich streife kurzerhand das Headset ab. Man muss sich wehren, sonst wird man alle naslang übers Ohr gehauen.

Mein schielender Zwilling hat sich, während ich in der Messehalle war, ganz nah an mich herangeschlichen. Er steht kaum einen halben Meter von mir entfernt. Als wären wir zwei Äste vom selben Baum, schiesst es mir durch den Kopf. «What are you doing?», keift er mir ins Gesicht, «no interruptions during the stay in the Euro Center! You are going to mess up the whole

program!» - Ich rieche seinen Magen. Sein Atem stinkt. Ich bin an die Gurte des Laufgeräts gefesselt, bin der Geruchsattacke wehrlos ausgeliefert. Ich lehne mich in meinen Fesseln zurück, soweit ich kann, mache einen Schritt zurück, aber in den verdammten Gleitschuhen rutsche ich sofort wieder zum Ausgangspunkt zurück. Ich reklamiere wegen des fehlenden Tons. Er schlägt die Hände theatralisch vors Gesicht. «Oh no!», ruft er aus, «Of course! Forgive me! Without voice the Euro Center makes no sense!» - Mit drei grotesken Hasensprüngen begibt er sich zum Schrank mit den weit geöffneten weissen Flügeltüren; in geduckter Haltung macht er sich an den unteren Gefilden der Apparatur zu schaffen. «It's ok», schreit er schon nach ein paar Sekunden, ich soll das Headset nur gleich wieder überstülpen. «Now immerse yourself again, but no interruption this time, Sir! No more interruptions from now on!»
Knall Fall steh ich nun mitten im babylonischsten Stimmengewirr. Ich recke meinen rechten Daumen Richtung Techno-Schrank als Zeichen, dass der Ton jetzt funktioniert. – Um mich herum herrscht wieder Hektik wie auf der Ameisenstrasse, alles ist bepackt mit bunten, grell beschrifteten Plastiktüten und schultergelenk-strapazierenden Papiersäcken oder schiebt einen Einkaufstrolley vor sich her wie einen Pflug und bahnt sich so eine Schneise durch das Gewühl. Nach all den Wochen auf abseitigen Wiesen-, Feld- und Waldwegen bin ich Rummel nicht mehr gewohnt. Da kommt mir ein Mini-Cowboy mit veilchenblauen Augen und Seehundschnauz entgegen. Auf seinem

Hut steht «Fuck you». Als er bemerkt, dass ich ihn bemerk, zwinkert er mir zu. Klar, denke ich, wir sind in einem interaktiven Programm. Drüben bei den Infotheken winken die Paniere der Öl- und Gas-Firmen: Shell, BP, Total, ENI, Statoil und so weiter. Eine heisst Centrica. Kenn ich nicht, aber die zugehörige Hostess trägt eine blaue Schiffchenmütze schräg auf dem Blondhaar und eine rote Schärpe um den Schwanenhals. Als ich mich ihr auf meinen Gleitschuhen nähere, guckt sie wie eine Ölgötzin starr gradaus und will nichts von Interaktivität wissen, vielleicht muss ich näher ran. Das Programm gehorcht natürlich bestimmten Gesetzen, man muss sich als blutiger Anfänger damit auseinandersetzen. Der Fesselgurt um meine Hüfte behindert mich. Da sagt ein Stimmchen just neben mir: «Good morning, Per. Welcome in the Europe Center. It's great to have you here. I am your guide. Just call me Rica. Will you please tell me in which language you want to be guided."

Aha, jetzt wird es persönlich!

Lovely Rica, lovely guide! Sie ist die exakte Kopie von Cindy Crawford. Grossgewachsen, schlank, mitsamt Leberfleck an der richtigen Stelle über der Oberlippe. Bloss das Zwitscherstimmchen ist ein krasser Fehlgriff. Und dass ausgerechnet ein amerikanisches Model mich durch das Europa-Center führen soll! Wäre da nicht eurozentrisches Selbstbewusstsein am Platz? Eine Portion Lokalpatriotismus sozusagen? Aber dafür kann sie nichts. Es ist auch nicht der Moment, Reflexionen anzustellen, das Programm erwartet situationsangemessene Reaktion.

«Hallo, Rica», sage ich, «angenehm, Sie kennen zu lernen, am liebsten auf Deutsch, falls Sie das auf Lager hätten.»
«Kein Problem», zwitschert sie, «sind Sie gut gereist?
«Kein Problem», sag ich, «gut gespeist, gut gereist, mit Hut und Stock und Regenschirm - und wie geht's weiter? Vorwärts, rückwärts, seitwärts?»
«Darf ich Sie bitten, mir zum Registrations-Desk zu folgen, Per. Im Rahmen der Datenerfassung, die wir zwecks Optimierung des Systems standardmässig durchführen, bräuchte ich eingangs noch einige Angaben von Ihnen.»
«Klar», sag ich, «wer würde sich sowas entgehen lassen? So was macht immer Freude. Los geht's! Let's go!»
«Ich muss Sie aufgrund gesetzlicher Bestimmungen darauf aufmerksam machen, Per, dass zwar sämtliche unsere Programme den strengen Europäischen Sicherheitsvorschriften entsprechen, dass aber die Teilnahme daran grundsätzlich auf eigenes Risiko erfolgt. Für eventuelle seelische und/oder geistige Schäden infolge der Nichtbeachtung der Anleitung seitens der Ihnen zugeteilten Guide-Person kann das Europa-Center grundsätzlich keine Verantwortung übernehmen. Ich bitte Sie, dies zur Kenntnis zu nehmen und dann vorn am Desk zu bestätigen, dass Sie entsprechend informiert worden sind.»
«Klar», sag ich, «mach ich.»
Rica stöckelt auf tomatenroten Highheels voraus. Wahrscheinlich hat sie auch die Beine von Cindy Crawford. Ich dackle in meinen Tretern hintendrein. Klar, nur in der Einbildung.

Eigentlich strample ich ja brav in der glitschigen Laufmulde der Tretmaschine. Ich spüre den Zug der Sicherungsgurte um die Hüfte. Abgesehen davon, muss ich zugeben, es ist verdammt lebensecht gemacht. Bis auf Ricas schwingende Pobacken unter dem Tuch ihrer hellblauen Hostess-Uniform - und überhaupt das Ganze. Wir steigen eine flache Treppe hoch, erreichen ein Oberdeck und tauchen sogleich wieder ein in ein Meer hektischen Treibens, regelloser Passantenschwärme. Soweit mein Auge reicht kein Orientierungspunkt, kein Schimmer einer rettenden Insel oder ein Streifen Festland über dem Meer fahrig bewegter Köpfe. Der Horizont scheint irgendwo fern-fern-fern in rauchiger Dämmerung versunken. Die Deckenlampen schummern jetzt aus irrealer Höhe herunter wie Taschenlampen, kurz bevor sie den Geist aufgeben. Ich verliere jegliche Orientierung. Alles beginnt sich um mich zu drehen. Vom Magen her steigt Übelkeit. Wie in einem Falltraum strample ich auf der Tretmühle hinter meiner Führerin her, die das Gewimmel mit ihrer schokobraunen Mähne zum Glück einen halben Kopf überragt. Dann stehen wir unversehens vor einem Gebilde aus gelbem Kunststoff. Es hat ungefähr die Form eines grossen Schneckenhauses. Wir betreten es durch die kreisrunde Öffnung. Nach einem kurzen Korridor gelangen wir in einen kleinen, kreisrunden Raum, dessen Wände bernsteinfarben leuchten. Das Stimmengebrodel von draussen ist hier nur wie ferne Meeresbrandung zu hören. Eine Oase. Ein Ort der Besinnung. Ich atme auf. Rica führt mich zu einem runden Kunststofftisch auf einem Säulenfuss im Zentrum des Raumes. Sie sagt: «Willkommen im Registrier-Zentrum 101. Es ist mir ein Vergnügen, Sie hier begrüssen zu dürfen, Per. (Wie kommt es eigentlich, dass sie meinen Namen weiss? Die Besucher-Registrierung werden wir sogleich ganz einfach mittels eines Voice-Prints vornehmen, der dann zur Identifikation und Authentifizierung bei jedem weiteren Zugangsportal im Europa-Center verwendet werden kann. Sie brauchen sich darum nicht mehr zu kümmern. Sie zieht einen winzigen Steuerpiloten aus der Tasche ihres Jacketts. Nach ein paar Griffen leuchtet in der Tischmitte ein grünes Auge auf. «So», zwitschert sie, «wir können nun die Eröffnung Ihres Besucherkontos angehen? Rica bearbeitet den Steuerpiloten und auf der weissen Tischfläche erscheint eine Tastatur unter dem grünen Auge. «Sie geben hier auf dieser Zeile ein mindestens sechsstelliges, mindestens zwei Zahlen enthaltendes Passwort ein (ihr Zeigefinger öffnet ein Kästchen auf dem Tisch) und bestätigen es hier auf dieser Zeile (ein zweites Kästchen erscheint).

«Wozu brauch ich ein Besucherkonto?», will ich wissen.

«Ganz einfach, alle Besucher eröffnen eins, Per», sagt sie, «Sie werden sogleich sehen wozu.» In ihrer Stimme schwingt etwas mütterliche Herablassung, scheint mir. - «Sie können sich damit übrigens auch problemlos an jeder der 77 Besucherinformations-Stationen einloggen und jederzeit gratis ihre persönlichen Besucherinformationen einsehen. Und wenn Sie wieder zu

Hause sind: Auf unserer Webseite «Mein Konto» anklicken, Passwort eingeben und schon sind Sie wieder bei uns.
«Vielen Dank», sage ich und tippe «Wühlmaus 66» ins dafür vorgesehene Kästchen, während Rica diskret wegschaut. Nächstes Jahr werde ich 66, ein Passwort mit Zukunft also, aber der Menetekel-Geist auf der Tischfläche ist nicht zufrieden und sein Auge blinkt rot: «Entschuldigung, Ihr Passwort darf keine Leerzeichen enthalten!» - Also: «Wühlmaus66». - Noch ein Einwand: «Achtung, das System akzeptiert keine politisch inkorrekten Passwörter!» - Wie wär's mit «66Wühlmäusevergasen»? - Ich schreibe wohl besser «Fühlmaus66». Und darunter nochmals: «Fühlmaus66». - Jetzt werde ich mit Grün belohnt. Gefühliges geht immer: «Danke. Ihr Passwort ist gespeichert.»
«Ich bin drin im Kasten!», sag ich, «alles ok.»
Rica wendet sich mir wieder zu.
«Vielen Dank, Per, für die Eröffnung Ihres Besucher-Kontos beim Europa-Center. Wir werden Ihnen nun Schritt für Schritt seine Vorzüge demonstrieren. Sicher haben Sie schon von unserem Besucher-Wettbewerb gehört. Sie haben jetzt die Gelegenheit, sich als Teilnehmer zu registrieren. Es ist ganz einfach. Wir werden danach sogleich unsere Tour durch die zehn unvergesslichen Erlebnis-Installationen zum Thema «*Wir machen Europa*» starten. Am Ausgangsportal jeder Einheit beantworten Sie eine Frage zum Dazugelernten einfach mit Ja oder Nein. Und mit den richtigen Antworten sammeln Sie Bonus-Punkte, die wir Ihnen auf Ihrem Besucher-Konto gutschreiben. Beim

Kauf eines Souvenirs in unserem Shop am Ende der Tour bewirken Ihre Bonuspunkte einen Rabatt bis zu 10%. Es lohnt sich für Sie auf jeden Fall.» - «Ich sammle Erinnerungen und brauch keine Souvenirs», murre ich. «Aber ein Mitbringsel für Ihre Frau, Ihre Kinder, für die lieben Freunde und…» Jetzt ein Augenaufschlag vom Typ «verführerisch» mit ihren glitzernden braunen Cindy-Augen. Ein Augenaufschlag kann immer mehr als Worte. Aber auf diesem Geleise hab ich nun mal eine Sperre: «Nein, tut mir leid, Rica, ich bin überhaupt nicht wettbewerbstauglich, glauben Sie mir, von früh an, es ist ein Geburtsschaden.»

Jetzt verrutscht das Lächeln auf ihrem Gesicht, als hätte ich einen übergriffigen Witz gemacht. Etwa so wie das Lächeln auf dem Gesicht der Bundeskanzlerin Merkel verrutschte, als der marxistische Staatspräsident Mujica von Uruguay ihr gegenüber beim Besteigen einer luxuriösen Staatskarosse bemerkte, zu Hause fahre er bloss einen alten Volkswagen. Doch ich bin kein Marxist und mir ist auch nicht bekannt, wie Frau Merkel das Gespräch mit ihrem komischen Gast dann wiederfand. Aber Rica ist offensichtlich enttäuscht. Es macht ihr keinen Spass mit mir. Sie mag es nicht, wenn Besucher zickig sind. Ich habe das Gefühl, sie schaltet jetzt auf Dienst nach Vorschrift. Ihre Besucher-Orientierung hat eine Delle. Ihre Stimme klingt formeller, sie will rasch durch sein mit mir. «Erlauben Sie mir noch zwei Fragen zuhanden unserer Besucher-Statistik, Sir, bevor die Europa-Tour startet. Können Sie sagen, mit welchen

Erwartungen Sie das Europa-Center in Purnuškės aufsuchen?»
- Das Getümmel draussen dringt wie ferne Brandung ins Schneckeninnere.
«Ich will den Ausgang aus dem Euro Center finden.»
«Ausgang? Ich verstehe nicht ganz, was Sie meinen, Sir. Können Sie sich etwas erklären. Es ist bloss wegen der Statistik.»
«Sie wissen nicht, was Ausgang heisst?
«Doch, Sir, klar, aber jeder Ausgang ist auch ein Eingang. Und alle wollen hinein. Täglich Tausende. Niemand soll ausgeschlossen sein. Auch Sie sind willkommen. Alle sind willkommen.»
«Ich hab genug! Ich will raus!»
«Wie Sie wollen, Sir. Ich notiere.»
«Man macht sich blauäugig auf zu einer Reise ins Herz Europas. An einem unschuldigen Sommermorgen. Strampelt Tausende von Kilometern. Und landet wo? Mitten in diesem verkackten Euro Center! Es ist zum Steine beissen. Es ist zum Haaröl seichen! Wo geht's da bitte sehr zum Ausgang? Hören Sie! Ausgang! Sortie! Exit! Wyjście! - Verstehen Sie mich?»
«Tut mir leid, Sir, wir tun unser Möglichstes. Nur einen Augenblick noch! Eine letzte Information bräuchte ich noch von Ihnen: Können Sie kurz schildern, wie Sie überhaupt auf uns aufmerksam geworden sind? Durch das Internet? Durch einen Reiseführer? Durch Empfehlungen von Freunden oder Bekannten? Oder einfach auf der Durchreise? Was trifft auf Sie zu.»

«Trifft zu? - Die Krähe, die Krähe war's! Es war die Krähe. Die Krähe hat mich stets vor euch gewarnt.»
«Krähe ist keine zugelassene Option, Sir. Bitte überprüfen Sie Ihre Angaben und versuchen Sie es noch einmal.»
Was soll das heissen: keine zugelassene Option? Ich weiss nicht, aber plötzlich reisst mir der Faden. Meine Gutmütigkeit hat ihre Grenzen:
«Wissen Sie was?», sag ich, «am besten stecken Sie sich Ihre Optionen an Ihr himmelblaues Hütchen oder sonst wohin, aber beleidigen Sie gefälligst meine Krähe nicht! Oder sagen wir es mal so: Gesetzten Falls, ich zöge so etwas wie Ihre Optionen überhaupt in Betracht, gesetzten Falls, dann mit Sicherheit nicht mit Rücksicht auf Ihre verkackten Zulassungsbestimmungen, die können Sie von mir aus nämlich gerne schreddern...»
Natürlich bin ich im Ton viel zu harsch, das bestreite ich gar nicht. Aber Konflikte gibt es nun mal überall auf der Welt. Die sind schliesslich dazu da, dass man sie austrägt. Ich merke sofort, dass jetzt etwas nicht mehr stimmt. Die Situation gefriert nämlich von einer Sekunde auf die andere. Es ist so, wie wenn beim Streamen vom Netz das Bild zuerst ein bisschen ruckelt und dann ganz festhängt. Mit aufgerissenen Augen steht Rica vor mir, zur unbewegten Bildsäule erstarrt. Wie die perfekte Kopie von Cindy Crawford in einem Wachsfigurenkabinett. Dann poppt über ihrer Frisur samt Uniform-Hütchen ein Fenster an der Wand des Schneckenhauses auf: «*Aus Sicherheits-*

*gründen wurde das System blockiert. Wollen Sie sich bitte mit dem Administrator in Verbindung setzen.»*

## 3 Das Anarchisten-Team aus Kaunas

Wieder reisse ich mir das VR-Device vom Gesicht. Es ist finster. Der Kerl muss inzwischen das Licht über der Tür gelöscht haben. Aber ich rieche, dass er nah ist. Die Schwefelwolke seines Atems. - Jetzt erkenne ich auch die Umrisse seiner Gestalt, wie sie schon unterwegs ist nach drüben zum Schrank, von dem her ein paar LED-Punkte einen Schimmer von Licht im Raum verbreiten. Etwas blinkt dort rot. Klumpen litauischer Flüche fallen. Ich denke, es ist besser, wenn ich jetzt schweige. Ich höre, wie er ächzt und vor sich hin kollert. Dann bewegt sich etwas Schwarzes im Schwarz zur Tür hin und das Licht geht an. Er stellt sich vor mich hin. Mein Gegenbild bebt. Ich habe was falsch gemacht. In seinen Mundwinkeln kleben Batzen gelben Schaums. Ich geh ihm höllisch auf die Nerven, aber er nimmt sich zusammen. «A minimum of cooperation, Sir!» - «I am sorry», sage ich. Er winkt bloss ab. Ich spüre, in seinen Augen wankt mein Status als ernstzunehmende Person. Das mit der Krähe hätte ich mir verkneifen sollen. Die Krähe ist nicht gesellschaftstauglich. Daran hätte ich denken müssen. Ich bin zerknirscht. «I am very sorry», sag ich nochmal und nochmal winkt er ab. Wenn die Registrier-Sequenz nicht ordnungsgemäss abschlossen werde, verwehre das Programm den Zugang zu den weiteren Stationen automatisch. Aber eine System-Blockade, wie sie jetzt vorliege, trete nur bei gröberen Verstössen gegen die gängigen Interaktions-Regeln auf, bei sexistischen oder rassistischen Äusserungen oder generell bei Bemerkungen diskriminierender oder sonstwie unziemlicher Art. «Look, Sir, to cut the long story short », sagt er, »you have two choices now .» Ich könne nochmals bei Adam und Eva beginnen, mit anderen Worten, es nochmal in die Registrier-Einheit eintauchen mit der Zuversicht, sie diesmal mit Erfolg zu meistern. Wenn mir daran gelegen sei, könne er mir gerne einen anderen Guide zuordnen. Zum Beispiel Jasmin Tookes als Colombe. Was ihn angehe, er tue jedenfalls, was in seiner Macht stehe. Die Schaumklekse in seinen Mundwinkeln sind wirklich degoutant. Nicht zu reden vom Kreuzfeuer seiner Blicke! Sie untergraben meinen Wehrwillen. Dem Typ haftet etwas Unentrinnbares an, das Wort «schicksalhaft» ist hoch gegriffen, zugegeben, aber es kommt mir in den Sinn, vor allem, weil er wieder so nahe heranrückt, und ich bin ja noch immer an die Laufkonsole gefesselt.

Hoffentlich heisst die zweite Option «Geld zurück und tschüss!»

Aber nein, als zweite Wahl offeriert er ein Ausweich-Programm, wie gemacht für virtuelle Neulinge wie mich, ein Erzeugnis einer Anarcho-Clique mit dem Namen *Soulmate* aus dem Umfeld der Universität Kaunas, im Finish zwar nicht ganz professionell, im interaktiven Radius nicht zu vergleichen mit der offiziellen Version, was unter den gegebenen Umständen ja nicht von Nachteil sei, da auf diese Weise viel weniger schiefgehen könne und seine Nerven geschont würden. Kurz, wenn ich damit Vorlieb nehmen wolle, er halte das Programm auf private Initiative hin in Reserve, natürlich ohne dass der amtierende Kulturminister davon wisse und seinen Segen dazu gegeben hätte, noch sein korrupter Amtsvorgänger, noch die zuständige Behörde in Brüssel, von deren Subventionen man ja leider immer wieder abhänge … Ich unterbreche seinen Redeschwall.

«Okay», sag ich resigniert, «let's get into it.»

"Englisch, Russisch, Deutsch?", fragt er.

## Das Hendekagon II

Das kenne ich bereits: Nach ein paar Sekunden weitet sich das Dunkel – diesmal zu einem blendend hell ausgeleuchteten Rundraum. Einem Spiegelkabinett scheint's. Ringsum erblicke ich mich selbst, vielfach umzingelt von mir selbst. Der Boden unter mir ist aus schwarzem, poliertem Stein und glänzt so, dass mein dunkles Spiegelbild auch unter mir hängt. Die Decke ist ebenfalls verspiegelt. Schaue ich hinauf, sehe ich auf mich hinunter, mich allein mitten im Raum, der an die ausgeräumte Lobby eines Fancy-Hotels erinnert oder an den Empfangssaal im Schloss des bösen Zauberers Kardulgor. Zwischen den Spiegeln an den Wänden sind schwarz gepolsterte Türen eingelassen, über denen Nummernschilder angebracht sind. Die Nummern laufen von 1 bis 11. Jetzt verstehe ich: Hier ist es, dieser Raum hat präzis den Grundriss eines Elfecks. Ich stehe mitten im Hendekagon. Hierhin habe ich von Anfang gewollt, gesollt, gemusst. Hierhin bin ich wochenlang im polygonalen Zickzackzug unterwegs gewesen. Davor hat mich die Krähe gewarnt, dahin hat sie mich beharrlich gelotst. Jetzt bin ich am Ziel angelangt. Eine weibliche Lautsprecherstimme meldet sich: «Achtung Durchsage! Sie werden gebeten, sich zwecks optimaler Verständlichkeit in die Mitte des Raumes zu begeben.» - Okay dokey, da bin ich schon. - «Nennen Sie uns jetzt laut und deutlich Ihren Namen.» - «Per», sage ich, «Per Meerin, hallo hallo, hören Sie mich?»

«Danke, Per. Willkommen im *Europos Geografinis Centras* in Purnuškės. Das VR-Regisseur-Team *Soulmate* aus Kaunas begrüsst dich herzlich zu seiner interaktiven Tour zu elf bedeutsamen Örtern in der seelischen Topographie Europas. Jede der elf virtuellen Stationen ist identisch mit einem Eckpunkt des Zentralen Hendekagons. Sicher hast du um dich herum die elf schwarzen Türen, die aus dem Spiegelsaal hinausführen, bereits bemerkt. Hinter jeder wartet eine Episode auf dich, die ihre Herkunft aus dem dunkeln Ausserhalb noch mehr oder weniger deutlich an und in sich trägt. So mag, was da jenseits der Türen geschehen wird, dich vielleicht befremden, denn du wirst Ungewohntem begegnen - mitunter aber auch Vertrautem. Lass dich überraschen! An einigen der Örter, an die du versetzt werden wirst, bist du eingeladen, bloss Augen- und Ohrenzeuge des Geschehens zu sein, an andern wirst du aufgefordert werden, dich interaktiv einzubringen. Viel Glück! Elf Episoden, elf Schwellensituationen stehen dir bevor. Möglichweise fragst du: Warum denn gerade elf? Ganz einfach: Weil die Zahl elf für den zentralen Seelenkomplex steht, zu dem *Soulmate* dir nun exklusiven Zugang verschafft. Bei elf ist immer eins zu wenig – oder eins zu viel, je nachdem. Das kennst du. – Aber lasst uns nun beginnen! Begib dich vor die Tür mit der Nummer eins. Du wirst dort empfangen werden. Dann geht es los. Das *Soulmate-Team* wünscht dir elf atembewegende Begegnungen. Sie seien der verdiente Preis für so viel Reisemüh und Reisefleiss!»

-

Die Ziffer eins über einer der ledergepolsterten Türen beginnt zu blinken. Gehorsam stelle ich mich davor. Wie von Zauberhand geht die Tür nach innen auf – von einer unwiderstehlichen Kraft werde ich hineingesogen…

## Tür 1: Die Schwester

… und wie in einem Lift hebe ich ab. Unter mir stürzt der Boden in die Tiefe, Gehöfte beidseits einer kleinen Strasse werden sichtbar, Wald, der einen dunkeln Keil in einen hellen See treibt, der glühende Ball der Sonne über dem Horizont. Ich lehne mich ein wenig nach vorn, da zieht es mich hinunter, hinab gegen die dämmernde Erde, ich sinke, wie im Zoom gleiten massige Baumkronen heran, die verschachtelten Silhouetten von Hochdächern, Buschhauben, im Zwielicht glühende Stauden, ein Garten vor einem niedrigen Haus. Ich sause durch die Luft, ein fliegender Punkt. Zwei Gestalten stehen in der Nähe unter einer Buche, die im herbstlichen Abendlicht flammt. Ein Mann lehnt seinen Rücken gegen ihren glatten Stamm, er hält eine Frau in seinen Armen. Es sind zwei junge Menschen.

Ein lila Sternchen hebt sich mir entgegen. Ich lande abrupt darauf.

«Schau, ein Käferchen da auf der Aster!»

«Ein Biedronka, eins mit sieben Punkten auf dem Rücken, das bringt uns Glück.»

Ringsum gewelltes Grün und Gelb. Der Himmel leuchtet rot. Wo bin ich?

Die Stimme, die dem jungen Mann gehört, sagt:

«Die Tür steht uns offen, Anka. In London hätten wir eine Zukunft. Das Delikatessen-Geschäft läuft gut. Mein Onkel sagt, er hätte genügend Arbeit für uns zwei. Es ist die Chance, hier wegzukommen.»

«Ich kann nicht weg von hier, Janusz.»

«Warum nicht? Oliwia kann so gut für Papa sorgen wie du. Sie ist alt genug.»

«Sie ist stur. Und nicht zu gebrauchen.»

«Sie ist verhätschelt. Ihr schont sie. Es ist nicht zu glauben!»

«Du kennst sie nicht. Ich kann nicht weg.»

Ich stemme meinen Körper nach hinten, soweit es der Haltegurt zulässt.

Ich sause auf die junge Frau zu – stürze auf eine helle Fläche, lande nahe ihrem Gesicht zwischen wollenen Fasern.

«Da, das Käferchen jetzt auf deinem Jackenkragen!»

«Lass es, es beisst nicht.»

«Du hast ein gutes Herz, Anka.»

«Papa kann jetzt seine paar Zähne nicht mehr selbst putzen, man muss ihm auch dabei helfen. Oliwia weigert sich. So war sie immer. Und gestern ist Papa wieder hingefallen. Zum Glück hat er sich nicht verletzt. Es ist diese Krankheit.»

«Red mit ihr.»

«Du kennst sie nicht. Sie hört nicht zu.»

«In dem Quartier, wo das Delikatessengeschäft steht, wohnen viele Polen. Ealing heisst es, schreibt Onkel Tadzio. Es hat dort viele polnische Geschäfte, sogar eine polnische Kirche.»

«Schön, dass du bei mir bist. Ich war den ganzen Tag niedergeschlagen. Immer dachte ich, noch drei Tage, bis er wiederkommt... Woher hast du das Fahrrad?»

«Ich hab's genommen.»

«Wie genommen?»

«Es stand vor dieser Touristen-Pension. Dem U Idalii, das dem Spinner mit der blauen Wollkappe gehört.»

«Das ist nicht recht, Janusz!»

«Ich bring's ja morgen früh zurück. Ich wollte es dir sofort sagen wegen England! Anka, stell dir vor: London! Ich halt's nicht mehr aus hier. Den ganzen Tag auf der Bank vorm Sklep oder dem Chomąto mit den Dummköpfen rumhängen, die von Liski oder Olszewo rüberkommen, weil sie's dort nicht aushalten, und stundenlang über Poke schnöden, weil er zu viel für sein seichwarmes Bier und seine versifften Snacks verlangt. Ist das ein Leben? - Und du Jahr und Tag hier aufm Hof mit euren zwei Kühen, und dein Alter ranzt dich an, weil ihm heut dies, morgen das nicht in den Kragen passt, du rennst und rennst und machst und stellst ihm den Stuhl unter den Hintern und putzt ihm die Zähne und hast noch immer das Gefühl, es sei nicht genug, während die faule Pflaume ihren Arsch nicht vom Sofa hebt. Es frisst dich auf, Anka, es macht dich kaputt, ich seh's doch, mein Seelchen, London wäre ein Lichtblick für uns zwei, für uns drei, das Sprungbrett in die Zukunft, für dich und mich und das Kleine auch, so eine Chance dürfen wir nicht verpassen, sie kommt vielleicht nur einmal! Lass mich nicht hängen! Wo ist deine Schwester? Ich will mit ihr reden.»

«Drin vor dem Fernseher. Sie schaut alte Videos mit den Lolek-und-Bolek-Serien. Und qualmt eine nach der andern und rührt keinen Finger. Sie ist herzlos. Alles bleibt an mir hängen. So ist es seit je.»

«Man darf sein Leben nicht wegwerfen. Es ist nicht wie früher. Heute haben die Menschen Möglichkeiten, Anka. Die Grenzen sind offen. Europa steht offen. Es ist nicht wie früher. Komm, mein Seelchen!»

Sie bewegen sich Richtung Haus. Ich mit. Es ist ein einstöckiges Haus mit einem blechernen Giebeldach. Beidseits der Tür je zwei Fenster, alle vier geschlossen, obwohl die Luft noch lau ist. Anka hält ihren Arm um seine Hüfte, Janusz den seinen um ihre Schultern.

An der Wassertonne neben dem Vorbau mit der Eingangstür, von der weisse Farbe abblättert, steht mein Fahrrad…

Wie die beiden das Haus betreten, schliesse ich die Augen und als ich sie wieder öffne, stehe ich im hellen Licht des Hendekagon-Raumes und die Frauenstimme aus dem Lautsprecher fordert mich auf, mich nun sofort vor die Tür mit der Nummer zwei zu stellen.

## Tür 2: An der E40

Sie öffnet sich und binnen Sekunden werde ich mitten auf einen Parkplatz teleportiert. Es ist ein heller Sonnentag. Von jenseits eines mickrigen Föhrenbestandes auf einem Erdwall röhrt Verkehr. Stark befahrene Autobahn. Ein Balken über der Szene informiert «*An unserer E 40, die Europas Westen mit Europas Osten verbindet*». Eben rollt ein fünfachsiger weisser Mercedes-Truck an mir vorbei Richtung Einfahrt. Auf der Seitenblache steht der Schriftzug *Intereuropa. Global Logistic Service*. In der Mitte des

Platzes, hinter der TOTAL-Benzinstation, eine Baustelle. Am Bauzaun kleben rote Folien, auf denen in weisser Schrift steht: *ICI PROCHAINEMENT - BURGER KING – WHOPPER IS COMING!* und *DERNIERS JOURS POUR ALLER CHEZ LA CONCURRENCE.* Auffällig viele der geparkten Wagen haben ein Nummernschild mit einem B unter dem EU-Sternenkranz. Bin ich in Belgien? Dazu würde passen, dass eine der monumentalen Tafeln am Rand des Platzes für das RADISSON BLU EU & WILLARDS RESTAURANT, 1000 BRUXELLES wirbt. Daneben steht auf der einen Seite BUVEZ COCA COLA. YOU CAN'T BEAT THE FEELING und auf der anderen LE TOP 10 DES MEILLIEURES BIÈRES BELGES. Aber wo sind die Adressaten dieser appetitanreizenden Botschaften? Es ist sonderbar: Zu Hunderten stehen die Fahrzeuge auf den mit weisser Farbe umrandeten Parkfeldern, in peinlicher Ordnung ausgerichtet. Die hochglanzpolierten Karos-serien glänzen im Sonnenschein. Es dominieren die Lackfarben Weiss, Grau, Schwarz, Rot. Ich bewege mich in einer Gasse zwischen den Wagen hindurch. Zwischen Motorhauben, Kühlergrills, Scheinwerfern, Stossstangen, Auspuffen verchromt und unverchromt, Bremslichtern, Rückfahrscheinwerfern ... Aber die Insassen? Wo sind die geblieben? Vom Winde verweht? Alle abgehauen? Ihre Fluchtwagen einfach stehenlassen und zu Fuss weiter, mit Gepäck und Kindern aufm Arm über die Grenze, irgendeine Grenze verschwunden? In einer Art Massenflucht historischen Ausmasses? Aber Grenze? Was für eine Grenze denn? Hier gibt es weit und breit keine essentielle Grenze. – Ausser dem Rauschen des Verkehrs jenseits des Erdwalls kein Zeichen von Leben. Ich verspüre den Impuls, mir diesen VR-Helm abzunehmen und nachzufragen, was das soll, und zögere nur, weil ich befürchte, den Typ, mein Ebenbild, dessen Moderatem ich bereits wieder rieche – damit in berserkerhafte Wut zu versetzen. - Aber halt! Da bewegt sich nun doch etwas zwischen den Autos am Rand des Platzes. Man muss Geduld haben. Zwei Personen, Adam und Eva vielleicht, am Ende ihrer Geschichte angelangt und wieder allein mit sich, die Nachkommenschaft hat sich verdünnisiert. - Ich will sehen, was sie treiben und setze mich in ihre Richtung in Bewegung, höre, wie meine Füsse auf der Tretmaschine strampeln, während auch die beiden nicht untätig sind: Sie schlängeln sich durch die parkierten Gefährte hindurch von mir weg, auf die Buschwerkwand am Rand des Platzes zu – erreichen sie, schlüpfen hinein, tauchen weg, hängen mich ab, das ist ein neuralgischer Punkt, sie glauben vielleicht, mich bereits abgehängt zu haben, ein Beobachter stört ihre Zweisamkeit. – Aber so nicht, meine Lieben! Nicht mit mir! Ich spute mich, das soll ich ja vermutlich auch, aktiv, interaktiv an der Situation teilnehmen, das ist es, was die Algorithmen des Installationsprogramms von mir erwarten. An der Stelle, wo sich die beiden ins Grüne aufgelöst haben, beginnt ein Pfad, ich folge ihm, nach einem kurzen Korridor lichtet sich das Gestrüpp zu einem lauschigen Trimm-dich- und Fitness-Plätzchen, der Boden ist dicht mit Rindenmulch beschüttet und mit

Fitness-Geräten bestückt: Rücken-, Hüft-, Beintrainer, Klimmzugstangen und so Zeug, eine Hangelleiter ist da, auch Affenleiter genannt. An der hangeln Adam und Eva, voilà, ich habe wieder Anschluss und höre gerade noch, wie sie zu ihm sagt: «Das hätt ich nie nie nie tun sollen, niemals, hätt ich bloss nicht auf dich gehört damals!», und er antwortet: «Mach kein Theater! Das einzig Richtige war's.» Sie lässt sich von der sogenannten Affenleiter fallen: «Ich hab meine Tasche im Wagen gelassen», sagt sie, ihre Stimme klingt erstickt. Fluchtartig verlässt sie den Schauplatz via Buschgang. Sie ist schlank und blond, aber schon ist sie weg.

Und nun bin ich mit dem hangelnden Adam allein. Er ist ziemlich dick. Sein Schatten auf dem Rindenmulch – ein schwingender Sack.

Er presst sein Doppelkinn gegen die Brust. Er hat das Gesicht eines Mannes, der überall zu Haus ist. Ich weiss, das sagt nichts, es ist ein nichtssagendes Gesicht, rund, rötlich, feist, die Augen klein, grau, kühl, gewohnt, die Dinge zu nehmen, wie sie sind, er ist sicher schon Hunderte von Kilometern gefahren heut, meistens auf der Überholspur, da gehört er hin, denkt er sich wahrscheinlich, jetzt fühlt er Steife im Kreuz und will ein wenig lockern, sich locker hangeln. Selbst bei gestrecktem Körper wölbt sich der Bauch wie ein Drumlin unter dem T-Shirt, das vorn bedruckt ist: Unter einem VW-Signet und dem Schriftzug "Speed-Camp" ist die Front eines VW-Busses abgebildet, aus dessen Seitenfenstern schwarz-weiss karierte Rennfahnen flattern. Darunter steht *Going faster since 1952*. - Moment mal! Haben sich dem sein Weg und meiner nicht schon mal gekreuzt? Und zwar unterwegs? - In Deutschland, Sommer, Ende Juli…

Möglich, dass ich ihn anstarre.

«Was guckste so behindert?», fährt er mich an, «bist ein schwuler Spanner oder was?»

Bei Aggression in dieser Dosis bekomm ich Herzflattern.

«T'schuldigung», versuch ich abzuwiegeln, «sind wir uns nicht schon mal begegnet?»

Er lässt sich von der Hangelleiter auf den Boden plumpsen, wischt sich die Hände. Sein Mund zwischen zwei Speckfalten schaltet auf Verachtung.

«Nee», sagt er, «Partys mit Schwuchtiberts stehen bei mir nicht in der Agenda. Linke-Zecken-Feste auch nicht.»

Da rollt was in die verkehrte Richtung. Wo ist der Schalter für die Weiche? Wie schaff ich die Karre auf mein Gelände?

Ich versuche es mit einer Gegenoffensive, zaghaft:

«Aber im Glasbau verkehren Sie doch regelmässig? Der ist Ihnen ein Begriff?»

Bingo!

Er geht zum Radtrainer, klemmt sich den Sitz unter, packt mit beiden Händen den Griffbügel und beginnt mit nach aussen gespreizten Füssen die Pedalkurbeln zu treten.

«Jedes Arschloch meint neuerdings Anrecht auf einen Gratis-Eintritt zu haben.»

Ich installiere mich mehr schlecht als recht auf dem Gehtrainer.
«Kommen ohne nichts und vermehren sich wie die Karnickel. Eines Tages werden sie uns das Brot vor der Nase wegfressen.»
«Alle wollen rein in den Glasbau», sag ich, «und wenn man drin ist, ist man drin. Ein Zurück gibt es nicht.»
«Dafür gibt es jede Menge Idioten, die am Eingang mit der Willkommensfahne wedeln! Wetten, bist einer von denen!»
«Es geht um Menschlichkeit. Die steht auf dem Spiel.»
Er lacht höhnisch. Tritt wütend in die Pedale.
Derweil ich vergeblich versuche auf dem Gehtrainer in Gang zu kommen. Aber meine Bewegungen schiessen an der Apparatur vorbei, übersetzen sich nicht ins Gestänge. Ich bin in einem Interaktivitätsloch. Das sind die Grenzen des litauischen Ersatzprogramms.
«Hör mal, du Weltbeglücker», sagt er, und seine Äuglein glitzern rot und böse, «wenn man keine Ahnung hat, sollte man wenigstens die Fresse halten - oder Zweit-Ansage: Wenn du schon nicht die Fresse halten kannst, solltest du wenigstens Ahnung haben. Menschlichkeit! - Sagen wir's so: Dein Problem passt nicht zur Lösung. Baust dir ein Haus, stemmst dir den Arsch in die Hose, dass alles wird, wie du willst – und da steht es, gross, schön, teuer - alles dran, alles drin, dann machst du die Tür auf, verkriechst dich unters Bett und schaust zu, wie Horden von Schmarotzern, Zeckenzüchter, Clochards anmarschieren, sich darin breitmachen und alles demolieren. Jetzt sag, so einer ist kein Vollgasidiot!

«Haus ist falsch, Schmarotzer ist falsch, im Glasbau erhalten alle...», will ich sagen, aber das Programm sieht nicht vor, dass ich zu Wort komm, denn es nähern sich Schritte: Seine Frau kommt zurück - da ist sie schon und steht in komisch verkrümmter Haltung unter dem Gebüsch-Eingang zum Trimm-dich-Platz.

Ganz verheult sieht sie aus.

«Fredy», schluchzt sie und windet sich, «die Tasche ist weg. Es ist nicht meine Schuld, du hast die Tür nicht verriegelt, auf deiner Seite ist sie sperrangelweit offen gestanden und auch die Mappe ist weg, die schwarze Mappe... bitte, bitte, Fredy, nicht schimpfen, nicht schimpfen, ich kann nichts dafür...!»

Super! denk ich, aber jetzt, im falschen Moment fällt, Finsternis wie ein nasser Vorhang über die Szene. Geblendet vom Dunkel stehe ich in der Nacht. Weit unten liegt ein grünlich schimmerndes Rechteck. Das ist der Parkplatz an der E 40, wo ich eben noch war, vermutlich irgendwo in Belgien, vermutlich nicht weit von Brüssel. Da war ich vorher noch nie, egal, der Typ hat mich mit Dreck beschmissen und ich hab ihm zu wenig entgegengehalten. Der hat mich zur Minna gemacht, und ich hab ihn lassen, ich Weichei! Bin wieder mal meinen Mann nicht gestanden! Ich will zurück in die Szene, den Punktestand ausgleichen, ihm klar machen, was Recht und Anstand ist, unmissverständlich, aber es geht nicht, das Programm drängt nach vorn, geht weiter, es gibt keine Rewind-Taste, keine Stop-Taste, es gibt keine zweite Chance, ich werde ins Hendekagon zurück ausgespuckt. Da stehe ich perplex im Angesicht meiner vielfachen Spiegelbilder, aber die *Soulmate*-Stimme gönnt mir keine Bedenkpause, sondern beordert mich vor die dritte Tür.

## Tür 3: An unserer E 45

Nun ist es Nacht und scheint zu nieseln. Die Büsche in der Böschungsschräge sind fast kahl. Nur vereinzelt hängen noch Blätter. Es könnte gegen Ende November sein.

Zwei Personen gehen im Finstern am Rand einer sechsspurigen Strasse. Ein Schriftbalken am oberen Rand verrät: Es ist die E 45, die von Nordfinnland (Karesuando) bis an die Südspitze Siziliens (Gela) führt. - Ich erkenne eine Frau und ein Kind. Mutmasslich handelt es sich um eine Grossmutter mit ihrem Enkel. Der Junge ist noch klein. Er muss sich Mühe geben, mit der Grossmutter Schritt zu halten. Trotz Dunkelheit sehe ich, wie seine hellen Beinchen in den kurzen Hosen strampeln. Ich trotte hinter ihnen her. Den angestrahlten monumentalen Anzeigetafeln nach zu beurteilen befinden wir uns kurz vor Bologna. Das Verkehrsaufkommen zwischen drei und vier Uhr früh ist enorm. Wie von Geisterhand getrieben gleiten Fahrzeuge mit abgeblendeten Frontlichtern entgegen. Zu hören ist das rasch an- und abschwellende Zischen der Pneus auf dem nassen Asphalt. Nur selten das vertraute Brummen eines Benzinmotors.

„Ist es noch weit?“, fragt der Junge.

„Nein“, sagt die Grossmutter, «wir sind bald da.»
«Wer ist der Mann hinter uns?
«Der geht uns nichts an, acht nicht auf ihn.»
«Er stört mich aber.»
«Acht nicht auf ihn! Er gehört nicht zu uns. Beeil dich!»
«Und wenn wir da sind, was ist dann?
«Du weisst es. Ich hab es dir schon hundertmal erklärt!»
«Ich hab es vergessen.»
«Dann kommst du an die Maschine.»
«Ich will aber nicht.»
«Doch, du willst.»
Am Strassenrand vor uns tauchen schummernde Lichter im Nieselschleier auf.
Die Grossmutter dreht sich zu dem Jungen um: «Komm! Beeil dich!» - Vorn stehen Gestalten am Strassenrand. Graue Silhouetten in schmutzigem Schummerlicht, aber nun sind es schon mehr als Silhouetten. Sie haben sich ihre Jacken über die Köpfe gezogen, um sich vor der Nässe zu schützen. Einige halten Petrollaternen in die Höhe, als würden sie die Ankömmlinge erwarten. Am Rande des schwankenden Lichtkegels erkennt man ein paar notdürftig aus Kistenholz zusammengenagelte Hütten. Zusammengezwängt stehen sie auf dem schmalen Streifen zwischen Fahrbahn und Böschungsdickicht. Auf den Dächern festgetackert Blachen aus aufgetrennten Kehrichtsäcken gegen die Nässe. Die Lichter der Fahrzeuge spiegeln sich auf den nassen Oberflächen.

Die Grossmutter belfert: «Das Pack, das verfluchte!»
Das Pack stellt sich der Grossmutter in den Weg. Der Junge zählt nicht. So leicht wird da kein Durchkommen sein. Ausweichen auf die Fahrbahn geht nicht, das wird der zischende Verkehr nicht zulassen. Und auf der Böschungsseite ist Dickicht, undurchdringlich. Im Licht-schein der Laternen formiert sich lautlos – in gespenstischer Routine - ein dichtgedrängter Chor kleingeschrumpfter Greise und Greisinnen, alle unter überweiten Plastikregenhäuten, von denen Wasserperlen im Dunkeln aufglänzen. Als sich die Grossmutter und der Junge auf zehn Meter genähert haben, deklamieren sie mit brüchigen Stimmen:

«Man nennt uns die Lackierten.
Man nennt uns die Frustrierten,
Faschisten, Kommunisten,
Rassisten, Terroristen.
Uns hat das Glück verarscht,
ein Fluch auf jeden, der sich
statt unser an der Sonne aalt,
während wir hier Scheisse fressen.
Wir fluchen auf das grosse Ganze
Das nicht mehr ist, was es mal war,
wir fluchen auf die gefakte Show!
Wir warten und warten und warten!

Man nennt uns die Lackierten.

Man nennt uns die Frustrierten,
Ein Fluch auf die Hirnis da oben,
die alles ersinnen, ein Fluch
auf den ganzen Schmarotzer-Verein,
ein Fluch auf die Korrekten
in ihren blütenweissen Westen,
die uns zu Schweinen machen,
und unsere Ideale schreddern.
Ein dreifacher Fluch auf das grosse Ganze
das nicht mehr ist, was es mal war,
das Leben und überhaupt alles.
Wir warten, wir warten, wir warten!»

Die Grossmutter fuchtelt mit den Armen und schreit: «Auf die Seite, macht Platz ihr, wir müssen durch, wir sind pressant!»
Der Junge klammert sich an sie.
Der Chorleiter, zum Zeichen seiner Würde trägt er einen roten Federkranz unter der Plastikkapuze, tritt vor: «Habt ihr gehört, Kumpel, pressant ist sie, pressant schon um Viertel nach vier! Wollen wir wetten, sie schleppt ihren Bengel da in die Stadt zur Maschine, der Maschine zum Frass. Wollen wir wetten? Wohin wenn nicht zur Maschine!»
Der Junge greint: «Ich will aber nicht.»
Wie aufs Stichwort setzt der Chor wieder ein:

«Die Maschine ist das Kalb,

um das sie tanzen.
Maschine heisst die Hure,
der man sich entgegen wälzt,
Derweil wir klugen alten Frommen
hier am Strassenrand verkommen.
Mensch, wenn du Ohren hast, dann höre:
Aus der Maschine, diesem Schlangenei,
wir niemals dir ein Küken kriechen!
Wehe wehe wehe, wenn
du mit Seel und Leib diesem
Götzending verfällst!»

Die Grossmutter kneift ihre Altfrauenlippen zusammen und will den Chor gegen die Strasse hin umgehen, aber da ein Fahrzeug hinter dem andern daher schiesst, wagt sie nicht, auf die Fahrbahn hinaus. Versuch auf der Böschungsseite ... sie zerrt den Jungen hinter sich her. Aber schon trippeln zwei Dutzend Greisenfüsse – eine solche Reaktion hätte man ihnen nie zugetraut - und als geschlossener Block stellen sich die Choristen der Grossmutter in den Fluchtweg. Sie bilden eine Mauer. Der Nieselregen hält an. In den Lichtpfützen vor den Fahrzeugen wimmeln Milliarden Tröpfchen.
Der Chorleiter wirft sich vor der Alten und ihrem Enkel in Predigerpose:
«Haltet inne, haltet ein, Frau, besinnt euch! Warum das unschuldige Kind auf die Opferbank vor den verfluchten Moloch

zerren? Verschont die junge Seele, ich beschwör euch, schliesst euch uns an, ihr seid willkommen in unserer Mitte!! Seid alteingesessen wie wir alle, vermutlich auch irgendeinem Reservat entronnen. Macht mir nichts vor! Ich seh's euch an, es steht euch ins Gesicht geschrieben, Zug für Zug, um Mund und Aug, gespannt die Haut, das Haar, ich wette, so verhärmt wie meins. Nein, Frau, ihr könnt euch nicht verbergen – seid uralteingesessen, wer sonst als eine von den Unseren hetzte quer durch Nebel, Nacht und Regen, heimatlos, vertrieben wie wir alle, alles hat man uns genommen. Bleibt bei uns, Frau, mit dem Jungen, wir brauchen Blutverjüngung – fünfundsiebzig sind wir im Schnitt. .»

Mit blinden Scheiben zischen die Fahrzeuge vorüber. Die Räder reissen den Wasserfilm auf dem Asphalt auf. Sie machen ein Geräusch, als würden Papiere von einem unendlichen Stapel zerrissen. Ritsch-ritsch-ritsch…

Vor mir steht der Junge. Er ist fünf oder sechs. Manchmal dreht er sich nach mir um und mustert mich linkisch von oben nach unten. Das Lid seines linken Auges hängt etwas herunter. Sein Blick ist trüb, verschlafen. Er mag mich nicht. Ich kann seine Abneigung körperlich spüren.

Sonst scheint mich hier keiner zu beachten. Sie haben mit sich zu tun.

Die Grossmutter wirft mit den Armen: «Platz da, Lumpenpack, oder ich ruf die Polizei!»

Sie wühlt in der Umhängetasche, die sie über die Schulter trägt und droht mit dem Mobiltelefon.
Die Choristen halten sich gegenseitig untergehakt, unrasiert, zerzaust, wie sie sind, stehen sie Schulter an Schulter, eine Mauer aus Greisenbosheit, Feindseligkeit. Die Petrollampen hinter ihnen im Gras. Verdrücktes Lachen: «Hä hä hä, hört hört, die Bullen will sie rufen!»
Der Chorführer hebt nochmals beschwichtigend seine Arme.
«Habt ein Einsehen, Frau, was hindert euch hierzubleiben?»
«Was mich hindert? Halunken, ihr hindert mich! Und vierzig Jahre lang war's mein Alter, der Sturkopf. Der Strohkopf. Endlich hält er seine Gosch. Er ist tot und jetzt will ich meinen Willen und der Junge da, er ist von meiner Tochter, der kommt mir zur Maschine, damit er das Zeichen erhält, damit er seine Zukunft hat - und nicht verrottet hier draussen - wie ihr, ihr ewig Gestrigen!»
Die Choristen drängen sich noch näher zusammen und deklamieren in leidlicher Synchronizität:

«Das Zeichen, das Zeichen, das Zeichen -
nur über unsere Leichen!
Im Namen der Jungfrau auf dem Stier
sind Ureinwohner wir, hingekotzt,
hingerotzt an den Rand der E 45.
die Finnland mit Sizilien verbindet,
die Sizilien an Finnland bindet.

Wir lassen die Maske fallen:
Wir sind der Dreck, der Dreck, der Dreck
hinter der globalen Massenflucht,
die Widerhaken im globalen Versprechen,
der Abschaum vorm Maschinenpark
Wir, die letzten Ureinwohner,
stehn auf tattrigen Beinen quer.
Im Namen der Jungfrau aufm Stier,
verharren wir in Nacht und Nebel.
Wir hassen das Zeichen!
Wir pfeifen auf Anschluss!
Pfeifen aufs Labor Zukunft!
Die Zeit soll über uns hinweg,
wir trauern ihr keine Träne nach.
Wir regeln unsern Fortbestand
auf unsere Art und Weise:
Der Junge bleibt, das junge Blut
fällt uns anheim!
So lautet der Beschluss.
Und unser Ernst ist tödlich!»

Der Junge beginnt zu schreien. Der Chorführer hat bereits Hand an ihn gelegt. Man hört das Gezeter der Grossmutter, aber jetzt fällt, als würde von oben schwarze Tinte geschüttet, undurchdringliche Finsternis über die Szene. Das Getrampel von Füssen und mehrstimmiges Geheul verhallen in der Ferne. Eine matt leuchtende Lichtschlange windet sich durch das Dunkel. Das ist die E 45 kurz vor Bologna.

Was ist geschehen?

Ich werde ins blendend helle Hendekagon zurückkatapultiert. Für ein paar Sekunden muss ich mich an das scharfe Licht gewöhnen. Dann sehe ich, wie die Ziffer über der nächsten Tür blinkt. «Können wir nicht mal kurz eine Verschnaufpause einlegen», sage ich in der Hoffnung, die *Soulmate*-Frau könne mich hören. Tatsächlich kommt sogleich ihre Antwort: «Jetzt nicht, Per!», sagt sie, «eine längere Pause ist erst nach Tür 6 vorgesehen. Bewege dich jetzt zur Tür 4, damit der kompositionelle Zusammenhang des Ganzen dir vernehmlich wird.»

## Tür 4: High noon

Auf dem Titelbalken ziehen Reizwörter vorüber: *ARBEIT, MOTIVATION, IDEEN, AMBITION, LEIDENSCHAFT, VISION, INNOVATION, TRÄUME, KREATIVITÄT, ARBEIT …*

Das Dunkel lichtet sich in einem quadratischen Hinterhof. Er ist voll von Leuten, die gedrängt stehen und auf etwas zu warten scheinen. Nur in der Mitte ist ein Kreis frei. Darin liegt ein merkwürdig geformter Schatten am Boden. Ich kann nicht erkennen, woher er kommt; seine Gestalt sieht aus wie ein Tier mit zusammengebundenen Füssen. An den Fassaden der Mietskasernen sind, zum Teil offensichtlich über Fenster hinweg, farbige Werbetafeln mit Heilsbotschaften befestigt*: Es ist Zeit, Träume auf die Strasse zu bringen. - Wir erobern die digitale Welt. - Rechnen Sie mit ein bisschen Neid.* - Von Kühlergrills prangen die Markenembleme auf die Menge herunter. Geworben wird für deutsche Automobile. Aber auch Unterwäsche ist dabei: *The real you is sexy. – Nice or naughty? – She's got the body to die for*. Es scheint um Mittag herum zu sein. Die Sonne steht steil über den Köpfen der Menschen. Manche futtern stehend aus Foodboxen. Asiatische Sticks sind vertreten, aber die weissen Plastikgabeln überwiegen. Die Schatten der Körper sind kurz. Über dem einen Dach ist in starker Verkürzung die Turmspitze eines gotischen Münsters zu erkennen. Die meisten Menschen schweigen. Die Stimmung ist verhalten, in sich gekehrt. Etwa wie in einem Wartezimmer bei einem Arzt. Allerdings die Frau neben mir scheint geradezu Logorrhoe zu haben. Pausenlos flüstert sie auf eine Jüngere ein, vielleicht ihre Tochter: «… hast ja nicht mal 'nen Vollzeitjob, kein Kind, quasi keine Familie und so weiter an den Hacken, aber der Job macht dich fertig? Glaubst du nicht, dass man in anderen Jobs ebenfalls immer voll am Limit ist, dass man da nicht Leistung bringen muss und so weiter. Wie hast du dir das mit dem Lebensunterhalt vorgestellt, wenn du schon jetzt keinen Vollzeitjob schaffst? Wie willst du's angehen, dass du stabiler wirst? Ich hör dich nur jammern, jeder soll dir die Hand tätscheln und du Arme sagen, aber ich seh da nichts, wie du die jetzige Situation ändern willst, dass du a) für dich selber sorgen kannst und b) psychisch auf die Höhe kommst...»

Die Sprecherin ist eine strahlende Erscheinung, strotzend gelb und blond; die neben ihr dagegen ein schwarzer Strich; mit spitzer Stimme setzt sie zur Entgegnung an: «Aber wenn ich die siebenhundert Ende Monat…wenn du…Hardy meint…»

«Hardy? Hör ich recht? Hardy! Meinst du, der zieht dir den Karren aus dem Dreck und so weiter? Du spinnst ja. Ausgerechnet dieser Kokser!»

«Dann halt fünfhundert. Mit fünfhundert bin ich aus dem Gröbsten raus. Du bekommst sie zurück. Garantiert. Kannst beruhigt sein.»

«Beruhigt? Ich beruhigt? Wieso soll ich beruhigt sein!»

Aber jetzt geschieht noch etwas anderes. Der dünne Stimmenteppich über der Menschenmenge reisst. Die Blicke lösen sich von den Foodboxen. Gespannte Stille tritt ein. Auch die beiden Frauen neben mir recken die Köpfe Richtung Torbogen auf einer Seite des Hinterhofes. Von dort her scheint sich ein Keil in die Menschenmenge zu schieben. Man muss Platz machen. Drei Männer bahnen sich eine Schneise durch das Gedränge. Bereitwillig rückt man zur Seite und schafft einen Korridor. Jetzt erreichen die drei schon den freien Kreis in der Mitte des Hofs. Es ist ja nicht weit. Sie stellen sich darin auf. Da stehen sie. Alle Blicke sind auf sie gerichtet.

Die zwei an den Flanken sind grösser als der in der Mitte. Sie tragen dunkle Anzüge und diskrete Krawatten und machen einen offiziellen Eindruck. Sie halten den Mittleren an den Ellbogen in festem Griff. Er muss, was sie wollen. Er ist eine eher kümmerliche Gestalt; er hält sich nun mit beiden Händen eine Karton-Tafel vor die Brust. Darauf steht in gut lesbarer Handschrift *Ich bin ein Schwein*! Die letzten beiden Wörter in roter Farbe. Der Angeklagte hat rötliches kurzes Haar, einen rötlichen Schnurrbart, hellblaue Augen, eine babyzarte Gesichtshaut; unsichtbare Kräfte toben von innen her auf seinem Gesicht und schleudern seine Züge durcheinander. Er ringt um Haltung, aber den harten Blicken der Menge hat er nichts entgegenzusetzen. Also stiert er auf seine Schuhspitzen, die Schuhe scheinen neu zu sein, es sind sportliche Wildlederschuhe, wahrscheinlich fühlen sich seine Füsse wohl darin, nun sind sie sein letzter Halt. Sie schwimmen in einem Schatten, der mehr ist, als sein eigener kurzer Schatten. Ich würde ihm gerne helfen, obwohl er mir keinen sympathischen Eindruck macht - seine Hilflosigkeit hat etwas Hündisches – aber ich weiss nicht wie. Zudem hätte er es auch nicht verdient, er ist ein Schwein. Er hat sein Daseinsrecht in der menschlichen Gesellschaft mit Füssen getreten. Aus der Menschenmenge ist kein Laut zu vernehmen. Alle Augen sind auf den Widerling in der Mitte gerichtet. Der Stoff seiner Hose verfärbt sich vorn dunkel. In seiner Angst hat er in die Hose gepisst. Es ist ein erbärmliches Bild, aber es bestätigt das waltende Gesetz. Ein Herr aus der vordersten Reihe tritt in das Rund und stellt sich vor den Angeklagten und die beiden andern hin. Von einem Blatt liest er mit lauter

Stimme das Gerichtsurteil. Der Angeklagte wird dazu verurteilt, sich dem Ummannungs-Verfahren vom Typ K3 zu unterziehen. Die Kosten der Behandlung muss er selbst tragen. In der Urteilsbegründung wird weitschweifig argumentiert, weshalb das Gericht ein höherstufiges Verfahren in diesem Fall für nicht angebracht erachtet. Ich habe Mühe, der verzweigten Argumentation zu folgen. Als der Richter geendet hat, hört man aus der Menge K4! K4! schreien, eine sich überschlagende Stimme fordert K5, aber der Richter ermahnt die Rufer mit strenger Miene, Respekt vor dem Gericht zu bewahren. Der Angeklagte steht zwischen den beiden Wächtern und weint. Der Rotz läuft ihm aus der Nase zum Mund hinunter. Wie zum Schutz hält er die Tafel, die ihn als «Schwein» brandmarkt, vor sein Geschlecht und den grossen schwarzen Urinfleck. Einer der Wächter flüstert ihm Worte zu, vielleicht aufmunternde, aber er schüttelt nur den Kopf. Die schwarzgekleidete junge Frau, die vorhin mit ihrer Mutter gestritten hat, sagt: «K3 ist das Minimum.» Ich wende mich an sie und frage: «Entschuldigen Sie, was ist K3?» - Sie schaut mich an, als wäre ich nicht richtig gebacken: «Die dritte Stufe halt.» «Das ist genug», mischt sich die maisgelbe Mutter ein, «unser Nachbar ist auch K3, seither ist er in Ordnung,», sagt sie, als wäre damit alles erklärt. «Inwiefern in Ordnung?», frage ich, doch ich bekomme keine Antwort, denn vorn passiert wieder was. Während der Verurteilte von seinen Wächtern mehr aufrecht- als festgehalten wird, lösen sich zwei weitere Helfer des Gerichts aus der Menge. Es ist ein

Mann und eine Frau, beide in Jogginghosen und Joggingschuhen. Sie bewegen sich schnell und elastisch. Unterhalb einer der grossflächigen Werbetafeln, auf denen für Unterwäsche geworben wird (The real you is sexy) schieben sie mit vereinten Kräften ein Schiebetor zur Seite. Da muss eine Garage oder Remise sein. Daraus rollen sie einen rosa lackierten Apparat, der aussieht wie ein überdimensionierter Kühlschrank. Er überragt die beiden Helfer um gut einen Kopf. Das Gerät muss hunderte von Kilos wiegen, denn die beiden mühen sich ab, bis es genau hinter dem Verurteilten steht, an dessen Körper sich die Wächter jetzt mit breiten Gurten zu schaffen machen. Er weint jetzt nicht mehr, sondern verfolgt mit apathischer Gleichgültigkeit, was mit ihm geschieht. Die Schandtafel wird ihm abgenommen. Mit professionell wirkenden Handgriffen werden seine Beine über den Fussknöcheln zusammen-gebunden, die Oberarme und Handgelenke an den Rumpf gefesselt. Es ist der Richter selbst, der die Tür der Apparatur geöffnet hat. In dessen Inneres kann ich leider nicht sehen, dazu stehe ich am falschen Platz. Die Wächter heben den Verurteilten hoch, schieben ihn ohne weitere Umstände nach hinten in den offenen Apparat hinein. Einer redet dem Verurteilten noch kurz zu, vielleicht gibt er ihm noch diese oder jene Anweisung oder diesen oder jenen Ratschlag, bevor er die Tür vor ihm zudrückt. Wie auf Kommando bricht jetzt die Menschenmenge in einen feierlichen Gesang aus. Es ist das *Halleluja* von Leonard Cohen. Ich könnte mitsummen, tue es aber nicht. Wenn das Lied zu Ende ist, beginnt man von vorn. Mitten im dritten Durchgang, tritt der Richter, der sich zwischenzeitlich in die Menge zurückgezogen hat, wieder in das Rund und gibt den Wächtern ein Handzeichen. Die öffnen die Tür des Apparats, dem man von aussen in keiner Weise angesehen hat, ob und wie er im Betrieb war. Die Wächter ziehen den Frischbehandelten aus dem rosa Gehäuse heraus; er scheint noch nicht selbständig stehen zu können, sie müssen ihn unter den Achseln halten. Langsam drehen sie ihn um seine Achse und präsentieren ihn dem Publikum, das sich so vom Resultat der Behandlung überzeugen kann. Auf der Stirn des Mannes prangen gut lesbar die schwarz tätowierten Schriftzeichen 'K 3'. - Alles applaudiert, nicht frenetisch, sondern eher wie nach einer mittelmässigen Theatervorstellung: verhalten, rituell höflich. Die Frau in der Jogginghose hält dem Mann jetzt ein Blatt Papier vor die Nase und bedeutet ihm, laut zu lesen, aber was aus ihm herausquillt, ist nicht mehr als ein verschleimtes Gebrabbel. Die Frau schüttelt verärgert den Kopf und liest an seiner Statt laut vor: «Ich werde mich fortan mit allen mit zur Verfügung stehenden Kräften bemühen, respektvolle Beziehungen zu Menschen und Dingen ausserhalb meiner einzugehen und diejenigen lieben, die mich lieben und für mich sorgen und traurig über ihre Abwesenheit sein. Mit aller mir zur Verfügung stehenden Energie werde ich Liebe und die Dankbarkeit in mir fördern und entwickeln und danach trachten, sie nach aussenhin wirksam werden lassen. Das gelobe ich hiermit feierlich.»

Abermals lahmer Applaus. Viele sind bereits wieder mit ihren Plastikgabeln oder Essstäbchen beschäftigt. Die Mittagspause dauert ja nicht ewig.
Der Richter befiehlt mit herrischen Handzeichen, einen Korridor für den Abtransport des Therapierten freizumachen. Als langsam Dunkelheit über die Szene fällt, sehe ich noch, wie die Wächter sich mit dem frisch Gekennzeichneten Richtung Hofausgang in Bewegung setzen.
Ich bin froh, kann ich ins Hendekagon zurück. Ohne weitere Anleitungen der *Soulmate* abzuwarten, nehme ich, da ich nun mal in diesem Programm drin bin und es irgendwie bewältigen muss, sogleich die nächste Tür in Angriff.

## Tür 5: Die Rede vom Patienten-Trolley herunter

Man katapultiert mich in einen langen Korridor. Allmählich werde ich müde. Diese abrupten Szenenwechsel! Bei welcher Installation bin ich jetzt? Der Korridor ist schmal und bedrückend niedrig. Muss ich das über mich ergehen lassen? Für 20 Euro! Bitte sehr! - Die Wände und die Decke sind fleckenlos weiss. Der Fussboden beige, mattes Linoleum. Es ist blendend hell im Gang, aber ich sehe nicht, woher das Licht kommt. Ich habe das Gefühl, es rieche nach chemischen Substanzen. Der Korridor läuft auf eine Doppeltür aus Chromstahl zu. Ein Aufzug. Auf der linken Seite das Tableau mit den Bedienungsknöpfen. Einer blinkt. Bevor ich mich in Bewegung setzen kann, schieben sich vorn geräuschlos die beiden Lift-Türflügel auseinander und wie von Geisterhand betrieben rollt ein Patienten-Trolley aus der Kabine heraus. Ein Wagen, wie man sie in Krankenhäusern braucht, um Patienten in den Operationssaal zu rollen. Ein ferngesteuertes Modell. Die Tür des Aufzugs schliesst so lautlos, wie sie sich geöffnet hat. Der Trolley steht im Korridor, jemand liegt darauf. Wie der Wagen steht, sehe ich zwei dürre Füsse mit gräulichen Fusssohlen. Ein paar Sekunden lang geschieht nichts. Ich stehe in diesem blendend hellen Korridor. Zwanzig, dreissig Meter von mir entfernt steht der Trolley mit dem Menschen drauf. Er bewegt sich nicht. Ist er narkotisiert? Frisch operiert? Ist er tot? - Was soll ich hier? Mir ist unbehaglich zumut. Ich schaue hinter mich. Am andern Ende des Korridors ist eine Tür. Vielleicht ein Ausgang! Ich haste hin. Der Gang ist lang. Es klebt ein Schild an der Tür: «Kein Zugang für Unbefugte». Ich drehe am Türknauf, rüttle. Vergeblich. Ich spüre die Last auf der Brust. Die alte, uralte Last. Wie ich mich zurückwende, sehe ich, dass die Gestalt auf dem Trolley sich aufgerichtet hat. Er stützt sich auf seine Ellbogen und blickt mir entgegen. Es ist ein brandmagerer, älterer Mann in einem weissen Operationshemd. Sein Hals ist lang und dürr. Er gleicht einem Geier. Sein Gesicht ist ausgezehrt, gelbe Bartstoppeln wuchern um seinen Mund und am Kinn. Er scheint nur aus Haut und Knochen zu bestehen. Ich nicke ihm eine Art Gruss zu, bringe aber keinen Ton heraus.

«Na, junger Mann», sagt er leise, «endlich hier?»

Seine Stimme klingt müde und schwach.

Seine Augen blicken schlierig, milchig.

«Ich will raus», sage ich.

«Bist du nicht schon zu alt, um dir Illusionen zu machen?»

«Illusionen?», sag ich und schlucke.

«Weisst du denn nicht, wo du bist?»

Der Typ ist nicht geheuer. Ich habe das Gefühl, er will mich aufs Glatteis führen.

«Ich bin im Zentrum Europas», sage ich, «heute Mittag habe ich die Säule mit der Sternenkrone gesehen. Und dem Aufgang entlang stehen achtundzwanzig Fahnenmaste mit den Flaggen aller Mitgliedstaaten der Europäischen Union.»

«Wie du daherredest! Die Flaggen sind für Dummies. Nationale Romantik gehört in die Sportarena. Du weisst nicht, wo du bist! – In einem *PMC* bist du, in einem der grössten *Persönlichkeits-Modulations-Center* der Region Baltikum, hier geht es um den reellsten Aspekt deiner Existenz, hier wirst du für die Glasstatt-Citizenship fit gemacht.»

«Glasstatt-Citizenship? Ich will keine Glasstatt-Citizenship! Ich will Purnuškės. Das Zentrum von Europa!»

«Purnuškės?» - Seine Stimme klingt mitleidig. Er schüttelt den Kopf. «Mit Purnuškės ist nichts. Purnuškės ist für Esel. Purnuškės ist deine fixe Idee. Für die paar Fahnen hast du doch nicht den weiten Weg hierher gemacht!»

«In meinem Herzen steht Europa gross. Nur das Kleingedruckte darunter kann ich nicht lesen», sag ich.

«Europa Europa Europa», entgegnet er matt, «was sind Namen? Schall und Rauch sind sie! Europa ist eine Glasstatt wie jede andere. Aber drin hast du deine Chance, falls du dir nicht selbst im Weg stehst. Hier am PMC werden dir Türen geöffnet. Unterzieh dich der Standortbestimmung: Wer bist du? Wofür stehst du? Wo möchtest du hin? Das musst du wissen, damit du dein Potential entfalten kannst! Mach dich fit! Zeig Talent! Stell es unter Beweis! Entwickle deine Marke und bring sie zur Geltung! Hier am PMC werden dir die nötigen Tools geliefert, profitiere, es ist die Gelegenheit, greif zu, es ist der Schlüssel zum Erfolg. Hol dir die Glasstatt-Citizenship-Card.»

«So habe ich mir, ehrlich gesagt, das Zentrum Europas nicht vorgestellt», sag ich.

«Die Entscheidung liegt bei dir, nur bei dir. Take it or leave it! Oder hast du Hemmungen? Auch Bedenkenträger haben bei uns ihr Daseinsrecht, die Nörgler, die Mutlosen, die Abgehängten, all die Mühseligen und Beladenen ...» - Man hört es an seiner Stimme: Er hält sie für Ausschussware; es ist nichts damit. - «Für sie gibt es grosszügig subventionierte Reservate», fährt er fort, «aber das Rad der Geschichte lässt sich nun einmal nicht zurückdrehen, Glasbau ist eben Glasbau - und kein Olymp. Auf ihm wohnen keine Götter. Ausserhalb des Glasbaus ist nichts, nichts als die tödlichste, menschenfeindlichste Kälte. Der Glasbau ist unsere einzige Heimat.»

«Das stimmt nicht», entgegne ich.
«Du wirst schon sehen», sagt er, «wenn du willst kannst du dich an meiner Stelle hier auf den Schragen legen.»
Sein erloschenes Gesicht bekommt plötzlich einen flammenden, flehentlichen Ausdruck:
«Nein!», sage ich. - Ich habe ein beklemmendes Gefühl. Mir schwant, ich kann da unversehens in eine ganz üble Geschichte hineinschliddern, falls ich jetzt einen falschen Schritt tue.
«Keine Angst», sagt er, «es geht ja vorerst lediglich um die systematische Bestandesaufnahme mittels des neuesten Programms von Human-Semantics.» - Er deutet hinter sich auf die metallene Doppeltür: «Es tut nicht weh. Es ist zu deinem persönlichen Vorteil. Du bekommst eine rationale Basis zur Beurteilung zukünftiger Entscheidungen. Wer sein Leben nicht plant, wird verplant! – Und wer sich freiwillig unterzieht, kann mit der Anerkennung mildernder Umstände rechnen. Überdies kostet es weniger.»
«Ich will nicht!»
Mein Herz klopft mir bis zum Hals.
«Du täuschst dich», sagt er und seine Stimme klingt resigniert, «da täuschst du dich, weil du nicht weisst, wer ich bin.»
«Müsste ich das wissen?»
«Du kennst mich nicht, weil du mich nicht anerkennst. Ständig probierst du, deine Rechnung ohne mich zu machen, aber ohne mich kann sie nur falsch sein.»
«Was für eine Rechnung?»

«Du lässt den wichtigsten Faktor aus. Meine Zahl ist 111»
«Ach, der bist du.»
Er ist mir doch sogleich unsympathisch vorgekommen.
«Ja», sagt er, «ich bin du.»
Das kann jeder sagen. Aber gesehen habe ich ihn, nachts in Gorło, als der Glaskomplex über dem See stand. Auf dem Dach ein nackter Sänger, aus der Distanz sah er aus wie eine glühende Laus. Er brüllte *We are the Champions,* die Hymne, in die Mikrophone. Tausendfach verstärkt brandete sie durch den Glasbau, und unten in seiner Zelle wiegte er sich träumerisch im Takt, der Arsch, der Verräter, der 111-er. Er ist ein Gefallener, ein Verfallener, er hat sich das Zeichen auf die Stirn gemalt, aus Schiss, er will dabei sein, er will kein Loser sein, er höhnt über Purnuškės, es ist nichts damit, es rechnet sich nicht, es ist für Loser. *No time for losers 'cause we are the champions of the world.*
«Du bist alt geworden seither. Du warst doch noch jung. Du warst total fit, es sind noch keine drei Wochen - und auf einmal bist du so verbraucht? Was ist mit dir geschehen?»
Er antwortet nicht, vielleicht weil er meine Genugtuung spürt, stattdessen schieben sich die Türen hinter ihm geräuschlos auseinander. Und wie von Geisterhand gezogen rollt der Patientenschragen mit ihm in die Kabine hinein, die aussieht wie eine gewöhnliche Liftkabine. Dann schliessen sich die Türen, aber ich warte vergeblich auf das Aufzugsgeräusch. Die Leuchtanzeige über den Bedienungsknöpfen blinkt jetzt. Von links nach

rechts wandert in roter LED-Schrift immer wieder das Wort: PROCESSING.»

Ich falle zurück ins Hendekagon, nur noch eine Tür – die letzte vor der Pause! Ich will sie hinter mich bringen:

## Tür 6: Fliegenalarm im Glasbau

Hinaus und mitten hinein in den Glasbau. In den Innenraum des Innenraums. Glaswände ringsherum, auch unten, oben, Glaswände, Glasböden, Glasdecken, die Bürozellen von gleichen Bürozellen trennen und zu einem wabenartigen Bürokomplex verbinden, gläserne Bürokuben in wucherndem Neben- und Übereinander, soweit das Auge dringt und noch viel höher, weiter, tiefer als jede Anschauung reicht. Pulte mit den immergleichen hakigen Gelenkleuchten drauf, Computerbildschirme, Sessel, besetzt von Funktionären mit makellosen Kurzhaar-schnitten, Funktionärinnen mit blonden oder brünetten Frisuren aus US-Mode-Magazinen, alle gleichermassen im Bann von Monitoren; Finger rasen über die Tastaturen, die Luft ist voll des kakophonischen Tastengeratters. Senkrecht unter mir sitzt ein Funktionär hingebungsvoll über sein Keyboard gebeugt, ich sehe durch den gläsernen Boden direkt auf den scharfen Scheitel und in der nächsttieferen Zelle wieder einer mit gleichem Scheitel und noch tiefer wieder einer, bis das Auge in der unübersichtlichen Wiederholung des Immergleichen die Orientierung verliert.

Aber ich weiche aus, rede um den heissen Brei herum, es geht nur um den Einen; es geht nur um ihn, in dessen Glaszelle mich die *Soulmate*-Clique mit boshafter Präzision hineinteleportiert hat; da sitzt ER, keine zwei Meter vor mir, in der ihm zugeteilten kubischen Glaszelle im Zentrum des Glasbaus, in der gläsernen Herzkammer 111, da ist ER wieder, verjüngt oder wie zeitlos jung, faltenlos jung jedenfalls, glattrasiert und straff gescheitelt. Seine Gesichtshaut schimmert wie rosige Seide. Mit einem Streifblick hat ER von meiner Anwesenheit Notiz genommen; ich irritiere ihn nicht im Geringsten. Irritationen in dieser Hinsicht sind ihm fremd, algorithmisch ausgeschlossen. Vor ihm steht der elegante Flachbild-schirm-Monitor, 24 Zoll, genau dasselbe Modell wie in den 13x665 Glaszellen um ihn herum, seine Finger klappern über die Tastatur, so rückhaltlos behände wie die Funktionärsfinger über, unter und neben ihm. Der 111-er! Da ist er! jetzt hab ich ihn. Dabei will ich ihn gar nicht! Wie er dahockt! Das heisst, hocken kann er nicht. Er stellt die ergonomisch perfekte Sitzposition zur Schau, mit dem 90°-Winkel zwischen Ober- und Unterarmen, 90° zwischen Ober- und Unterschenkel, Oberschenkel und Füsse parallel zum Glasboden: Er ist ein Widerling, ein Kotzbrocken, funktionstüchtig wie eine elektrische Gartenschere. Er ist hier zu Haus, in dieser kalten, künstlichen Helligkeit, in dieser unbarmherzigen Helligkeit. Woher das grauenhafte Licht bloss kommt? Sicher nicht von all den anorektischen Gelenkleuchten auf all den gläsernen Tischplatten. Es ist ja übertaghell, gleissend hell wie in einem

Operationssaal, wenn am Herzen operiert wird, da birgt auch jedes Schattenrestchen unkalkulierbare Risiken, da muss aus zwingenden Gründen auf die Gnade jeglichen Schattens verzichtet werden. – Aber dieses schattenlose Licht ist wohl genau sein Element. Er hat jetzt aufgehört, sein Keyboard zu bearbeiten und hebt den Kopf – er sieht toll aus, ist man gezwungen zuzugeben, wie aus einem Hollywood-Film importiert, ein Mix von Brad Pitt und Leonardo DiCaprio ungefähr. Weit jenseits eines möglichen Vergleichs mit mir selbst. Über den oberen Rand des Monitors blickt er mich an, notgedrungen ein bisschen von unten herauf, denn er sitzt und ich steh vor ihn hingepflanzt. Ich spüre trotzdem die Überlegenheit, die er für sich selbstverständlich in Anspruch nimmt. - «Leider liegen aktuell Daten über dich vor, die eine ziemlich heikle Tendenz aufweisen», sagt er mit spröder Stimme. «Es ist meine Pflicht, dich darüber rechtzeitig in Kenntnis zu setzen.»

Der kann mich! denke ich, und zwar kreuzweis. Sein Haarscheitel sieht aus, als sei er mit dem Lineal gezogen. Wie Brad Pitts Scheitel - oder vielleicht auch DiCaprios. Im Detail kenn ich mich da leider nicht aus.

«Vertrauliche Daten? Was für eine heikle Tendenz?» -

«Ja», sagt er, «im Moment steht zwar das *Europäische Kulturerbe-Jahr 2018* an – *Brückenbauen, gegenseitiges Verständnis wecken* – und die Abteilung 11 ist bis ans Limit in Vorbereitungsarbeiten vergraben, aber aufgrund meines Verhältnisses zu dir bin ich nun mal verpflichtet, stets ein Auge auf deine Angelegenheiten zu haben. Du bewegst dich auf riskanten Wegen, Freund! Lass dir das im Vertrauen gesagt sein.»

«Riskant? Für mich oder für dich?»

«Das Scherzen wird dir schon noch vergehen! Es gibt zwar keinen liberaleren Ort auf der Welt als der Glasberg, das weisst du so gut wie ich. Auch nichts gegen Individualismus, ich selbst bin ein entschiedener Befürworter des Individualismus, aber wer sich mutwillig gegen die Prinzipien stellt, über denen sich unsere Glasstatt erhebt und denen sie ihre Stabilität verdankt, der spielt fahrlässig mit dem Risiko, als Mitglied der Glasbau-Community gelöscht zu werden. Ich muss dich darauf aufmerksam machen, damit du dich hinsichtlich deiner Situation nicht in Illusionen wiegst. Die Rede ist hier nicht von irgendwelchen Altersmarotten, die seien dir gegönnt, die Rede ist davon, dass man sich nicht ungestraft von der dreifachen Zahl abwendet. Ich hoffe, ich drücke mich deutlich genug aus.»

«Und wenn ich auf deine Glasberg-Community pfeif?» - In seinem hellen, aber starren DiCaprio-Blick steht geschrieben, für wie erbärmlich inkompetent er mich hält.

«Nur Dummköpfe und Selbstmörder sägen am Balken, auf dem sie sitzen», sagt er.

Er reizt mich. «Ha!», nur heraus damit!», schrei ich. «Wie zuwider mir dein Glasberg-Geseire ist! Die dreifache Zahl! Du meinst wohl eure Superautobahnen, Superairports, Superkommunikationsnetze für den unlimitierten Warenverkehr, Personenverkehr, Datenverkehr, euren ganzen super Scheissverkehr! Das ist doch eure Obsession, alles was fest ist und gründet, in rasende Bewegung hineinzuzerren, in rasende Fahrt zu versetzen, in die Vorwärtsflucht ins Nirgendwo, das Glasberg heisst, weil ihr die Ruhe und Stille nicht aushaltet, denn in ihr hockt das grosse Nichts, das graue gähnende Nichts, vor dem euch graut, vor dem ihr Horror habt, vor dem ihr besinnungslos auf der Flucht seid. Und an allen Knotenpunkten platziert ihr eure schreienden Supermärkte, die glitzernd hochschiessenden Superkonzerne und Superfinanz-Zentren, die superhygienischen, superfortschrittlichen Superkliniken für die Millionen Kranker neben den superbewachten Superarenen für eure infantilen Superspiele, damit man sich wenigstens orientieren kann im rasend rotierenden Einerlei des immergleichen Neuen und man sich einbilden kann zu wissen, wo man ist, aber alles ist beliebig austauschbar geworden und eingeebnet in eurem Europa der totalen Vernetzung. Vor lauter Vernetzung ist ihm nämlich die Substanz abhandengekommen, dem alten heiligen Kontinent, in der allgemeinen Flucht nach vorn ist sie verloren gegangen. Da hilft es nicht, wieder und wieder die altehrwürdigen Errungenschaften hervorzukramen und herunterzubeten und sich damit zu brüsten: die Achtung der Menschenwürde, die Demokratie, die Gleichheit, Rechtstaatlichkeit, die Wahrung der Menschenrechte und dergleichen. Das alles hat in eurem Mund nämlich einen gespenstisch hohlen Klang.

Ein höhnisches Lächeln spielt um seine Mundwinkel. «Man kann das Rad der Geschichte nicht zurückdrehen, mein Lieber.

Und das wollen die Menschen auch nicht, jede Umfrage, jede Statistik würde dir das beweisen: Noch nie ist es den Menschen so gut gegangen!»

«So gut, dass ihre Seele irgendwo auf der Strecke bleibt. Vielen geht es gar nicht gut.»

«Seele? Seele! Das schleckst du auf, daran klammerst du dich, aber die Vermutung, dass ihr überhaupt eine Seele habt, ist reine Spekulation. Ich meinerseits gehe davon aus, was man gegenwärtig über eure Gehirne und euer Nervensystem sicher weiss. Auf diese Informationen baue ich; sie basieren auf dem derzeitigen Wissenstand und nicht darauf, was jemand vor 1500 Jahren in irgendwelchen obskuren Schriften niedergeschrieben hat. Euer Gehirn ist ein biochemisches System, das nach physikalischen Gesetzen arbeitet genauso wie meins. So ist es. Diese Systeme generieren Bewusstsein.»

Hunde wedeln mit dem Schwanz, Katzen wedeln mit dem Schwanz, ergo sind Katzen gleich wie Hunde. So klingt es, wenn der 111-er sich über Seele auslässt. – «Seele ist mehr als Bewusstsein», schleudere ich ihm entgegen, «Seele ist Teilhabe am Leben, Seele haben heisst Zugang zur Lebendigkeit seiner selbst und anderer haben. Was willst du davon verstehen? Ausgerechnet du? Seele ist das Wilde, das Elementare in der Natur, in der Welt. Das gilt es zu schützen. Im Glasberg ist es ausgerottet. Im Glasberg regiert die Seelenlosigkeit. Von Seele verstehst du nichts, von Seele weisst du nichts.»

Er macht mit seiner Rechten eine herablassend abwinkende Bewegung, als hätte er das Argument bis zum Überdruss gehört: «Du klammerst dich an Strohhalme, mein Lieber. Träum in deinen vier Wänden, was du willst, aber pass auf, dass du nicht in der Abstellkammer für rettungslos Abgehängte landest. Ich warne dich! Deine unwissenschaftliche Romantisiererei hat ihren Ursprung im vorletzten Jahrhundert und war übrigens damals schon nur konservative Reaktion auf den Fortschritt. – Nichts gegen Vergangenheit, aber man darf ihr nicht verfallen, sondern muss rational fundierten Umgang mit ihr pflegen. Und gerade hier, in der Glasstatt-Abteilung 11, wird einiges in diese Richtung unternommen. Auf übernächstes Jahr zum Beispiel, auf das *Europäische Jahr des Kulturerbes 2018*, sind Dutzende von Massnahmen geplant, die gesellschaftliche, kulturelle und physische Schranken abzubauen helfen, damit unser kulturelles Erbe …»
Er erstarrt. Mit aufgerissenem Mund glotzt er auf eine Stubenfliege, die vor ihm über die gläserne Platte seines Arbeitstisches läuft. – «Was zum Teufel ist denn das?», schreit er und stösst sich von der Tischkante so heftig nach hinten ab, dass die Rollen seines Bürostuhls schrill aufquietschen. Eben noch war er die kühle Überlegenheit in Person, nun benimmt er sich geradezu hysterisch: «Woher kommt dieses Drecksstück auf einmal? Das ist doch nicht möglich!»
«Eine Fliege», lache ich – geradezu übermütig.

«Eine Fiege», äfft er mich nach. «Aber woher? Woher? In drei Teufels Namen woher denn? Der Glasbau ist doch gegen derlei kontaminierende Immissionen hermetisch gesichert! Da kommt nichts einfach so rein! Irgendein destruktives Schwein muss das Biest böswillig hier ausgesetzt haben! Verstösse gegen die Hygienevorschriften werden gemäss neuester Verordnung als Terrorakte eingestuft. Also wenn du die hereingeschmuggelt hast – dann wehe, mein Lieber! Wehe dir…!»
Er tippt wie gepickt auf seiner Tastatur, während die Fliege gutmütig brummend ein paar Schlaufen durch den Glaskubus fliegt. – Er hält inne, rauft sich das Haar, zerstört damit seinen Scheitel: «Womöglich handelt es sich auch noch um ein Weibchen und die ganze Abteilung ist bereits mit Tausenden von Fliegeneiern verseucht! Nicht auszudenken, wie es hier in 48 Stunden aussehen wird!» - Dann geht heulend eine Alarmsirene los und eine Lautsprecherstimme ordnet an: «Achtung Achtung, aufgrund eines Hygiene-Störfalls wird die Abteilung 11 vorübergehend evakuiert. Bitte verlassen Sie unverzüglich die Büroräume durch die Notausgänge und begeben Sie sich in die Ihnen planmässig zugewiesenen Sicherheitstrakte in den Untergeschossen Y und Z! Benutzen Sie nicht die Aufzüge, sondern die zentrale Notfalltreppe. Bitte bewahren Sie Ruhe und folgen Sie den Anweisungen des Emergency-Personals! Achtung Achtung, aufgrund eines Hygiene-Störfalls …» - In den Dutzenden von einsehbaren Büroräumen ringsum schiessen Figuren von ihren Arbeitstischen auf, raufen sich in den Haaren und

zerstören ihre Scheitel. Lautlos verschieben sich Glaswände und geben den Fluchtweg frei. Bevor der 111-er losrennt, löst er ein Kabel von einer Konsole hinter dem Arbeitssessel. Ich sehe, dass das andere Ende des Kabels auf der Höhe des Kreuzes mit seiner Körperhardware verbunden ist. Hastig wickelt er das Kabel auf und steckt es seine Hosentasche. Dabei schiesst er mir einen verächtlichen Blick zu. Und ich kann mir ein höhnisches Grinsen nicht verkneifen. Dann schliessen wir uns dem allgemeinen Exodus an. Von ferne erkenne ich die orangen Blinklichter der Reinigungsmaschinen, auf denen sich die Hygiene-Experten quer durch die aufgesperrten, hellerleuchteten Glaskuben dem Ort der Unglücksursache nähern.

Dann fällt die Tür vor meiner Nase, und ich werde in die nachtfinstere Dunkelheit des Hendekagons zurückgestossen. Über dem Saal glitzert ein Meer von LED-Sternchen. Rechts im Bogen die matterleuchteten Ziffern über den Türen 7-11. Aus lauter Furcht, bereits die nächste Anweisung zu erhalten, sage ich «Hallo, Soulmate?» ins Glimmern des LED-Sternen-himmels hinauf, wo ich den Lautsprecher vermute. Eine Antwort bleibt aus. – Wunderbar die Stille! Ich ziehe sie in mich herein wie ein Labsal. Atme und hoffe, dass ich noch ein paar Minuten so atmen darf. Über mir der in allen Regenbogenfarben glitzernde Sternenhimmel. Wie lange ist es her, dass ich draussen unter dem nächtlichen Sternenhimmel gestanden bin und in die unendliche Weite hinaufgeblickt habe. Die grenzenlose Weite und

Stille des nächtlichen Sternenhimmels ist eigentlich das Schönste, was es auf Erden gibt, denke ich im verdunkelten Hendekagon stehend. Wie klein man sich darunter fühlt - und zugleich wie wunderbar geborgen. Auf meinem Kopf spüre ich den sanften Druck des Headsets und die Sicherheitsgurte um meine Hüfte – und wie um mich der Wirklichkeit zu vergewissern, mache ich einige Gleitschritte auf der Laufmaschine. Durch den VR-Helm gedämpft ist das Tappen der Spezialschuhe in der Gehmulde zu vernehmen. Ist da nicht auch der faulige Atem meines Zwillings wieder zu riechen, und zwar viel zu nah? – Der Typ ist mir im Wirrwarr der Soulmate-Installationen aus dem Bewusstsein entschwunden. Aufs Geratewohl frage ich ins Dunkel hinaus: «Can't we stop right now, as far as I am concerned, it's enough.» - Und prompt die Reaktion aus ekelhafter Nähe: «No way, Sir! Keep on going now! Otherwise you'll never grasp the meaning of he whole!» - und wie in geheimer Verabredung mit ihm ertönt die Soulmate-Stimme vom LED-Sternenhimmel herunter und fordert mich auf, Stellung vor der Tür Nummer 7 zu beziehen.

## Tür 7: Das Mundan-Ei

Da geht es wieder los: Vor mir schreitet jemand mit einer Taschenlampe. «Beeil dich!» Die Stimme kommt mir bekannt vor, aber ich kann sie nicht zuordnen. Es ist eine Frau. Soviel ist klar.

Sie geht so schnell, dass ich zurückzufallen drohe. Ich bemühe mich, ihr auf den Fersen zu bleiben. Der Rand des Lichtkegels gleitet schwankend über Tablare, auf denen merkwürdige Objekte liegen. Beidseits eines Korridors mannshohe Gestelle, wie in der Haushaltsabteilung eines Warenhauses. Die Frau schaut über ihre Schulter zu mir zurück: «Beeil dich, wir sind gleich beim Ausgang.» - Auf einem der Gestelle glaube ich eine Reihe Füsse zu erkennen. Lauter Füsse in Reih und Glied. Dann wieder Regale voll gelblicher und dunkler Klumpen, von denen ich nicht sehe, was sie sind oder darstellen. Aber einmal, es besteht kein Zweifel, ein Brett voller Ohren, doppelt oder einzeln vakuumverpackt unter Schutzfolie. Wie in der Auslage von Metzgereien. Auf dem Schild über dem Tablar steht «Special Offer! Winteraktion!» - Was ist das denn für ein grausliger Laden?», frage ich. - «Ersatzteile, An- und Verkauf», sagt sie, «schau nicht hin, das musst du nicht sehen, wir haben's gleich geschafft.» Aber mein Blick verhakt sich in einer Anordnung von Penissen, jedes Stück einzeln eingeschweisst in transparente Folie. – «Echt oder Imitat?» - Sie scheint nicht zu verstehen: «Wie - echt?», fragt sie zurück, «komm, hier ist es!»

Im Lichtkegel ihrer Leuchte liegt ein kreisrunder Schachtdeckel mitten im Korridor. Und jetzt kann ich ihr Gesicht sehen - ich erkenne sie sofort wieder. Wie kommt sie hierher? Wie ist das möglich?

«Hebe den Deckel!», befiehlt sie.

«Wiktoria! Wiktoria!»

«Ja klar, ich bin's, du Held, beeil dich, Bogumil wartet draussen schon viel zu lange auf uns!»

Ich kann es nicht fassen.

«Sprichst du denn Deutsch?»

«Hauptsache, es kommt dir so vor. Konzentrier dich jetzt! Mach vorwärts!»

Der Deckel lässt sich mühelos aus der Fassung heben.

Wiktoria zündet ins Loch hinab.

«Hier ist es», flüstert sie, «willst du immer noch raus?»

«Aus dem Glasbau?»

«Stell dich einfach in die Öffnung. Du wirst nicht fallen. Von hier an sind die Gesetze der groben Schwerkraft weitgehend aufgehoben.»

«Wie ist das möglich? Ich hab Schiss.»

«Schiss?», lächelt sie, «Ist das dein Problem, Held?»

Ganz jung ist sie nicht mehr.

Ich sehe, wie sich die Haut an den äusseren Ecken ihrer Augen fältelt. Ihre katzengrauen Augen. Katzengrau ist Kitsch, klar, aber die Ringe an ihren Ohren sind gross und lustig und ich mag sie. Sie reicht mir die Taschenlampe und tritt in die Öffnung. Als stehe sie auf Treibsand, wird ihr Körper sofort in eine breiige Schwärze hinabgesogen.

Da steh ich, das Licht der Taschenlampe ist plötzlich schwach, kommt mir vor, schwächer als noch vor einem Augenblick, allein find ich da nie und nimmer raus, allein bin ich auf verlorenem Posten, mein Blick fällt auf die abgepackten Penisse auf dem Regalbrett, da kommt die Panik und mein rechtes Bein tut den Schritt, ohne dass ich ihm den Befehl dazu gegeben hätte – ich sinke, das heisst, etwas saugt mich von unten an. Über mir schlägt totale Finsternis zusammen, raubt mir den Atem, ich gleite durch bildlose Nacht, strudle, trudle durch öliges Schwarz, aber es dauert nicht lang, höchstens ein paar Sekunden, glaub ich, dann werde ich ans Licht gespuckt.

Licht!

Gottseidank, alles andere ist egal.

Es ist, als wäre ich endlich geboren.

Am weiss verschleierten Himmel blinkt die Sonne, eine metallene Frisbee-Scheibe. Ich stehe auf einer weiten Ebene, einer gigantischen Ebene, nirgendwo ist die geringste Erhebung zu entdecken, der Horizont ist ringsum ein makellos gerader Strich. Bin ich noch auf der Erde? Die Ebene hat irgendwie surreale Dimensionen. Ganz kann ich es nicht fassen. Es heisst, Gott habe alles angesehen, was er gemacht hat, und siehe, es war gut. Aber bei dem, was sich da vor mir ausbreitet, ist nicht viel gut, das ist leicht zu erkennen. Zum Glück ist Wiktoria hier. Nur etwa fünfzig Meter entfernt von mir. Sie steht vor einem Ding, das aussieht wie ein riesiges Ei. Darauf reitet jemand. Es ist Bogumil, der Moto-Guzzi-Pilot. Er winkt mir zu. Das Ei hat die Ausmasse eines Wals und ist rundum mit Bildschirmen bedeckt, auf denen unterschiedliche Programme laufen. Wiktoria trägt dieselbe *Klub-Motocyklowy-96*-Lederkluft wie damals in Sztynort. «Alles Gute zum Geburtstag!», ruft sie mir zu, «und willkommen im Aussenland!» Der Boden zwischen ihr und mir ist über und über mit Unrat übersät: alte Autoreifen, zerbeulte Petflaschen, Aludosen, Pappbecher, Glasscherben, Elektroschrott aller Art, Haushaltsmüll, Plastiktüten, zerknautschte Verpackungsfolien in grellen Farben, Papierfetzen, zerfledderter Karton, abgenagte Knochen und andere Essensreste - die Rückstände der Zivilisation in ihrer ganzen Reichhaltigkeit.

«Aber heute ist doch gar nicht mein Geburtstag!», ruf ich zurück und stägere über den Müll auf sie zu. Sie bemerkt was auf Polnisch zu Bogumil hinauf und zu mir sagt sie: «Wir haben eine Überraschung für dich, eine Belohnung für deine Tapferkeit.» - Sie lächelt mir mit ihrem grossen Mund zu. Die dunklen Brauen heben sich über ihren katzengrauen Augen, aber ich weiss nicht, wovon sie spricht. Ist es Spott? Eine Anspielung auf meinen Auftritt in Sztynort vor ein paar Wochen?

«Das masurische Trachtenpüppchen, das du mir damals geschenkt hast, trage ich im Fall immer bei mir», sage ich, denn ich habe das Gefühl, ihr gegenüber meine Dankbarkeit irgendwie zum Ausdruck bringen zu müssen.

«Es wird dich wieder zu uns geführt haben, nicht wahr Bogumil?»

«Gelobt sei Jesus Christus!», sagt er von dem grossen Ei hinunter und: «Wir lassen dich nicht im Stich. Es geht gleich los. Tritt nur ganz nah an das Mundan-Ei heran!»

«Tu, was er sagt!», fordert mich Wiktoria auf.

Ich nähere mich also dem Ei mit seiner vielfach bewegten Oberfläche, und wie ich näher komme, spüre ich plötzlich die Attraktionskraft, die von all den Screens ausgeht, mit jedem Schritt, wird sie stärker, es ist wie ein Sog, der von den Bildschirmen ausgeht, noch ein Schritt oder zwei, und meine Füsse verlieren den Halt auf dem Boden - mein Magen rebelliert - wie von einem gewaltigen Vakuum erfasst, fliege ich auf das Ei zu und lande an seiner Oberfläche, klebe daran fest, wie von einem starken Magneten festgehalten. Wie eine zerquetschte Fliege an der Fensterscheibe. Die leicht hervorstehenden Monitorrahmen als Tritte benutzend steigt Viktoria auf das Ei hinauf und platziert sich hinter Bogumil.
«Gott ist die Liebe», sagt dieser. Das Ei hebt sich ein wenig, eine Handbreit vielleicht, vom Boden ab und setzt sich gleitend in Bewegung. Wiktoria stösst einen Jauchzer aus. Der Zeppelin gewinnt schnell an Fahrt. Wir fliegen etwas höher über die Ebene, auf der es aussieht, als habe die Menschheit zum letzten Mal Sylvester gefeiert, bevor sie sich ins Weltall abgesetzt hat. Ein wüstes Meer von Abfall, Schutt und Schrott, soweit das Auge reicht, ein Chaos wie am Tag vor der Schöpfung. Der Bildschirm, auf dem mein Gesicht haftet, flimmert in allen Regenbogenfarben, aber ich bin zu nah dran, um zu erkennen, worum es geht. Das permanente Flackern macht mich irr. Meine Augen suchen den Himmel. Wie eine Schüssel aus weissem Porzellan wölbt er sich über der Ebene. Mittendrin ein LED-Strahler, den man vergessen hat auszuknipsen: eine quecksilbern brennende

Sonne. Mittlerweile scheinen wir in so hohem Tempo voranzurasen, dass am Grund keinerlei Einzelheiten mehr zu unterscheiden sind. Trotzdem nicht ein Hauch von Fahrtwind, nicht eine Andeutung von Fahrgeräusch. Absolute Stille, als schösse nichts durch nichts. Nur einmal, eine halbe Sekunde lang, zerreisst ein gellendes Kreischen die Totenstille, als die Unterseite unseres Fluggeräts über irgendein Wrack schrammt, vermutlich das metallene Gehäuse eines Kühlschranks oder einer Waschmaschine oder eines Tresors, Genaues kann ich nicht ausmachen. Sind die beiden oben überhaupt noch da? Wiktoria, Bogumil. Von wo ich festklebe, kann ich sie nämlich nicht mehr sehen. «Wie weit noch?», schrei ich zur Kontrolle nach oben. Die Antwort kommt sogleich. Ruhig, freundlich, es ist Bogumils Stimme: «Soweit du willst.» - Mein lieber Bogumil, soweit ich will? Mir ist das alles zu viel. - «Stopp! sofort!»

Bremsung kann man das nicht nennen. Da würde man automatisch an negative Beschleunigung, Bremsweg, Trägheit von Körpern etc. denken, aber unser Fluggerät steht so still, als wäre die Fahrt blosse Einbildung gewesen. Das Ei lässt mich los, ich federe den Aufprall auf dem Boden ab, indem ich in die Hocke falle. Meine Hände getraue ich mich nicht benutzen. Da liegen grüne, weisse, rote Scherben. Einer der Monitore am Ei kapert meinen Blick: Es ist Putin; er spricht, ohne Ton zwar, aber er guckt eiskalt und trägt eine rote Krawatte, daneben grinst Donald Trump mit blauer Krawatte und Roger Federer küsst einen Siegespokal mit Tränen in den Augen und ein Amtrak-Zug ist entgleist und ein Gummiboot landet, gepackt mit Flüchtlingen aus Afrika, schräg darüber wird Likör in Schokoladenherzen abgefüllt und Giraffen begatten sich umständlich … Das Ei ist ein Panoptikum der Welt.

Wiktoria sagt: «Glotz jetzt nicht, schau um dich, Held! Wir haben dich nicht umsonst hierhin gebracht. Mehr dürfen wir zwar nicht, von hier und jetzt an musst du wieder alleine. Aber wir halten dir alle Daumen! Gib dem Püppchen Sorge und grüss die Krähe!» - Sie reitet zuoberst auf der Rundung des Eis, ihr Gesicht hat sie an Bogumils Rücken geschmiegt, mit beiden Armen umschlingt sie seinen Bauch.

Den Baum habe ich natürlich gleich bemerkt. Aber ich bin mit Wiktoria noch nicht fertig. «Ach, Wiktoria», ruf ich, «du bist das Goldstück meiner Reise, aber was schleppt ihr mich in diese trostlose Gegend? Was soll ich hier?» - Es ist Bogumil, der antwortet: «Geholfen sei dem, der Hilfe braucht. Gelobt sei der da kommt im Auftrag des Herrn.» - Er verzieht sein Maul zu einem Grinsen, aus dem ich nicht schlau werde, und stellt dabei eine Parade kleinster Zähne zur Schau. Sie sehen aus wie Milchzähne. Ein Bub, denk ich, er ist ein überzeitiger Bub, als das Ei einen Ruck macht und eine Handbreit vom Boden abhebt. - Die lassen mich hier nicht allein! Ich will mit, auf jeden Fall! Ich werfe mich mit gespreizten Armen an die Monitoren-Schale des Eis, aber anstatt von der Haftkraft aufgenommen zu werden, lande ich auf einen Haufen verrotteter Joggingschuhe. - Und das Ei ist weg. Wiktoria, Bogumil sind weg. Buchstäblich in die stehende Luft aufgelöst. – Surreal, absolut surreal, ich weiss, aber was soll ich in dieser Ödnis? - Von mir aus könnte jetzt Dunkel über die Szene fallen. Fin de partie und nächste Installation: Nummer acht oder achtzig. Die Sache geht weiter. Da kommt noch was. Da ist nämlich dieser Baum.

## Tür 8: Der Baum

Dieser Baum - ein Solitär. Ausser mir das einzig Lebendige in der Abfallwüste. Natürlich eine Eiche. Ein paar Schritte und ich würde in ihrem Schatten stehen, aber nichts wirft hier Schatten. Die Eiche muss uralt sein. Eichen können uralt werden. Hunderte von Jahren. Tausende. Ich schätze, es bräuchte mindestens fünf Menschen, ihren Stamm zu umfassen. Vom Rumpf weg strebt eine Handvoll Hauptäste wie muskulöse Riesenarme in die Höhe und Breite und jeder trägt sein Bouquet von grünem, dichtem Laub. Ich habe vermutlich schon höhere Bäume gesehen, aber noch nie einen mit solch ehrwürdiger, respekteischender Ausstrahlung. Man könnte in die Knie gehen vor ihm. Stattdessen geh ich um den Baum herum - und da sitzt die Fortsetzung der Geschichte auf einem der unteren Äste und lässt die Beine baumeln. Einerseits bin ich erleichtert, anderseits, ich muss nochmals sagen, hab ich allmählich genug. Der Mann, der über mir hockt und die Beine auf mich herunterbaumeln lässt, ist ein Riese. «God bless you!», sagt er. Es ist

Arvydas. Die Frage, wie er hierherkommt, streift mich kurz, aber inzwischen ist mir klargeworden, hier ist alles möglich und nix ist fix. Es ist ja erst ein paar Tage her, seit wir uns begegnet sind. Das war in diesem litauischen Kaff - wie hiess es schon wieder? – Onuškis hiess es, das war noch vor Vilnius, ich habe mich im Dorf-Parduotove mit Wasser und Kraftstoff eindecken wollen, da hat ein Aas von Köter nach meinem Hosenbein geschnappt und beim Ausweichen bin ich gegen Arvydas geprallt. So war das. «God bless you», hat er gesagt und mir erzählt, wie ihn die litauischen Bäume (call of the trees) aus den USA nachhause geholt haben. Und jetzt sitzt er da auf einem Ast dieser unvergleichlichen Eiche. Als er bemerkt, dass ich ihn bemerkt hab, beginnt er sogleich auf mich herunterzusprechen:

«Komm, mein Freund, komm her zum Baum,
ergib dich seiner Gegenwart. Es ist schon
später als du denkst, die Stunde fortgeschritten.

Die Scheisse steigt, es schwappt
der Überdruss im Riesenrohr
der Zeit. In namenloser Massenflucht
jagt man dem Ziel entgegen,
dem Irrlicht fern gen Mitternacht.
Im Strandmüll, längst an Land gespült
vom Wellengang der Herzen,
tanzen die enthemmten Egos
um ihr züngelndes Eschaton:

die aufs Podest die erhöhte Maschine. -
Und du im Reigen - mittendrin -
willst dich in Unschuld waschen

- und das Zeichen von der Stirn? -
Komm her, mein Freund, komm her zum Baum
und spreng das Figuren-Zahlen-Haus,
spreng den Kerker des Hendekagons,
und verbinde dich mit der Eiche.
Ihrer beseelenden Stimme entsprich!
Denn fortgeschritten ist die Stunde,
schon liegt der alte Kontinent
im düster grauen Abenddunste.

Komm her, mein Freund, berühr den Baum
und öffne dich seinen Kräften!
Sein leises Klagen und Sagen vernimm
und lerne von ihm die neue Vernunft,
dass endlich um das warme Herz
sich runde dein taubes Hendekagon,
sich runde in den leuchtenden Kreis
der wissend tätigen Kräfte!
Da füge dich ein und wirke mit!
es wird das Ganze dir danken ...»

Ich werfe mich nach vorn, um den Stamm der Krafteiche zu berühren, aber was meine Hände zu fassen bekommen, ist nicht der Eichenstamm, sondern – fühlt sich wollig an. Ich habe mich an die Strickweste meines immernahen Zwillings verirrt! - «Sorry», sage ich, «I am sorry», unentschieden, ob ich meinen Doppelgänger oder Arvydas auf dem Ast meine. Aber die Entscheidung wird mir abgenommen: «Go ahead!», hetzt mich mein Zwilling mit schnarrender Stimme voran, indem er kurz meinen Kopfhörer über dem Ohr lüftet: «Next number now - number nine!» Ich tauche kurz ins Dunkel des Hendekagon-Saales - und begebe mich in einem Sprung vor die nächste Tür.

## Tür 9: Aus der Nähe spricht die Krähe

Nochmals die Eiche. Aber auf einem Ast sitzt nicht mehr Arvydas, sondern … die Krähe. Auf demselben XXL-Ast, von dem eben noch Arvydas Beine baumelten. Mein Überraschungspotential ist eigentlich erschöpft. Aber es ist sie, unverkennbar, sie sieht mitgenommen aus. Ziemlich zerzaust, habe ich den Eindruck. - «Was ist mit dir los?», frage ich, «kann ich irgendwie helfen?» - Sie schweigt. Sie will sich nicht zu Privatem äussern. Es geht mich nichts an. Aber bei jeder sich bietenden Gelegenheit hat sie ihre Überheblichkeit auf mich heruntergeträufelt, arrogant wie nur was, und jetzt will ich die Chance, sie einmal vom hohen Ast zu holen, nicht ungenutzt lassen. - «Vielleicht

Eheprobleme?», attackiere ich aufs Geratewohl, «oder Probleme mit den Würmern?»
«Hör, Glaskopf, dein Handicap liegt in deinem verengten Blick. Deine Nase steht dir im Weg. So kommst du nicht weiter.»
«Mensch ist Mensch. Krähe ist Krähe.»
«Corvus frugilegus, wenn ich bitten darf.»
«Ich habe den Glasbau, den ganzen Komplex, gesehen. Ich hab ihn gesehen!»
«Gratuliere.»
«Auch den 111-er.»
«Na dann.»
«Ich hass ihn.»
«Hass bindet wie Liebe. Ein Herz und eine Seele seid ihr.»
«Ich will nach Haus.»
«Nach Haus? Ein 111-er ist überall zu Haus. Glasstatt ist Glasstatt, ein Ort so gut wie der andere. Jeder hat seine Koordinaten.»
«Aber Purnuškės ist das Zentrum. Deshalb bin ich hier. Auf verschlungenen Wegen bin ich hierhergekommen. Jetzt bin ich am Ziel…»
«Am Ziel? Du suchst die Kirche im Dorf, ja? Das Gelbe vom Ei? Was Europa im Innersten zusammenhält? – You are a dreamer, Glaskopf. Dein Zentrum ist verdampft. Du willst es nicht wahrhaben. Gegen jede Vernunft hast du gehofft, es am äussersten Rand wiederzufinden. Gehofft, es habe sich an die Peripherie geflüchtet und du könnest es hier dingfest machen. Du denkst

in veralteten Kategorien, Glaskopf. Du bist einer Illusion aufgesessen»

«So gibt es kein Zentrum?»

«Doch, zahllose - und jedes wimmert um Anerkennung. Und ihr Gewimmer schwillt im Glasbau an zum universalen Glasbaugeschrei. Der Dirigent aller ist der Unterschied der Unterschiede, der alles andere niederhält und nichts duldet über sich hinaus und nichts weiss von der versöhnenden Drei. So durchtickt er dual-digital das zum Schweigen gebrachte All, nur von ferne noch erinnernd an den lebendigen Puls, durchwirkt das heruntergerechnete All, das spielend Platz hat im Glasbau, nein, spielend nicht, denn die Macht des Glases kennt kein Spiel. Glasstatt ist Glasstatt. Glasbau ist Glasbau. Glasberg ist Glasberg, Gleichung ist unlösbar. Die Nacht wie Glas. Der Tag wie Nacht. Das Licht des Wissens lodert mit lichtloser Flamme. Du kommst zu spät, Glaskopf. Was du suchst, ist untergangen, übriggeblieben ist die kleingerechnete *welt* und, wenn du willst, *europa* als sentimentale Erinnerung, im Netz von Netzen. Besten Dank für Ihren Einkauf! Der Glaskomplex ist das Eine, das lange Zeit das Andere war, aber jetzt ist der Glaskomplex Alles, denn er hat die Alternative unter sich begraben. Deshalb ist er unsichtbar. Deshalb rennst du deinen Kopf an ihm blutig, deinen dummen Menschenkopf, aber ich hab dich gewarnt, Glaskopf!»

«Nenn mich noch einmal Glaskopf, du Kotzbrocken!», schrei ich.

Ich springe hoch, versuche den Vogel zu greifen, seiner habhaft zu werden. Aber die Gurten des Laufgeräts behindern mich. Das Vieh hockt oben auf dem XXL Ast der Eiche und lacht, mit emphatisch ruckendem Kopf, sein Krächzen auf mich herunter. «Wo ist Arvydas? Ich muss dringend nochmals mit ihm sprechen!»

Ich verliere das Gleichgewicht.

Die Krähe fliegt.

Da erfolgt natürlich prompt der Schnitt. «Jetzt ist genug!», sag ich an die Adresse meines Zwillings, wie ich wieder im dunkeln Hendekagon stehe. «Es geht hier zu wie in einer Wäscheschleuder.» - Ich sehe die verbleibenden zwei Türen mit schimmernden Nummern darüber, nur noch zwei, aber ich will nicht mehr. Als könnte er meine Gedanken lesen, beschwört er mich in einem Schwall von üblem Geruch: «Come on, you don't give up so close to the end!» - Wenn ich mir vorstelle, mich von Angesicht zu Angesicht vor ihm rechtfertigen zu müssen… also dann vielleicht doch lieber noch die restlichen Nummern …

## Tür 10: Die Mitte

Der Marktplatz um mich herum ist leer. Ich sitze anscheinend genau in der Mitte, im Schnittpunkt der Diagonalen. Ein paar Meter von mir entfernt spielt ein etwa siebenjähriges Mädchen mit einem Ball. Es wirft ihn in die Luft und fängt ihn wieder auf. Seine Bewegungen sind kraftlos. Ist es allein? Ich sehe niemanden, der als Begleitung in Frage käme. Es ist mager, trägt ein Jeansröckchen und ein rosa Sweatshirt mit Glimmerbesatz. Seine dünnen Beine stecken in weissen Strümpfen. Zwei blonde Haarschwänzchen stehen vom Kopf ab, die Ohren auch ein bisschen. Ich schaue ihm zu. Wie es den Ball in rascher, fast hektischer Folge knapp über seinen Kopf hochwirft und dann wieder auffängt, kommt es mir vor wie gefangenes Tierchen, das in wachsender Verzweiflung an den Wänden des Gefängnisses hochspringt. Als es einmal zu mir hinguckt, lächle ich ihm zu. Es hält inne und nähert sich mir dann scheu und ernst. Es wirft mir seinen Ball zu. Ich verpasse ihn. Ich war noch nie ein guter Fänger. Er rollt ein paar Meter auf den Betonplatten. Das Mädchen wendet sich unvermittelt von mir ab, geht ein paar Schritte, legt sich auf den Rynekboden, bleibt da reglos liegen. Nach zwei, drei Sekunden gehe ich zum ihm hin, um zu sehen, was los ist. Ich kauere nieder. Es schaut mich mit grossen, grauen Augen an, erwidert mein Lächeln aber auf keine Weise. Es steht auf, nimmt den Ball und entfernt sich über den Platz. Es verschwindet in einer Gasse zwischen zwei frisch getünchten, kalkweiss leuchtenden Häusern, ohne sich ein einziges Mal umgesehen zu haben. Über die Dächer entrollt sich langsam ein Spruchband. Darauf steht:

*Solang du Selbstgeworfnes fängst, ist alles Geschicklichkeit und lässlicher Gewinn -; erst wenn du plötzlich Fänger wirst des Balles, den eine ewige Mit-Spielerin dir zuwarf, deiner Mitte, in genau gekonntem Schwung, in einem jener Bögen aus Gottes grossem Brücken-Bau: erst dann ist Fangen-Können ein Vermögen, - nicht deines, einer Welt. (Rainer Maria Rilke)*

## Tür 11: Schluss und Ende

Jetzt streife ich entschieden die VR-Brille vom Gesicht, es ist mir egal, Zwilling hin oder her, ist es mir einerlei, ich kann nicht mehr, ich weiss, es fehlt die letzte Tür, die elfte, egal, diese *Soulmate*-Fiktionen machen mich schwindelig – man ist ja schliesslich nicht mehr zwanzig! Nichts gegen Phantasie, aber veräppeln lasse ich mich nicht. Und das eben hinter der Tür Nummer 10 grenzt an Veräppelung, finde ich. Jetzt brauch ich festen Boden unter den Füssen. „That's it!", sage ich, „I am through!" – „No, you aren't, Sir, you will miss the final station, the GREAT DANCE FESTIVAL", stöhnt er und fuchtelt vor mir mit den Armen, „if you want I can loosen the security straps, so you feel more free to move." – Mit theatralischer Geste langt er mit beiden Händen nach der Schnalle der Sicherheitsgurte, aber ich stehe auf der Tretmaschine wie ein störrischer Esel. Es ist genug Heu drunten. Er kann jammern und Stinkatem verströmen, wie er will, ich mach keinen Schritt mehr. Ich denke: Jetzt schnellstens zurück nach Vilnius und von dort mit dem nächsten Flieger nach Haus! Zu meiner Frau. Ihr das Büchlein überreichen, und mit Fritz im Garten Kaffee trinken, ganz handfest und real. Ich sehe, wie meine Reaktion ihn niederschmettert. Was hat er denn erwartet? Was meint er, wer er sei? Wer ich sei? - Er schlägt tatsächlich vor, es nochmals mit der offiziellen Version von *Wir machen Europa* zu versuchen. Er will mir durch die Registriersequenz helfen. Die zehn offiziellen Installationen würden eine subtile Analyse der europäischen Gegenwartssituation enthalten – topinformativ. – Er checkt's nicht, das kommt überhaupt nicht in Frage, das Hendekagon ist voll und ich lasse mir meine Konstruktion bestimmt nicht durch irgendwelche Sponti-Einfälle vermasseln. Ich setze es ihm auseinander, erkläre, nach welchem Algorithmus ich meine Reiseerlebnisse in Texte verwandle, also das mit dem Drei-Fünf-, Sieben-, Neun- und Elfeck. Und dass er mit dem Angebot, die offizielle Version von «*Wir machen Europa*» gratis draufzugeben, zu spät komme, weil mein Plansoll mit dem Hendekagon mehr als erfüllt sei. Aber immerhin habe er sich darin ja einen Platz als Figur gesichert. Meine Frau, an die sich alle meine Aufzeichnungen richteten, werde zwar kaum zu überzeugen sein, dass ich ihm im Zentrum Europas tatsächlich, das heisst, als Wesen aus Fleisch und Blut begegnet sei, und halte meine Erlebnisse in Purnuškės insgesamt wohl für eine skurrile Fiktion. – Er schielt mich an, so irr übers Kreuz, als hätte ich nicht alle Tassen im Schrank ...

## INHALT

**Anhang**:

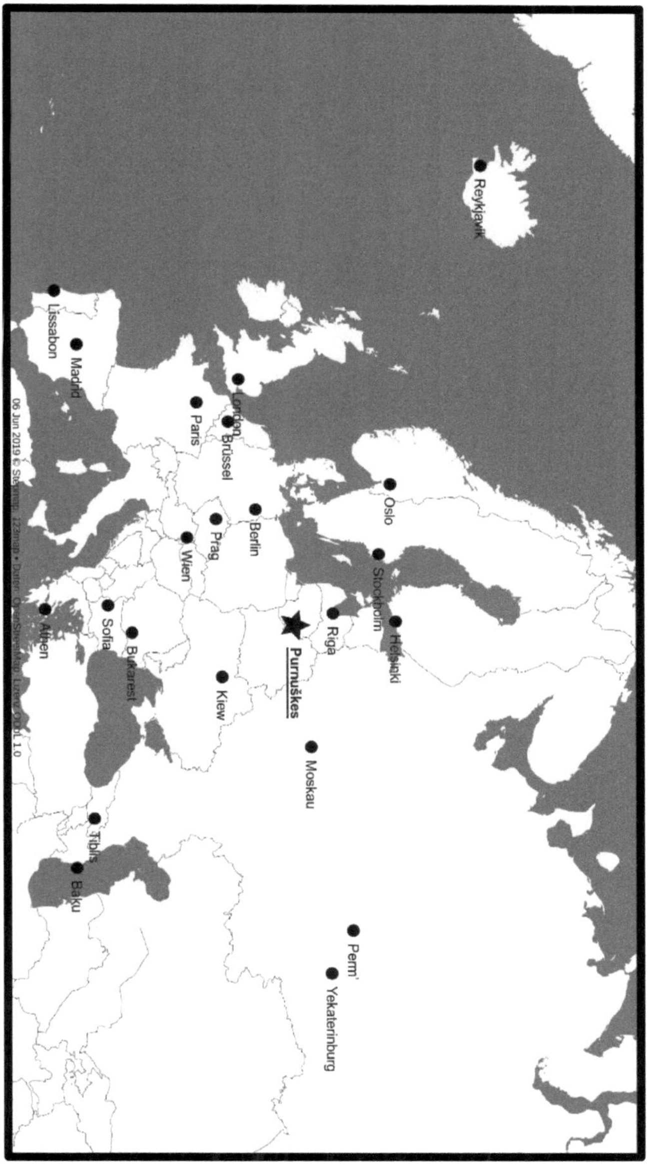


KARTE 1: Purnuškės - Mitte Europas

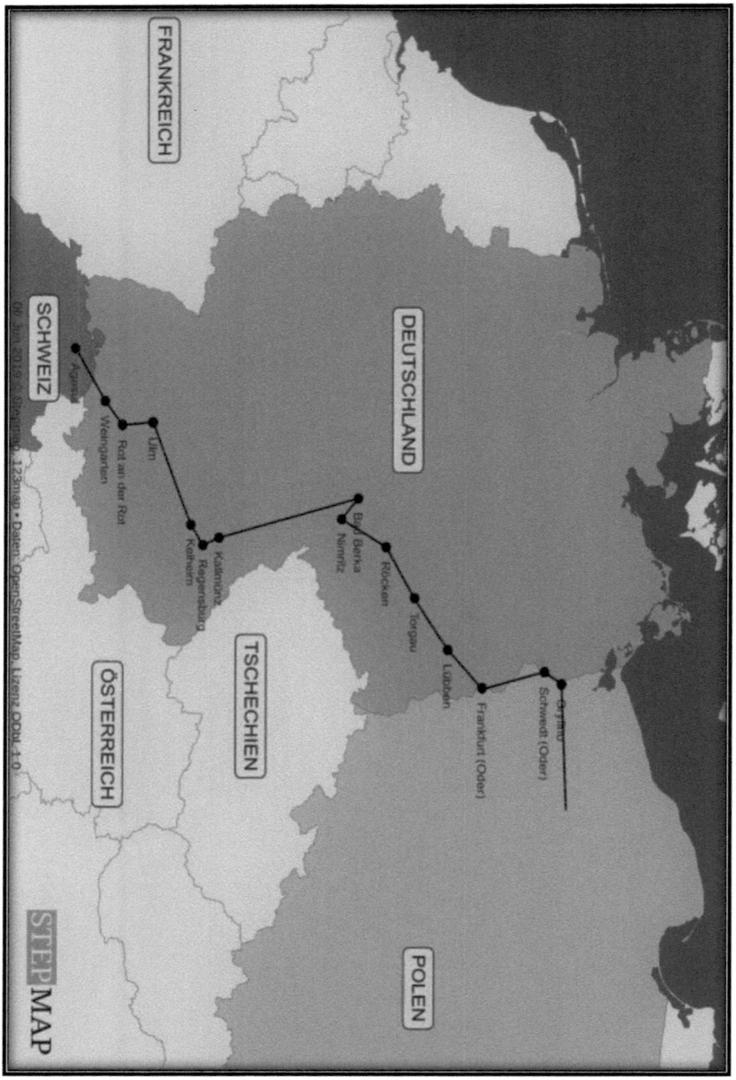


Karte 2: Reise nach Purnuškės (1. Tei

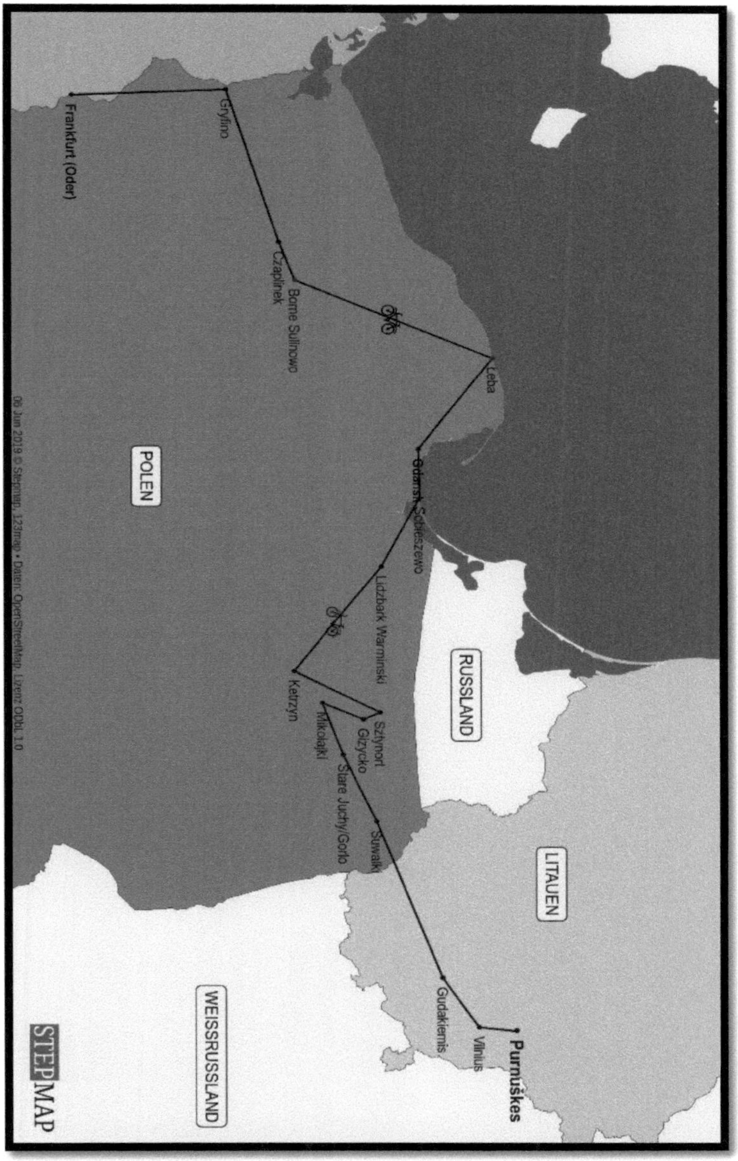


KARTE 3: Reise nach Purnuškės (2. Teil)